新编高等院校教育类规划教材

教育科学研究方法

（第二版）

孟亚玲　魏继宗　编著

清华大学出版社

北　京

内 容 简 介

本书突破了传统教育科学研究方法过分强调理论知识、以方法教方法，忽视学生研究实践能力培养的惯例，采用模块化的思路将教育科学研究理论知识篇章化，以研究活动为主线，将理论知识和注意事项以智慧库的形式镶嵌在活动之中，实现了由学习教育科学研究方法到在教育科学研究中探索、应用、体验研究方法的转变。教材内容囊括了研究准备、组建团队、阅读文献、储备研究方法、练习选题、研读课题申报通知、填写申请书、撰写研究报告和学术论文、发表论文等一系列内容和活动。

本书共分为4个篇章，15个单元：研究准备篇(包括了解教育科学研究、组建研究团队和文献调研3个单元)、研究方法篇(包括观察法、调查法、实验法、内容分析法、行动研究法和评价研究法6个单元)、研究课题篇(包括选题、申请课题和填写课题申请书3个单元)和研究成果篇(包括撰写教育科研报告、撰写学术论文和发表学术论文3个单元)。本书可以用作教育学科各专业大学本科生、学术型研究生、专业学位研究生的教材，以及中小学教师校本研修教材。

本书配套的电子课件、思考与练习参考答案可以通过 http://www.tupwk.com.cn/downpage 网站下载，也可以通过扫描前言中的二维码下载。

图书在版编目(CIP)数据

教育科学研究方法 / 孟亚玲，魏继宗编著. —2 版. —北京：清华大学出版社，2021.3（2024.6重印）
新编高等院校教育类规划教材
ISBN 978-7-302-57579-5

Ⅰ. ①教… Ⅱ. ①孟… ②魏… Ⅲ. ①教育科学—研究方法—高等学校—教材 Ⅳ.①G40-034

中国版本图书馆 CIP 数据核字(2021)第 028842 号

责任编辑：胡辰浩
封面设计：周晓亮
版式设计：孔祥峰
责任校对：马遥遥
责任印制：宋 林

出版发行：清华大学出版社
      网　　　址：https://www.tup.com.cn, https://www.wqxuetang.com
      地　　　址：北京清华大学学研大厦 A 座　　　　邮　　编：100084
      社 总 机：010- 83470000　　　　邮　　购：010-62786544
      投稿与读者服务：010-62776969，c-service@tup.tsinghua.edu.cn
      质 量 反 馈：010-62772015，zhiliang@tup.tsinghua.edu.cn
印 装 者：三河市君旺印务有限公司
经　　销：全国新华书店
开　　本：185mm×260mm　　　印　张：18　　　字　数：461 千字
版　　次：2017 年 8 月第 1 版　　 2021 年 5 月第 2 版　　 印　次：2024 年 6 月第 4 次印刷
定　　价：76.00 元

产品编号：087851-01

前 言

本书是 2017 年出版的新编高等院校教育类规划教材《教育科学研究方法》的修订版。

"教育科学研究方法"是教育学科各专业本科生和硕士研究生的必修课。课程的目的是为教育学科本科生和硕士研究生开展教育研究打下理论和实践基础,培养学生从事教育科学研究工作的基本能力。课程内容对指导学生完成毕业论文和职后开展教育教学研究工作都具有重要意义。

初版《教育科学研究方法》为适应培养学生根据社会和教育学科发展的需要,选择研究课题、进行研究设计、查阅文献、合理地选择研究方法开展研究活动,提高学生科学研究能力的教育需求,突破了传统教育科学研究方法过分强调理论知识、以方法教方法,忽视学生研究实践能力培养的惯例,采用模块化的思路将教育科学研究理论知识篇章化,以研究活动为主线,将理论知识和注意事项以智慧库的形式镶嵌在活动之中,实现了由学习教育科学研究方法到在教育科学研究中探索、应用、体验研究方法的转变。教材内容囊括了研究准备、组建团队、阅读文献、储备研究方法、练习选题、研读课题申报通知、填写申请书、撰写研究报告和学术论文、发表论文等一系列内容和活动。教材出版后,受到了广大师生的欢迎。

初版教材共分 4 个篇章,14 个单元:研究准备篇(包括 3 个单元)、研究方法篇(包括 6 个单元)、研究课题篇(包括 3 个单元)和研究成果篇(包括 2 个单元)。

第二版在保持初版教材特点的基础上,对内容做了较大幅度的修改,更新了初版中较为陈旧的知识和案例,调整了部分单元的内容结构,增加了"单元十三 教育科研报告的撰写",将原书中的单元十三和单元十四分别调整为单元十四和单元十五,更新了教材中的文献资料,进一步加大了教学内容中的"活动"量,突出了教材内容的活动化特点。

第二版主要内容如下。

研究准备篇
单元一　了解教育科学研究
单元二　组建研究团队
单元三　文献调研

研究方法篇
单元四　观察法
单元五　调查法
单元六　实验法
单元七　内容分析法

单元八　行动研究法
单元九　评价研究法

研究课题篇
单元十　选题
单元十一　申请课题
单元十二　填写课题申请书

研究成果篇
单元十三　撰写教育科研报告
单元十四　撰写学术论文
单元十五　发表学术论文

　　为了提高研讨和修订工作的效率，本次修订工作主要由孟亚玲和魏继宗完成。其中，研究准备篇、研究方法篇和研究课题篇由孟亚玲完成；研究成果篇由魏继宗完成。全书最后由孟亚玲统稿。延安大学教育科学学院现代教育技术专业学位硕士研究生蔡元强、韩威、杨旭东、瓮楠、陈彦均等参与了本书配套课件的制作工作。王红梅、贺佳欣、陈迪、黄海霞等参与了图表的制作工作。

　　在本书出版之际，特别感谢清华大学出版社张荣利和胡辰浩两位老师的大力支持。另外，在书稿编著过程中，我们参考了很多同类著作、教材、期刊论文、网络资源等文献资料，特别是引用了近几年一些高质量的教育研究论文作为范例，使得本书内容从方法到案例，由抽象到具象，更具实践性。在此，谨向有关专家、学者和文献所有者表示衷心的感谢和敬意。

　　本书配套的电子课件、思考与练习参考答案可以通过 http://www.tupwk.com.cn/downpage 网站下载，也可以通过扫描下方的二维码下载。

编　者
2020 年 12 月 25 日于延安大学

目　　录

研究准备篇

单元一　了解教育科学研究 …… 3
　主题1　认识教育科学研究 …… 3
　主题2　积累专业术语 …… 6
　主题3　了解学科发展 …… 9
　主题4　熟悉学科研究内容 …… 12
　主题5　了解学科著名的学术研究
　　　　　机构 …… 15
　主题6　熟悉本学科著名的办学机构 …… 17
　主题7　了解学科主要学术期刊 …… 20
　主题8　收集学科相关的主要国际
　　　　　学术会议 …… 22
　思考与练习 …… 23

单元二　组建研究团队 …… 24
　主题1　了解研究团队 …… 24
　主题2　寻找研究伙伴 …… 25
　主题3　尝试合作 …… 28
　思考与练习 …… 29

单元三　文献调研 …… 30
　主题1　文献检索 …… 30
　主题2　文献综述 …… 32
　思考与练习 …… 35

研究方法篇

单元四　观察法 …… 39
　主题1　认识观察法 …… 39
　主题2　观察者的角色和观察内容 …… 42

　主题3　观察法的适用范围和步骤 …… 45
　主题4　观察法研究案例 …… 49
　　　一、引言 …… 50
　　　二、研究内容与方法 …… 50
　　　三、结果与分析 …… 51
　　　四、结论与建议 …… 55
　思考与练习 …… 56

单元五　调查法 …… 57
　主题1　认识调查法 …… 57
　主题2　调查法的实施步骤 …… 59
　主题3　设计调查问卷 …… 64
　主题4　访谈法 …… 70
　主题5　调查法研究案例 …… 72
　　　一、研究对象与工具 …… 72
　　　二、调查结果与分析 …… 74
　　　三、结论与建议 …… 81
　　　参考文献 …… 83
　思考与练习 …… 83

单元六　实验法 …… 84
　主题1　认识实验法 …… 84
　主题2　教育实验设计的基本要素 …… 85
　主题3　实验法的类型 …… 87
　主题4　实验法的一般步骤 …… 89
　主题5　提高实验研究效度的方法 …… 90
　主题6　实验法研究案例 …… 93
　　　一、相关研究 …… 94
　　　二、研究设计 …… 95
　　　三、数据分析 …… 96

四、结果讨论 ……………… 98
五、结论与展望 …………… 99
参考文献 …………………… 100
思考与练习 ………………… 101

单元七 内容分析法 …………… 102
主题1 认识内容分析法 ……… 102
主题2 内容分析法的特点 …… 103
主题3 内容分析法的分类 …… 105
主题4 内容分析法的用途 …… 107
主题5 内容分析法的步骤 …… 109
主题6 内容分析法案例 ……… 113
一、研究背景 ……………… 113
二、内容分析的方法和过程 … 114
三、内容分析结果 ………… 115
四、研究发现 ……………… 121
参考文献 …………………… 124
思考与练习 ………………… 126

单元八 行动研究法 …………… 127
主题1 认识行动研究法 ……… 127
主题2 行动研究法的特点 …… 129
主题3 行动研究的理论基础 … 132
主题4 行动研究与实验研究的
区别 …………………… 134
主题5 行动研究的模式 ……… 135
主题6 行动研究的基本环节 … 140
主题7 行动研究的操作步骤 … 142
主题8 行动研究法案例 ……… 144
一、问题提出 ……………… 144
二、研究方法 ……………… 145
三、行动研究的方案 ……… 146
四、反思与教育建议 ……… 147
五、结语 …………………… 148
参考文献 …………………… 148
思考与练习 ………………… 149

单元九 评价研究法 …………… 150
主题1 认识评价研究法 ……… 150
主题2 评价研究的类型 ……… 152

主题3 评价研究的一般步骤 … 154
主题4 构建评价指标体系 …… 155
主题5 评价研究法案例 ……… 159
一、引言 …………………… 160
二、在线教育发展现状 …… 160
三、在线教育模式评价指标体系 … 161
四、实例分析 ……………… 166
五、结论 …………………… 167
参考文献 …………………… 169
思考与练习 ………………… 169

研究课题篇

单元十 选题 …………………… 173
主题1 认识课题 ……………… 173
一、课题、问题与项目 …… 173
二、课题的基本类型 ……… 174
主题2 选题原则 ……………… 177
一、必要性原则 …………… 177
二、科学性原则 …………… 177
三、创新性原则 …………… 177
四、可行性原则 …………… 177
五、优势性原则 …………… 178
六、团队性原则 …………… 178
七、发展性原则 …………… 178
主题3 选题注意事项 ………… 178
一、题目的切入口要小 …… 178
二、避免研究方向虚化 …… 179
三、课题要有一定新意 …… 179
四、明确研究的问题 ……… 180
主题4 确定研究课题名称 …… 180
一、常见课题名称表述存在的
问题 …………………… 181
二、科研课题常用名称表述
方法 …………………… 182
思考与练习 ………………… 185

单元十一 申请课题 …………… 186
主题1 了解课题申请程序 …… 186
一、获取课题申请信息 …… 186

二、确定适合自己申报的课题……188
三、填写课题申请书……188
四、提交课题申请书……188

主题2　明确课题申报要求……188
一、研读课题申请通知……188
二、明确申报限制……189

思考与练习……191

单元十二　填写课题申请书……192
主题1　熟悉课题申请书的结构……192
主题2　课题申请书的填写……194
一、填写封面……194
二、填写数据表……196
三、相关研究成果……198
四、相关研究课题……198
五、课题设计论证……199
六、完成课题的可行性分析……204
七、预期研究成果……205
八、经费预算……206
九、经费管理……207
十、推荐人意见……207
十一、课题负责人所在单位
意见……208
十二、省级规划办、教育部直属
单位、部委直属高校审核
意见……208
十三、负责人和课题组主要成员
研究课题结题证明……208
十四、学科评审组评审意见……209
十五、课题论证活页……210

主题3　常见课题申请书填写存在的
问题……210
主题4　申请书填写应注意的事项……212
一、目标不能摇摆……212
二、表述要一致……212
三、用词要专业准确……212
四、篇幅要适中……213
五、表达要规范……213
思考与练习……213

研究成果篇

单元十三　撰写教育科研报告……231
主题1　学术文本……231
一、学术文本的定义……231
二、学术文本的特点……232

主题2　教育科研报告……235
一、教育科研报告的分类……236
二、教育科研报告的创作路径……236

主题3　教育调查报告的组成要素……237
一、标题……237
二、署名……238
三、摘要和关键词……238
四、前言……238
五、正文……238
六、结论和建议……239
七、附录……239

主题4　教育实验报告……240
一、题目和前言……240
二、实验方法……240
三、实验结果……241
四、讨论和结论……241
五、参考文献……241

思考与练习……245

单元十四　撰写学术论文……246
主题1　学术论文的结构……246
一、题目……246
二、摘要……247
三、引言……247
四、正文……247
五、结束语……248
六、参考文献和注释……248

主题2　学术论文的写作流程……248
一、拟制提纲……249
二、查阅文献……252
三、撰写初稿……253
四、修改论文……255

主题3　学术论文的写作方法……256
一、论文题目的写法……256

二、署名的写法 …………… 257
三、摘要的写法 …………… 258
四、关键词的写法 ………… 260
五、引言的写法 …………… 261
六、正文的写法 …………… 261
七、结论的写法 …………… 262
八、参考文献的写法 ……… 262
主题4 修改学术论文 ……… 262
一、学术论文修改的内容 …… 262
二、学术论文的修改方法 …… 264
三、全面审核 ……………… 266
思考与练习 …………………… 267

单元十五 发表学术论文 …… 268
主题1 学术期刊编辑选稿的视角 ……268

一、审核稿件的科学性 ……… 268
二、审核稿件的创新性 ……… 271
三、审核稿件的学术性 ……… 271
四、审核稿件的实用性 ……… 272
五、审核稿件的专业性 ……… 272
主题2 评价自己论文的学术水平 ……273
主题3 选择期刊的策略 ……………… 274
一、分开层次 ………………… 275
二、保住重点 ………………… 275
三、避开热点 ………………… 275
思考与练习 ………………………… 276

参考文献 …………………………………… 277

研究准备篇

■ 单元一　了解教育科学研究

■ 单元二　组建研究团队

■ 单元三　文献调研

单元一

了解教育科学研究

主题1 认识教育科学研究

对于"教育科学研究"的理解，学术界存在着多种争议，有的学者认为"教育科学研究"等同于"教育研究"，而有的学者则认为"教育科学研究"本身就存在是对"教育"进行"科学研究"还是对"教育科学"进行"研究"两种理解。对此，你怎么看呢？

☑ **活动1：** 请阅读下列文献，结合文献内容，思考"教育科学研究"的内涵，把你的理解简要记录在下面空白处。

1. 刘燕楠. 教育研究与教育科学研究辨析[J]. 中国教育学刊，2014(09)：35-37.

2. 李太平，刘燕楠. 教育研究的转向：从科学世界到生活世界[J]. 湖北大学学报(哲学社会科学版)，2015，42(01)：136-140+147.

其实，对"教育"进行"科学研究"与对"教育科学"进行"研究"的本质区别主要表现在如何理解作为研究对象的"教育"属性，即"教育"是不是一门科学？这直接关乎"教育科学研究"属于科学研究范畴还是哲学研究范畴。而对"教育"的内涵则基本都认同为一门学科——"教育学"。事实上"教育学"的内涵同样是模糊的。

✎ **活动2:** 请阅读下文,思考"教育学"两种含义的异同点,并把你的观点写在下面的横线上。

_____

_____

_____

_____

_____

我国对"教育学"的官方界定主要包括以下两种。

一种界定是"教育学"既是一个学科门类,也是一个一级学科。此种说法的依据是国务院学位委员会、教育部 2011 年颁发的《学位授予和人才培养学科目录》。教育部《学位授予和人才培养学科目录》(2011 修订版)设置了哲学、经济学、法学、教育学、文学、历史学、理学、工学、农学、医学、管理学、军事学和艺术学 13 个学科门类。每个学科门类下面又分别设置了若干个数量不等的一级学科。13 个学科门类下共设一级学科 110 个,其中教育学学科门类下共设教育学(编码:0401)、心理学(编码:0402,可授教育学或理学学位)和体育学(编码:0403)3 个一级学科。每个一级学科又分别设立了若干二级学科。教育学一级学科下设教育学原理、课程与教学论、教育史、比较教育学、学前教育学、高等教育学、成人教育学、职业技术教育学、特殊教育学和教育技术学(可授教育学或理学学位)10 个二级学科;心理学一级学科下设基础心理学、发展与教育心理学、应用心理学 3 个二级学科;体育学一级学科下设体育人文社会学、运动人体科学(可授教育学、理学或医学学位)、体育教育训练学(可授教育学、理学或医学学位)和民族传统体育学 4 个二级学科。具体学科分类和代码如表 1-1 所示。

表1-1 《学位授予和人才培养学科目录》"教育学"学科分类和代码

学科门类 代码及名称	一级学科 代码及名称	二级学科代码	二级学科名称
04 教育学	0401 教育学	040101	教育学原理
		040102	课程与教学论
		040103	教育史
		040104	比较教育学
		040105	学前教育学
		040106	高等教育学
		040107	成人教育学
		040108	职业技术教育学
		040109	特殊教育学
		040110	教育技术学

(续表)

学科门类 代码及名称	一级学科 代码及名称	二级学科代码	二级学科名称
04 教育学	0402 心理学	040201	基础心理学
		040202	发展与教育心理学
		040203	应用心理学
	0403 体育学	040301	体育人文社会学
		040302	运动人体科学
		040303	体育教育训练学
		040304	民族传统体育学

《学位授予和人才培养学科目录》是国家实施学位授权审核与学科管理、学位授予单位开展学位授予与人才培养工作的基本依据。目前，我国硕士、博士的招生、培养和学位授予，学科建设及教育统计分类都是按照此目录实行的。

另一种界定中，"教育学"是人文与社会科学门类下的一个一级学科。此说法的依据是国家技术监督局 1992 年 11 月 1 日正式发布，1993 年 7 月 1 日起实施的《中华人民共和国学科分类与代码国家标准》(GB/T 13745)(2009 修订版)。《中华人民共和国学科分类与代码国家标准》将学科划分为 5 个学科门类，62 个一级学科，676 个二级学科和 2382 个三级学科。5 个学科门类依次是：A 自然科学，代码是 110～190；B 农业科学，代码是 210～240；C 医药科学，代码是 310～360；D 工程与技术科学，代码是 410～630；E 人文与社会科学，代码是 710～910。教育学(代码为 880)属于"E 人文与社会科学"门类中的一个一级学科。教育学一级学科共包含教育史、教育学原理、教学论、德育原理、教育社会学、教育心理学、教育经济学、教育管理学、比较教育学、教育技术学、军事教育学、学前教育学、普通教育学、高等教育学、成人教育学、职业技术教育学、特殊教育学和教育学其他学科 18 个二级学科和学科群。具体学科分类和代码如表 1-2 所示。

表1-2　《中华人民共和国学科分类与代码国家标准》"教育学"学科分类和代码

学科 门类	一级学科 代码	一级学科 名称	二级学科代码	二级学科名称
人文与社会科学类	880	教育学	88011	教育史(包括中国教育史、外国教育史等)
			88014	教育学原理
			88017	教学论
			88021	德育原理
			88024	教育社会学
			88027	教育心理学

(续表)

学科门类	一级学科代码	一级学科名称	二级学科代码	二级学科名称
人文与社会科学类	880	教育学	88031	教育经济学
			88034	教育管理学
			88037	比较教育学
			88041	教育技术学
			88044	军事教育学
			88047	学前教育学
			88051	普通教育学(包括初等教育学、中等教育学等)
			88054	高等教育学
			88057	成人教育学
			88061	职业技术教育学
			88064	特殊教育学
			88099	教育学其他学科

综上所述,"教育学"是一个内涵非常丰富的词语,即使在官方的正式文件中也经常包含不同的范畴和领域。在科学研究中,教育科学研究通常指对教育学一级学科及其所有二级学科的研究,即《学位授予和人才培养学科目录》中教育学一级学科及其下设的 10 个二级学科的所有研究和《中华人民共和国学科分类与代码国家标准》(GB/T 13745)(2009 修订版)中人文与社会科学门类中教育学一级学科及其下设的 18 个二级学科和学科群的研究都属于教育科学研究。

主题2　积累专业术语

专业术语是相对日常用语而言的,一般是特定学科领域表示概念的专有名词,因此也被称为专业名词或专业词汇。专业术语是用文字来表达或限定科学概念的约定性语言符号,是进行专业思想和学术交流的工具。积累一定量的专业术语不仅可以提高专业知识学习的精准度,也是从事科学研究工作的基本要求。离开专业术语,想撰写规范的学术文档和开展高效的学术交流活动就等于纸上谈兵。从事教育科学研究工作需要同时积累教育科学研究的专业术语和所从事学科的专业术语。

活动1: 请阅读下列文献,完成文献后面的任务。

1. 丁兴富. 远程教育术语辨析——对远程教育和开放学习基本概念的探讨[J]. 中国电化教育,2000(05):47-51.

2. 杜华, 顾小清. 教育技术学理论五问——兼论教育技术学之于教育学理论建构的贡献[J]. 教育研究, 2020, 41(01): 148-159.

任务一: 找出文献中的专业术语, 写在下列横线上。

《远程教育术语辨析——对远程教育和开放学习基本概念的探讨》中的专业术语:

_____

_____

_____

_____

_____

_____

《教育技术学理论五问——兼论教育技术学之于教育学理论建构的贡献》中的专业术语:

_____

_____

_____

_____

_____

_____

任务二: 结合所读的文献, 思考并写出专业术语在学术论文写作中的作用。

1. _____

_____

2. _____

_____

3. _____

_____

📝 **活动2:** 请借助网络、专业书籍和期刊, 整理自己所在学科的专业术语, 并从中选出自己感兴趣的术语(至少30个), 按照表1-3中的要求摘录在表中。

表1-3　我感兴趣的学科专业术语

序　号	专业术语	英文名称	含　义
1			
2			
3			
4			
5			

序　号	专业术语	英文名称	含　义
6			
7			
8			
9			
10			
11			
12			
13			
14			
15			
16			
17			
18			
19			
20			
21			
22			
23			
24			
25			
26			
27			
28			
29			
30			

活动 3： 请阅读附赠资源中的《教育科学研究专业术语》，把自己不熟悉的专业术语摘录在表 1-4 中。

表1-4　需要熟悉的教育科学研究专业术语

序　号	专业术语	英文名称	含　义
1			
2			
3			
4			
5			

(续表)

序　号	专业术语	英文名称	含　义
6			
7			
8			
9			
10			
11			
12			
13			
14			
15			
16			

主题3　了解学科发展

由于教育学科体系庞大，二级学科众多，为便于有针对性地引导大家理解教育科学研究，下面以《学位授予和人才培养学科目录》中"教育学"下的二级学科"教育技术学(编码：040110)"为例，带领大家认识自己所在学科的研究，为正式从事教育科学研究工作做好准备。

教育技术学研究是探索应用教育技术进行教育教学活动的发生、变化、发展的普遍规律和因果关系，对被观察到的事实和应用教育技术进行教育教学活动的现象做出科学的解释、预测和控制，建立系统的教育技术学理论，对教育技术中复杂的图景做出精确、深刻描述的过程。

你知道什么是教育技术学吗？教育技术学是一门交叉学科，对"教育技术"概念的深入思考，有利于更好地把握教育技术学科的深刻内涵。一个好的学科定义往往能体现该学科的名称、研究目的、研究对象、研究内容等要素。教育技术学的发展与电子技术、计算机技术、通信技术等技术的发展密切相关，教育技术学学科的研究内容自然会随着技术和社会的发展以及人类对教育技术学研究内容的需求变化而变化。

☑ **活动1：**认真阅读下列智慧库，分析美国历次教育技术定义研究内容及其变化过程，完成表1-5。

表1-5　美国教育技术定义分析表

定　义	研究对象	研究内容	备　注
全美教育协会视听教学部1963年定义			
美国总统教学技术委员会1970年定义			
西尔伯1970年定义			
麦肯齐和厄劳特1971年定义			
AECT1972年定义			

(续表)

定　义	研究对象	研究内容	备　注
加涅 1974 年定义			
AECT1977 年定义			
AECT1994 年定义			
AECT2005 年定义			

📖 智慧库

美国教育技术定义的演变过程

全美教育协会视听教学部(Department of Audio-Visual Instruction of the National Education Association)1963年定义

视听传播是教育理论与实践的一个分支，它主要研究对控制学习过程的信息进行设计和使用，包括：①研究在有目的的学习过程中可以使用的图像信息和非表征性信息的独特的相对的优缺点；②在教育环境中利用人员和设备将信息结构化、系统化。这些任务包括对整个教学系统及其组成部分的计划、制作、选择、管理和应用。它的实际目标是：有效地使用每一种传播方法和媒体以开发学习者的全部潜力。(Audiovisual communications is that branch of educational theory and practice concerned with the design and use of messages which control the learning process. It undertakes (a)the study of the unique and relative strengths and weaknesses of both pictorial and nonrepresentational messages which may be employed in the learning process for any reason; and (b)the structuring and systematizing of messages by men and instruments in an educational environment. These undertaking planning, production, selection, management, and utilization of both components and entire instructional systems. Its practical goal is the efficient utilization of every method and medium of communication which can contribute to the development of the learner's full potential.)

美国总统教学技术委员会(Commission on Instructional Technology)1970年定义

教育技术可以用两种方式来定义：第一，从较熟悉的意义上来说，教学技术指产生于传播革命中、用于教学目的的媒体，这些媒体包括教师、教科书和黑板等；第二，教学技术是一种根据特定目标来设计、实施与评价整个学与教的过程的系统的方法，它以对人的学习和传播的研究为基础，综合运用人力、物力资源，以达到更有效地教学的目的。(Instructional technology can be defined in two ways. In its more familiar sense, it means the media born of the communications revolution which can be used for instructional purpose alongside the teacher, textbook, and blackboard. The second and less familiar definition of instructional technology goes beyond any particular medium or device. In this sense, instructional technology is a systematic way of designing, implementing and evaluating the total process of learning and teaching in terms of specific objectives, based on research in human learning and communication and employing a combination of human and nonhuman resources to bring about more effective instruction.)

西尔伯(Silber)1970年定义

教学技术是用系统的方式对教学系统组成部分(包括信息、人员、材料、设备、技术和环境)的开发(包括研究、设计、制作、支持—供给和利用)以及对开发的管理(包括组织和人员)。其目的是解决教育的问题。(Instructional technology is the development, including research, design, production, evaluation, support-supply and utilization of instructional systems components, involvingmessages, men, materials, devices, techniques and settings, and the management of that development including organization and personnel in a systematic manner with the goal of solving educational problems.)

麦肯齐(Mac Kenzie)和厄劳特(Eraut)1971年定义

教育技术是对达到教育目标的手段的系统化研究。(Educational technology is the systematic study of the means whereby educational ends are achieved.)(这是第一个没有提及"硬件"和"软件"的教育技术定义,而且定义中明确提出了"研究"。)

美国教育传播与技术协会(Association for Educational Communications and Technology, AECT)1972年定义

教育技术是这样一个领域,它通过对所有学习资源的系统化鉴别、开发、组织和利用以及通过对这些过程的管理来帮助人类的学习。(Educational technology is a field involved in the facilitation of human learning through systematic identification, development, organization and utilization of full-range learning resources and through the management of these processes.)

加涅(Robert M.Gagné)1974年定义

教育技术是基于科学研究的教育系统化设计与实施的技术知识的总体。(The phrase "educational technology"…namely, a body of technical knowledge about the systematic design and conduct of education based upon scientific research.)

AECT1977年定义

教育技术是一个复杂的、整合的过程,它涉及人、程序、思想、设备和组织等多方面,其目的在于对所有与人类学习有关的问题进行分析,并对解决这些问题的方案进行设计、实施、评价和管理。(Educational technology is a complex, integrated process involving people, procedures, ideas, devices, and organization, for analyzing problem and devising, implementing, evaluating, and managing solutions to those problems involved in all aspects of human learning.)

AECT1994年定义

教学技术是为了促进学习,对相关的过程和资源进行设计、开发、利用、管理和评价的理论与实践。(Instructional technology is the theory and practice of design, development, utilization, management and evaluation of processes and resources for learning.)

AECT2005年定义

教育技术是通过创造、使用、管理适当的技术过程和资源来促进学习和改善绩效的研究以及符合道德规范的实践。(Educational technology is the study and ethical practice of facilitating learning and improving performance by creating, using and managing appropriate technological processes and resources.)

从上述"教育技术"定义的演化过程，大家可以看到教育技术作为一门新兴的交叉学科，从出现到成为一门独立的学科，经历了漫长的演变过程。这是每一个学科发展都必然会经历的过程。

活动2： 请仿照智慧库，搜集资料、整理自己所在学科的学科名称及含义的发展历程，自主完成学科名称演变智慧库。

学科名称演变智慧库

活动3： 教育技术在我国也曾出现过很多不同的名称，如电化教育、现代教育技术、信息化教育、教育技术等。请结合自己的专业学习，查阅资料，整理我国教育技术定义的演变过程，并分析其研究对象和研究内容，完成表1-6。

表1-6　我国教育技术定义分析表

定义	研究对象	研究内容	资料来源

主题4　熟悉学科研究内容

分析学科研究内容可以利用主题3的方法，从学科定义中解读学科的研究内容。如AECT94定义将教育技术定义为：对学习过程和学习资源进行设计、开发、运用、管理和评价的理论与实践。这个定义明确指出教育技术学研究的范畴是对学习过程和学习资源的设计、开发、运用、管理和评价，也揭示了教育技术学的研究内容主要包括教学系统的设计研究、学习资源的开发研究、学习资源的运用研究、教育技术的管理研究和教育技术的评价研究五个方面。初学者也可以通过阅读专业学术期刊，归纳整理自己所在学科的主要研究内容。

✔️**活动1：** 在老师的帮助下查阅专业书籍和期刊，仿照教育技术学研究内容智慧库，整理并编辑自己所在学科研究内容智慧库，填写表1-7。

教育技术学研究内容智慧库

1. 教育技术的基本概念
   教育技术名称演变
   教育技术研究的对象、范畴等
   教育信息化
   教育技术的逻辑起点
2. 教育技术的理论基础和基本理论
   教育传播理论
   教育技术学习理论(如行为主义学习理论、认知主义学习理论、建构主义学习理论、人本主义学习理论、联通主义学习理论、混合式学习理论等)
   教育技术哲学理论(如技术主义理论和后现代主义理论)
3. 学习资源
   学习资源的概念和分类
   多媒体课件
   网络课程
   微课/慕课
   信息化教学环境(如智慧教室、创客平台、虚拟现实技术、数字图书馆等)
   教育 E-游戏
   电子书包
   大数据
4. 学习过程
   教学模式(如 PBL 教学模式、NTeQ 教学模式、翻转课堂教学模式)
   教学方法(如 Webquest 教学法)
   教学策略(如支架式教学策略)
   学习过程的技术支持
   深度学习
   机器学习
   人工智能
5. 教学设计
   信息化教学设计
   课堂教学设计
   微课/慕课设计

6. 信息化教学评价

    教学评价的价值取向

    学习过程评价

    学习资源评价

7. 信息技术与课程整合

    中小学信息技术教育

    信息技术与学科教学整合

    信息技术与学科课程整合

8. 远程教育

    网络教育/网络课程

    学习支持服务

    学分银行/学分互认

    E-learning/Online-learning/Blended Learning

表1-7　学科研究智慧库

_____学科研究智慧库

✒ **活动2：** 从智慧库中选择自己感兴趣或认为有价值的研究内容，填写在下面的横线上。

我感兴趣的研究内容有：

_____

_____

_____

_____

_____

主题5　了解学科著名的学术研究机构

学术研究机构往往是学科研究的主力军，也是获取学科研究前沿信息的窗口。很多重要的研究成果都出自研究机构。如，AECT(美国教育传播与技术协会)就是教育技术学学科研究中最著名的研究机构之一。其官网网站主页如图 1-1 所示。

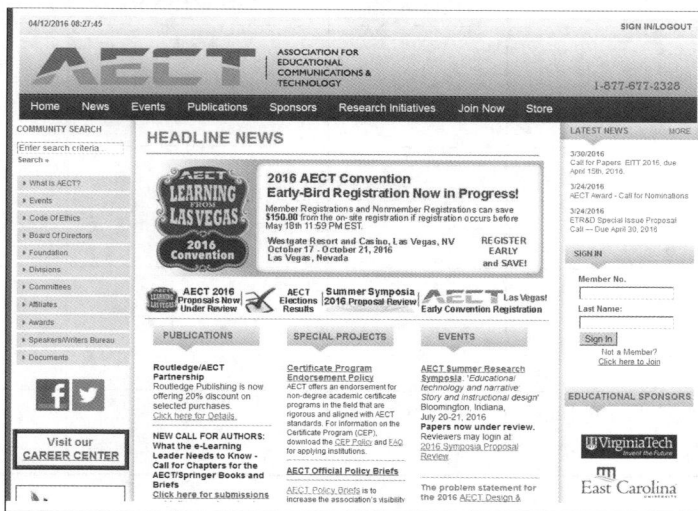

图1-1　AECT网站主页

AECT 经常通过其官方网站发布教育技术领域研究的最新消息。经常浏览 AECT 网站主页能够帮助初学者及时了解教育技术学科研究前沿信息。

📖 智慧库

AECT(Association for Educational Communications and Technology)是美国教育传播与技术协会的英文简称。AECT发端于1923年的全美教育协会(National Education Association，NEA)视觉教学部(Department of Visual Instruction，DVI)，以后逐步演变成为视听教学部(Department of Audio Visual Instruction，DAVI)。1971年从全美教育协会中分离出来，其正式被改名为美国教育传播与技术协会，意即融视听传播和教育技术于一体的学术性组织，成为美国一个全国性的独立学术组织。

对教育技术定义的研究是推动教育技术学基础理论建设的关键点和突破口。AECT是教育技术领域内著名学者的聚集地。在不同的历史时期，AECT几乎都聚集了当时教育技术领域内全部的学术领袖。在AECT历史上，曾经担任AECT主席的人中不乏对教育技术学做出历史性贡献的学术大咖，如：爱德加·戴尔、芬恩、海涅克、肯普等。AECT曾多次更新教育技术定义。其中对我国教育技术学科发展和研究影响最大的是AECT 94定义。

AECT从1952年起开始召开一年一度的学术年会。如今，AECT的学术年会已经成为教育技术领域内的一件盛事。每次年会期间，来自全美乃至世界各地的教育技术领域的学者共聚一堂，共同讨论教育技术研究与实践中的热点问题，引领教育技术发展的潮流，颁行专业伦理道德规范等，有效地维护了教育技术学作为一个专业共同体的形象。

AECT出版的专业学术刊物主要有：《教育技术动向》《教育技术研究与发展》《国际教育媒体》《教育技术》《电影、无线电和电视的发展史》等。

活动1： 教育技术学专业的同学请直接完成表1-8。

表1-8　国内教育技术学科著名研究机构

研究机构名称	代表人物	机构基本情况	主要研究方向
北京师范大学 智慧学习研究院 http://sli.bnu.edu.cn			
北京大学 学习科学实验室 https://pkuls.pku.edu.cn			
华南师范大学 未来教育研究中心 http://www.ferc.net			
国家数字化学习工程技术研究中心 http://nercel.ccnu.edu.cn			

其他专业的同学请通过网络查阅并整理自己所在学科的著名研究机构，了解各研究机构的基本情况和主要研究方向，完成表1-9。

表1-9　＿＿＿＿＿＿学科著名研究机构

序号	研究机构名称	代表人物	机构基本情况	主要研究方向
1				
2				
3				
4				
5				

主题6　熟悉本学科著名的办学机构

一个学科著名的办学机构既是培养该学科接班人的摇篮，也是该学科主要研究队伍的聚集地和重要科研成果的诞生地。

国外著名教育技术机构：

1. Instructional Systems Technology(教学系统技术系)

   所属院校：School of Education, Indiana University Bloomington

   网址：http://education.indiana.edu

2. Learning Systems Institute(学习系统学院)

   所属院校：Florida State University

   网址：http://www.lsi.fsu.edu

3. Department of Education Technology(教育技术系)

   所属院校：College of Education, San Diego State University

   网址：http://coe.sdsu.edu

4. School of Information Science and Learning Technology(信息科学与学习技术学院)

   所属院校：University of Missouri-Columbia

   网址：http://education.missouri.edu

5. Instructional Systems and Learning Technologies(教学系统和学习技术系)

   所属院校：Florida State University

   网址：http://education.fsu.edu

6. Department of Instructional Technology and Learning Sciences(教学技术与学习科学系)

   所属院校：Emma Eccles Jones College of Education and Human Service, Utah State University

   网址：http://itls.usu.edu

7. Institute for Learning Technologies(学习技术学院)

   所属院校：Teachers College, Columbia University

   网址：http://www.ilt.columbia.edu

8. Instructional System(教学系统系)

   所属院校：College of Education and Human Performance, University of Central Florida

   网址：http://www.education.ucf.edu

9. Center of Teaching and Technology(教学与技术中心)

   所属院校：College of Education, Michigan State of University

   网址：http://ctt.educ.msu.edu

10. Learning Technology Center(学习技术中心)

    所属院校：Graduate School of Education, Harvard University

    网址：http://www.gse.harvard.edu/about/technology/index.html

11. Department of Educational Psychology and Instructional Technology(教育心理与教学技术系)

    所属院校：College of Education, University of Georgia

    网址：http://www.coe.uga.edu/epit

12. Middle-Secondary Education and Instructional Technology(中等中学教育与教育技术学院)

　　所属院校：College of Education, Georgia State University

　　网址：http://msit.gsu.edu

13. Educational Technology(教育技术系)

　　所属院校：College of Education Behavioral Sciences, University of Northern Colorado

　　网址：http://www.unco.edu/cebs/edtech

国内著名教育技术院校：

1. 北京师范大学教育学部

　　网址：https://fe.bnu.edu.cn/html/index.html

2. 华东师范大学教育信息技术学系

　　网址：http://www.deit.ecnu.edu.cn

3. 华南师范大学教育信息技术学院

　　网址：http://site.scnu.edu.cn

4. 华中师范大学教育信息技术学院

　　网址：http://it.ccnu.edu.cn

5. 西北师范大学教育技术学院

　　网址：https://jyjs.nwnu.edu.cn/

📝 **活动1：**请整理自己所在学科国内外著名的办学机构信息，为从事专业研究查阅资料做好准备，完成表1-10。

表1-10　国内外著名办学机构信息表

序号	办学机构	网址
1		
2		
3		
4		
5		
6		
7		
8		
9		
10		
11		
12		
13		
14		
15		

(续表)

序号	办学机构	网址
16		
17		
18		
19		
20		

每个学科著名的博士点一般都是该学科精英的聚集地，更是学科研究的重镇。他们的研究往往代表了本学科学术研究的最高水平。2000 年，著名的 Instructional Technology Forum 开展了一次有关全美教育技术学专业顶级博士点的网上调查，分别从工业界和高等教育界的学者投票中选出了全美顶级的教育技术学专业博士点。

从高等教育界的投票评出的十个教育技术学专业博士点分别是：

1　University of Georgia

2　Indiana University

3　Florida State University

4　Pennsylvania State University

5T　Arizona State University

5T　Virginia Tech

7　Massachusetts Institute of Technology

8　Syracuse University

9　Vanderbilt University

10　University of West Florida

从工业界的投票评出的前十名的 12 个教育技术学专业博士点分别是：

1　Indiana University

2T　Florida State University

2T　Utah State University

4　Wayne State University

5　University of Georgia

6　Syracuse University

7T　Georgia State University

7T　Pennsylvania State University

7T　San Diego State University

10T　Arizona State University

10T　Malang University

10T　Nova Southeastern University

✏ **活动 2**：你知道自己所在的学科国内外有哪些著名的博士点吗？把它们填写在表 1-11 和表 1-12 中。

表1-11　国内＿＿＿＿＿＿＿＿学科著名博士点信息表

序号	办学机构	网址
1		
2		
3		
4		
5		
6		
7		
8		
9		
10		

表1-12　国外＿＿＿＿＿＿＿＿学科著名博士点信息表

序号	办学机构	所在国家	网址
1			
2			
3			
4			
5			
6			
7			
8			
9			
10			

主题7　了解学科主要学术期刊

专业学术期刊是全面反映学术理论研究成果和实践应用状况的学术性杂志，也是学者们展示和交流研究成果的主要阵地。国内著名的教育技术学术期刊主要有：

1.《电化教育研究》：http://aver.nwnu.edu.cn/Index/index.do

2.《中国电化教育》：http://www.webcet.cn/ewebcet/homePage

3.《开放教育研究》：http://openedu.sou.edu.cn/

4.《中国远程教育》：https://ddjy.cbpt.cnki.net/WKE/WebPublication/index.aspx?mid=ddjy

5.《现代教育技术》：https://xjjs.cbpt.cnki.net/wkc/WebPublication/index.aspx?mid=xjjs

6.《现代远程教育研究》：http://xdyjyj.scrtvu.net/

7.《中小学电教》：http://zxxdj.cn/

8.《中小学信息技术教育》：http://www.ahjks.cn/

📝 **活动1：**请通过图书馆中文期刊阅览室或相关的专业网站查阅本学科主要研究期刊，了解每种期刊的基本情况和常设栏目，完成表1-13，为以后发表研究成果做好准备。

表1-13 _____学科国内主要研究期刊情况表

期刊名称	主办单位	刊期	主要栏目	备注

高水平的学术研究往往进行跨国界的交流和合作。经常浏览本学科国外的学术期刊有利于开拓研究视野，保证研究的前沿性。国外著名的教育技术学术期刊主要有：

1. 美国，*Educational Technology Research and Development*（《教育技术研究与发展》）

   http://www.aect.org/Intranet/Publications/etrd/5302.asp

2. 美国，*Journal of Computer Assisted Learning*（《计算机辅助学习杂志》）

   http://jcal.info

3. 美国，*Journal of Educational Technology & Society*（《教育技术与社会》）

   http://www.ifets.info

4. 澳大利亚，*Australasian Journal of Educational Technology*（《澳大利亚教育技术杂志》）

   http://www.ascilite.org.au/ajet/ajet.html

5. 加拿大，*Advanced Technology for Learning*（《学习的先进技术》）

   http://wwwactapress.com/Content_of_Journal.aspx?journalID=63

6. 英国，*Open Learning*（《开放学习》）

   http://www.tandf.co.uk/journals/titles/02680513.asp

📝 **活动2：**你知道自己所在的学科在国外有哪些著名的学术期刊吗？把它们的基本信息填写在表1-14中。

表1-14　　　　　学科国外著名学术期刊

期刊名称	主办单位	网址	刊期	我感兴趣的栏目

主题8　收集学科相关的主要国际学术会议

国际会议是学术研究人员开展国际交流的主要方式之一。教育技术的国际会议主要有：

1. Educational Technology Conferences

　　网址：https://waset.org/educational-technology-conferences

2. International Conference on Computer Supported Collaborative Learning

　　网址：http://www.isls.org/annual-meeting/cscl/

3. Global Chinese Society for Computers in Education

　　网址：http://www.gcsce.org

4. International Educational Technology Conference

　　网址：http://www.iet-c.net

5. Association for the Advancement of Computing in Education—World Conference on Educational Media and Technology

　　网址：http://www.aace.org/conf

📝 **活动1**：你知道自己所在学科领域重要的国际会议有哪些吗？请登录相关网站，了解本年度会议议题，完成表1-15。

表1-15　　　　学科　　　年度国际会议信息表

序号	会议名称	本年度会议议题

活动2： 你知道国内有哪些与你的学科相关的学术会议吗？请登录以下网站或访问其他专业网站，了解与自己所在学科相关的国内学术会议公告，完成表1-16。

1. 中国学术会议在线：http://www.cutech.edu.cn/cn/gengx/hyzx/A016202index_1.htm
2. 学术会议云：http://www.allconfs.org
3. 中国学术会议网：http://conf.cnki.net

表1-16　_____学科主要国内会议

序号	会议名称	本年度会议议题

思考与练习

1. 如何理解教育科学研究？
2. 你所在学科的研究内容主要有哪些？
3. 查阅专业期刊，整理自己所在学科当前的研究热点。
4. 你比较喜欢哪方面的研究？

单元二

组建研究团队

通过第一单元的学习，我们对自己所在学科的研究状况有了大概的了解。但要真正从事科学研究工作还需要一个精诚团结的研究团队、足够的研究资料和一定的研究能力。科学研究基本上都是团队性的工作，尤其是重大的科研攻关往往都是集团队力量完成的。下面，我们就来学习"组建研究团队"。

主题1　了解研究团队

活动1：你知道什么是团队吗？团队与群体有什么不同呢？请阅读下列文献，完成后面的任务。

孙义. 群体与团队九大区别[J]. 合作经济与科技，2006(20)：19-20.

任务一：和全班同学分享你对团队和群体的理解。

任务二：归纳团队与群体的区别，完成表2-1。

表2-1　团队与群体的区别

比较维度	团队	群体
个体与集体目标		
成员身份认同		
成员的技能组合		
领导权力和作用		
成员之间的关系		
成员工作的主动性		
集体的行动方式		
个体对集体的决定		
集体的工作结果		

📖 **智慧库**

斯蒂芬·罗宾斯(1994)认为，团队是指一种为了实现某一目标而由相互协作的个体所组成的正式群体。他认为团队与普通群体有很大的区别：如群体强调信息共享，团队则强调集体绩效；群体的作用是中性的(有时积极，有时消极)，团队的作用往往是积极的；群体责任往往个体化，团队的责任既可能是个体的，也可能是共同的；群体的技能是随机的或不同的，团队的技能是相互补充的。

威廉姆斯从期望、沟通、过程和亲密程度四个维度来区分群体和团队。他认为在期望维度上，团队的成员在参与、贡献、合作和支持方面有着比群体成员更高的期望值；在沟通维度上，团队成员对沟通框架的要求比群体成员更高，并且团队成员也需要更快捷的沟通效果；在过程维度上，团队成员的相互依赖性更强，但是在管理上的要求要低于群体中的成员；在亲密程度维度上，团队成员间的亲密程度更高。

✍ **活动2：** 阅读下列文献，思考组建研究团队应该考虑的因素。

贺志荣. 组建科研团队应考虑的因素[J]. 科技管理研究，2010，30(11)：195-196+199.

我认为组建学生科研团队应该充分考虑以下几个因素。

1.＿＿＿＿＿＿＿＿＿＿＿＿＿＿＿＿＿＿＿＿＿＿＿＿＿＿＿＿＿＿

2.＿＿＿＿＿＿＿＿＿＿＿＿＿＿＿＿＿＿＿＿＿＿＿＿＿＿＿＿＿＿

3.＿＿＿＿＿＿＿＿＿＿＿＿＿＿＿＿＿＿＿＿＿＿＿＿＿＿＿＿＿＿

4.＿＿＿＿＿＿＿＿＿＿＿＿＿＿＿＿＿＿＿＿＿＿＿＿＿＿＿＿＿＿

5.＿＿＿＿＿＿＿＿＿＿＿＿＿＿＿＿＿＿＿＿＿＿＿＿＿＿＿＿＿＿

主题2　寻找研究伙伴

通过主题1的学习，我们知道一个高效的科研团队必定是团队成员之间技能多元互补，精诚团结，积极合作，互相支持的。那如何才能组建一个高效的科研团队呢？《孙子·谋攻篇》中说："知彼知己者，百战不殆；不知彼而知己，一胜一负；不知彼，不知己，每战必殆。""知己知彼"不但是战争的制胜法宝，更是做任何事情都应该做好的准备，建立科研团队也不例外。下面，我们就从了解自己的科研能力开始"寻找研究伙伴"。

📖 **智慧库**

科研能力是从事科学研究工作必须具备的能力。常见的关于科研能力的内涵表述主要有以下几种。

(1) 科研能力是指从事具体科学研究工作的能力，其中主要包括创新能力、观察能力、思维能力和实际操作能力等。

(2) 科研能力是指一个人在其所从事的专业中，以科学的思维和适当的方法，对未知领域进行科学探索的能力。

(3) 科研能力是指能独立确定科研课题、设计实验方案、组织实施实验研究、及时收集整理实验资料、进行科学分析、得出正确结论的能力。

(4) 科研能力是指发现问题、分析问题、解决问题的能力或在分析问题时，发明和创造的能力。

(5) 科研能力主要是指科学的思维方法，严密的科研设计，以及利用现代技术手段进行科学研究、实验操作和创造性劳动的技能。

科研能力虽然是当代人才培养中最常用的词语之一，但没有形成固定的含义。不同的分析视角得出的科研能力的内涵往往是不同的。为便于同学们了解自己的科研基础，我们按照从事科学研究工作必须具备的知识和能力及研究的流程把科研能力分为研究意识与学科基础、研究资料收集能力、研究方法运用能力、研究数据处理能力、研究结果分析与生成能力五个方面。这样同学们就能够对自己的科研初始能力做一个简单的诊断，以便根据自己的科研能力状况选择合适的同学组建科研团队，并在后续学习中查漏补缺，不断提高自己的科研能力。

活动 1：表 2-2 列示出测试教育科学研究初始能力的评分标准，请结合自己的实际情况，对表 2-2 中所列的条款进行评分(表格中每个条款满分 4 分，评分等级分别为 4 分、3 分、2 分、1 分和 0 分)。

表2-2　自我科研能力诊断表

类别	序号	内　容	得分	合计
研究意识与学科基础	1-1	在生活学习中，经常能发现可作为研究参考的问题		
	1-2	在学习中遇到难题时，经常能提出解决问题的设想		
	1-3	在学习中遇到难题时，常常喜欢去寻找理论依据		
	1-4	了解教育科学研究与自己所在学科研究的意义		
	1-5	熟悉自己所在学科的研究领域与前沿问题		
研究资料收集能力	2-1	熟悉自己所在学科的研究资源		
	2-2	经常查阅专业文献资料解决学习中遇到的问题		
	2-3	掌握学科资源获取的多种途径和方法		
	2-4	熟悉多个中文文献数据库		
	2-5	借助辅助工具，基本能读懂外文文献		

(续表)

类别	序号	内容	得分	合计
研究方法运用能力	3-1	能够进行教育技术课题研究的设计		
	3-2	能够整理文献，撰写文献综述		
	3-3	能够利用调查研究的方法开展调查研究实践		
	3-4	能够利用观察、实验等方法开展行动研究		
	3-5	掌握各种研究方法的应用模式和过程		
研究数据处理能力	4-1	了解研究数据所代表的实际意义		
	4-2	掌握研究数据的整理与结果的描述方法		
	4-3	掌握数据统计分析的一般原理与方法		
	4-4	能够利用 Excel、SPSS 等软件进行研究数据的分析		
	4-5	能分析质性研究资料		
研究结果分析与生成能力	5-1	掌握研究结果的系统分析方法和过程		
	5-2	能够通过逻辑推理等方法进行理论思考		
	5-3	能利用图式、模型等方法进行研究结果的归纳		
	5-4	能够撰写研究报告和研究论文		
	5-5	能够对研究结果进行评价		
总　计				

☑ **活动 2：** 你说我听，相互了解。

根据自我科研能力诊断结果，把自己介绍给同班同学，并把与下列内容相关的同学的信息记录在表 2-3 中。要求言简意赅，介绍内容包括个人的基本情况、特长、擅长的研究方向或感兴趣的研究话题等。

表2-3　同学信息记录表

项目	同学姓名	备注
跟你有同样兴趣的同学		
跟你有相似研究兴趣或方向的同学		
你可以从他/她那里获得帮助的同学		
你想深入了解的同学		

活动 3：寻找研究伙伴，组建研究团队。

根据平时的相互了解及每个同学的自我介绍，寻找自己的研究伙伴，组建学习小组。每个小组选出一名组长，拟定一个称号，完成表2-4。

表2-4　我们的研究团队

团队名称				
成员情况	姓名	性别	特长	签名
组长				
成员1				
成员2				
成员3				
成员4				

主题3　尝试合作

活动 1：利用中国知网整理自己所在学科内一本专业期刊过去一年刊发的学术论文目录，通过 Excel 软件筛选出 5 个研究热点问题，并为每个热点问题选择 3 篇参考文献，把其填写在表 2-5 中。

表2-5　_____期刊_____年度研究的热点问题

序号	热点问题	参考文献
1		
2		

(续表)

序号	热点问题	参考文献
3		
4		
5		

✐ **活动2：**　每个同学根据自己的专业特长和研究兴趣拟定 3~5 个研究问题，组长综合组员的提案，组织组员讨论，最终确定 2~3 个选题作为小组热身的选题。大家围绕确定的选题，借助图书馆或网络查找与选题相关的图书和期刊等资料。召开小组讨论会，初步选定本科研团队的研究主题，填写在下列横线上。

经过讨论，我们团队初步选定的研究主题是＿＿＿＿＿＿＿＿＿＿＿＿＿＿＿＿＿

＿＿＿＿＿＿＿＿＿＿＿＿＿＿＿＿＿＿＿＿＿＿＿＿＿＿＿＿＿＿＿＿＿＿＿＿＿

＿＿＿＿＿＿＿＿＿＿＿＿＿＿＿＿＿＿＿＿＿＿＿＿＿＿＿＿＿＿＿＿＿＿＿＿＿

＿＿＿＿＿＿＿＿＿＿＿＿＿＿＿＿＿＿＿＿＿＿＿＿＿＿＿＿＿＿＿＿＿＿＿＿。

思考与练习

1. 你认为有没有必要建立科研团队，为什么？
2. 你认为怎样才能管理好科研团队？

单元三

文献调研

主题1 文献检索

文献，是指以文字、图形、符号、音频、视频、代码等手段将信息、知识记录或描述在一定物质载体上，并能起到存贮和传播信息情报和知识作用的一切载体。现在通常理解为图书、期刊等各种出版物的总和。

📖 **智慧库**

按照对原始文献的加工程度不同，一般可以把文献分为零次文献、一次文献、二次文献和三次文献。

零次文献(zero document)：指未经正式发表或未形成正规载体的一种文献形式。如书信、手稿、会议记录、笔记等。

一次文献(primary document)：是指作者以本人的研究成果为基本素材而创作或撰写的文献，不管创作时是否参考或引用了他人的著作，也不管该文献以何种物质形式出现，均属一次文献。大部分期刊上发表的文章和在科技会议上发表的论文均属一次文献。

二次文献(secondary document)：是指文献工作者对一次文献进行加工、提炼和压缩之后所得到的产物，是为了便于管理和利用一次文献而编辑、出版和累积起来的工具性文献。检索工具书和网上的搜索引擎是典型的二次文献。

三次文献(tertiary document)：是指对有关的一次文献和二次文献进行广泛深入的分析研究综合概括而成的产物。如大百科全书、辞典、电子百科等。

任何一项科学研究都必须广泛搜集文献资料，在掌握充分资料的基础上，分析资料的种种形态，探求其内在的联系，进而做更深入的研究。广义的文献检索(information retrieval)，是指将信息按一定的方式组织和存储起来，并根据文献用户的需要找出有关的文献的过程。狭义的文献检索则仅指该过程的后半部分，即从文献集合中找出所需要的文献的过程，相当于人们通常所说的信息检索(information search)。文献检索一般要借助检索工具完成。

你知道什么是文献检索工具吗？

📖 智慧库

检索工具是指用以报导、存贮和查找文献线索的工具。它是附有检索标识的某一范围文献条目的集合，是二次文献。常用的文献检索工具主要有工具书检索、光盘检索、联机检索和网络检索4种。

检索工具一般都具备以下5个条件。

(1) 有明确的收录范围。

(2) 有完整明了的文献特征标识。

(3) 每条文献条目中包含多个有检索意义的文献特征标识，并标明供检索用的标识。

(4) 全部条目都是科学地按照一定规则组织成为一个有机整体。

(5) 有索引部分，提供多种必要的检索途径。

文献检索可以帮助研究人员快速了解前人已经做过的和正在做的研究。采用恰当的文献检索方法可以帮助研究人员提高工作效率，快速获取需要的文献资料。

你知道文献检索有哪些常用方法吗？

📖 智慧库

文献检索一般有直接法、追溯法和综合法3种方法。

(1) 直接法又称常用法，是指直接利用检索系统(工具)检索文献信息的方法。它又分为顺查法、倒查法和抽查法。

顺查法是指按照时间的顺序，由远及近地利用检索系统进行文献信息检索的方法。这种方法能收集到某一课题的系统文献。该方法适用于较大课题的文献检索。例如，已知某课题的起始年代，现在需要了解其发展的全过程，就可以用顺查法从最初的年代开始，逐渐向近期查找。

倒查法是由近及远，从新到旧，逆着时间的顺序利用检索工具进行文献检索的方法。此法的重点是放在近期文献上。使用这种方法可以最快地获得最新资料。

抽查法是指针对项目的特点，选择有关该项目的文献信息最可能出现或最多出现的时间段，利用检索工具进行重点检索的方法。

(2) 追溯法是指不利用一般的检索系统，而是利用文献后面所列的参考文献，逐一追查原文(被引用文献)，然后再从这些原文后所列的参考文献目录逐一扩大文献信息范围，一环扣一环地追查下去的方法。它可以像滚雪球一样，依据文献间的引用关系，获得更好的检索结果。

(3) 综合法是分期或交替使用直接法和追溯法，以期取长补短，相互配合，获得更好的检索结果。

随着计算机网络的不断普及，电子文献使用范围越来越广泛。很多期刊在出版纸质版的同时也会出版电子版。在科研中，除了借助检索工具检索文献外，也可以直接通过电子期刊、电子图书或学术论文数据库获取文献资料。

📝 **活动1：** 阅读下列文献，学习《中文期刊数据库》和 Google Scholar 的用法。为表3-1中的研究主题各搜索一篇中文和英文文献。

1. 邓要武，王连俊，金如珍. 《中文期刊数据库》最新题录文摘版的检索方法与技巧[J]. 情报杂志，2001(07)：30-31+33.

2. 刘翠蒲，张超. Google Scholar 检索英文文献的技巧探析[J]. 现代情报，2007(04)：151-152.

表3-1   检索文献

序号	研究主题	文献语种	文献名称
1	STEAM 教育	中文	
	STEAM education	英文	
2	混合式教学	中文	
	Blengded learning	英文	
3	在线学习	中文	
	Online learning	英文	

活动2：围绕团队选定的研究主题中的一个研究主题，利用文献检索工具，使用一种或多种文献检索方法检索文献，并对文献做一定的筛选，把你认为最重要的 10 个文献填写在表 3-2 中。

表3-2   我查阅的文献

序号	文献名称	来源
1		
2		
3		
4		
5		
6		
7		
8		
9		
10		

活动3：和本组同学分享你查阅文献的工具、方法以及筛选文献的依据。

主题2   文献综述

检索文献的目的是深入了解某个研究领域的研究状况。撰写文献综述有利于研究者快速理解检索到的文献内容，理清该课题相关的理论以及其他学者在课题研究方面取得的成果、存在的不足等。通俗地讲，文献综述简称综述，是对某一领域、某一专业或某一方面的课题、问题或研究专题搜集大量相关资料进行阅读、选择、比较、分类、分析和综合的基础上，提炼、整理当前课题、问题或研究专题的最新进展、学术见解或建议，并对其做出综合性介绍和阐述的一种学术论文。与一般研究论文不同的是，文献综述的内容和形式相对比较灵活，篇幅也可大可小。从内容来看，文献综述一般包括研究的发展、现状、动态、展望及研究者的评论等；从结构来看，研究综述一般分为前言、主体、总结和参考文献四部分。

📖 **智慧库**

文献综述各部分主要内容。

前言，主要说明写作的目的，介绍有关的概念、定义以及综述的范围，扼要说明有关主题的研究现状或争论焦点，使读者对全文要叙述的问题有一个初步的轮廓。前言一般200~300字为宜，最好不要超过500字。

主体，写法相对灵活，没有固定的格式。可按文献发表的年代顺序综述，也可按不同的问题进行综述，还可按不同的观点进行比较综述，不管用哪一种格式综述，都要将所搜集到的文献资料归纳、整理及分析比较，阐明前言部分所确立综述主题的历史背景、现状和发展方向，以及对这些问题的评述。主体部分应特别注意代表性强、具有科学性和创造性的文献引用和评述。

总结，是对综述正文部分做扼要的概括，文献综述撰写者应对各种观点进行综合评价，提出自己的看法，简明扼要地指出目前研究中尚需解决的问题及研究成果的意义和价值，指出存在的问题及今后发展的方向和展望。

参考文献是综述的重要组成部分。一般参考文献的多少可体现作者阅读文献的广度和深度。参考文献数量不宜过多，一般以10~30条为宜，近3~5年内的文献最好能占到一半以上。

📝 **活动1：** 在中国知网检索并阅读下列文献，结合智慧库理解文献综述的写作结构。

1. 王琪. 撰写文献综述的意义、步骤与常见问题[J]. 学位与研究生教育，2010(11).
2. 刘宗义，徐杰. 微信的传播、共享与意义建构：一个文献综述[J]. 重庆社会科学，2014(01).
3. 王志军. 中国远程教育交互十年文献综述[J]. 中国远程教育，2013(09).
4. 吕星宇. 如何创建特色学校——特色学校创建文献综述[J]. 教育科学研究，2017(02).

由于文献综述能概括或确定出研究主题，对设计研究方案和开展研究活动都有基础性作用。因此，很多学者都把撰写文献综述作为从事教育研究工作的入门功课。劳伦斯·马奇在《怎样做文献综述——六步走向成功》一书中将撰写文献综述的步骤归纳为六步。

📖 **智慧库**

劳伦斯·马奇文献综述六步写作法。

第一步：选择主题。确立研究课题后，在课题的"对象范围"基础上，通过文献检索，了解这个领域已经研究了哪些问题，进展到什么程度，提出哪些观点，各种观点之间有什么区别与联系，将其研究视野聚焦，确立研究主题(研究的主要方向和研究题目)，考虑研究视角和研究方法将研究题目进一步收敛，聚焦"研究问题"。

第二步：文献检索(检索任务和方式)。在这个过程中，进行主题陈述，发现需要审阅的文献。主题陈述决定着研究的方向和范围。

对检索到的文献进行收集和选择，通常，需要同时采用好几种不同的视角来浏览文献资料，也可以借助不同的视角来审视文献资料的不同方面。在每一种视角下，都要根据对研究课题的有用性来确定文献参考资料。规划好自己的浏览过程，以便寻找到各种各样的主题内容、理论基础和定义、讨论和争议、当前问题、专业问题和功能应用等。

第三步：展开论证(为文献综述建立论证方案)。逻辑地呈现论据并推导证明某个结论的过程。

第四步：文献研究(进行发现式论证)。文献研究目的是发现关于研究问题"我们已经知道些什么(what do we know)"。

文献研究始于集中信息，先将文献检索中收集到的信息集中，并进行评价。通过集中资料，研究者能宏观整体把握资料背后的规律，有利于对资料进行组织分类。

第五步：文献批评(对研究进行阐释)。文献批评是对有关研究课题的已有知识加以阐释，并探究这些知识是如何回答研究问题的。

第六步：拟定提纲，撰写成文。

☑ **活动 2:** 阅读下列文献，在表 3-3 中具体写出该文献中提出的文献综述写作步骤中各阶段的具体内容。

刘超洋，陈冲. 国外教育研究综述法的源起、方法论基础和基本步骤[J]. 高教探索，2019(08)：111-118.

表3-3 文献综述的步骤

步骤	任务	具体内容
1	文献搜集	
2	编码	
3	数据分析	
4	形成结论	

☑ **活动 3:** 小组评议本组同学针对小组选择的研究主题检索到的文献(此活动在本单元主题 1 中活动 2 的基础上进行)，查漏补缺，确定需要深入阅读的文献，分工合作开展文献阅读。阅读后分享阅读情况和体会，并尝试确定本组研究文献综述的名称和提纲。

我们的研究文献综述名称是＿＿＿＿＿＿＿＿＿＿＿＿＿＿＿＿＿＿＿＿＿

提纲＿＿＿＿＿＿＿＿＿＿＿＿＿＿＿＿＿＿＿＿＿＿＿＿＿＿＿＿＿＿

＿＿＿＿＿＿＿＿＿＿＿＿＿＿＿＿＿＿＿＿＿＿＿＿＿＿＿＿＿＿＿＿

＿＿＿＿＿＿＿＿＿＿＿＿＿＿＿＿＿＿＿＿＿＿＿＿＿＿＿＿＿＿＿＿

＿＿＿＿＿＿＿＿＿＿＿＿＿＿＿＿＿＿＿＿＿＿＿＿＿＿＿＿＿＿＿＿

＿＿＿＿＿＿＿＿＿＿＿＿＿＿＿＿＿＿＿＿＿＿＿＿＿＿＿＿＿＿＿＿

＿＿＿＿＿＿＿＿＿＿＿＿＿＿＿＿＿＿＿＿＿＿＿＿＿＿＿＿＿＿＿＿

＿＿＿＿＿＿＿＿＿＿＿＿＿＿＿＿＿＿＿＿＿＿＿＿＿＿＿＿＿＿＿。

✎ 活动4: 根据自己在单元二主题 3 活动 1 中选择的研究热点,确定一个研究主题,查阅文献资料,按照劳伦斯·马奇的文献综述写作方法,完成一篇文献综述。如果研究主题适合用下列文献综述格式,也可模仿着拟定提纲,完成自己的文献综述。(至少 1500 字)

题目: _____

一、导论

写清以下内容。

1. 首先要说明写作的目的,定义综述主题、问题和研究领域。

2. 指出有关综述主题已发表文献的总体趋势,阐述有关概念的定义。

3. 规定综述的范围,包括专题涉及的学科范围和时间范围,必须声明引用文献起止的年份,解释、分析和比较文献以及组织综述次序的准则。

4. 扼要说明有关问题的现状、争论焦点及综述的核心主题。

二、主文部分

1.1 分析 A 的理论/观点

1.2 分析 B 的理论/观点

1.3 比较 A 与 B 的理论/观点

2.1 找出 A 与 B 的共性

2.2 找出 A 与 B 的差异性

2.3 提炼出一个中心议题

议题 1:探讨 A&B

议题 2:探讨 A&B

议题 3:探讨 A&B

三、结论

1. 提出一个比其他更好的理念与立场

2. 提出一个优于每一个理论与立场的部分的摘要

四、参考文献

思考与练习

1. 检索文献,为什么要使用检索工具?

2. 你知道哪些文献检索工具?

3. 请介绍 3 种常用的文献检索方法。

研究方法篇

- 单元四　观察法
- 单元五　调查法
- 单元六　实验法
- 单元七　内容分析法
- 单元八　行动研究法
- 单元九　评价研究法

单元四

观察法

主题1　认识观察法

心理学认为观察是人们对现实对象直接认识的一种主动形式，是有目的、有计划的知觉。英国著名科学家贝弗里奇指出："所谓观察，不仅止于看见事物，还包括思维过程在内。一切观察都含有两个因素：①感官知觉因素，通常是视觉；②思维因素。"以上论述说明观察是一种心智活动。

观察分为一般观察和科学观察。作为一种科学研究方法的观察特指科学观察。科学观察区别于一般观察的显著特点是其具有明确的目的性、计划性、系统性和可重复性，即指研究者根据一定的研究目的、研究提纲或观察表，用自己的感官或借助一定的科学仪器进行的一种有目的、有计划、有组织、有思维参与观察被研究对象，从而获得资料的一种研究方法。

📖 智慧库

教育研究中的观察一般具有以下4个特点。

1. 目的性

教育科学研究中的观察一般都是基于一定的研究目的，选择特定的观察对象，使用一定的观察策略，实施的观察活动。

2. 计划性

为了得到有效的观察资料，观察者进行观察前要做好观察计划，对观察对象、观察程序、观察方法、观察工具等做好组织和设计。

3. 主观性

教育研究中的观察者和被观察者都是有主观意识的人，尤其是观察者在进行观察时不可避免地会带有一定程度的个人感情色彩。这种主观性因素往往会增加观察信度和效度的检测难度。

4. 反复性

为克服观察的主观性、表面化和片面化，实施观察时，要求观察者对被观察者反复进行观察，以排除观察中把被观察对象的偶然性、表面化的行为活动当作常态化的行为活动。一般情况下，反复的次数越多，得到的观察资料客观性越强。

☑ **活动1：** 使用多种检索方法和检索工具，查找使用观察法的教育研究案例，填写表4-1。

表4-1 观察法研究案例表

序号	研究名称	观察对象	观察内容	文献来源
1				
2				
3				
4				
5				
6				
7				
8				
9				
10				

观察法是教育科学研究最基本、最普遍的方法，贯穿教育科学研究的全过程，并在研究中起着十分重要的作用。

📖 智慧库

观察法在教育研究中的作用主要有如下3点。

1. 发现新的研究课题

科学界有很多研究都是建立在科学观察的基础上的。达尔文在对加拉帕戈斯岛的物种进行详细的观察后，构建了适者生存理论的雏形。自然科学史上诞生最早的天文学也是建立在直接观察基础上的。教师是教育教学的执行者、研究者和推动者，可以以完全参与者、参与观察者、观察的参与者和完全的观察者中的任何一种角色随时随地地进行科学观察，发现最有价值的研究课题。

2. 获取和积累感性材料

观察法是获取和积累感性材料的重要渠道。通过对教育教学现象或活动发生发展的具体过程进行细致的观察和系统记录，可以帮助研究者获得最原始的资料。观察所直接获得的第一手材料，是理性方法所赖以进行的基础与依据。

3. 获取研究对象的动态信息、验证假设

观察法是及时获取研究动态信息，验证研究假设的重要手段。如教育技术研究涉及信息化

教育/教学研究，包括信息化环境中学生学习方法与能力、教师教学方法与专业发展、教师信息技术培训、信息化教学设计、教学资源建设与环境构建等。借助观察法有助于及时收集研究对象的动态信息，有效地验证研究假设，提高研究质量。

📝 **活动2：** 阅读下列文字，总结归纳各类观察法的特点，填写表4-2。

按照不同的分类标准，可把观察分为不同的类型。

1. 按观察的情景条件，可将观察分为自然观察和控制观察。

(1) 自然观察也称实地观察，多是在被观察者生活或工作的场所进行观察。自然观察一般都是非结构化观察。观察时，观察者可用纸和笔对偶然现象或系统现象做描述性的记录和分析。

(2) 控制观察又称实验室观察或条件观察。通常要求观察程序标准化，观察问题结构化。它是教育心理学研究中最常用的观察方法。

2. 按是否借助仪器和技术手段，可把观察分为直接观察和间接观察。

(1) 直接观察法就是观察者直接运用自己的感官对研究对象的行为进行感知的观察方法。

(2) 间接观察是利用仪器或技术间接地对现象和行为进行观测，获取资料的观察。

3. 按观察者是否直接介入被观察者的活动，可将观察分为参与观察和非参与观察。

(1) 参与观察要求观察者不暴露自己的真实身份，加入到被观察者的群体或组织中，进行隐蔽性的观察。

(2) 非参与观察则是观察者不参与被观察者的任何活动，完全以局外人的身份所进行的观察。

4. 按照观察程序不同，可将观察分为结构化观察和非结构化观察。

(1) 结构化观察也称正式观察，是指在观察前有明确的观察目标、详细的观察内容和指标体系，能对整个观察过程进行系统、有效的控制，并有完整的观察记录的观察。结构化观察是一种计划严谨、周密，操作标准化的观察。结构化观察获得的资料一般可以进行定量处理和分析。

(2) 非结构化观察也称非正式观察，一般不会事先规定观察内容，也不要求专注于某些特定的行为与对象，观察者可以对该场景下的所有行为和现象都进行观察，所获得的资料多是对观察对象的定性描述。由于非结构化观察一般没有明确的研究假设和观察内容，因此观察者可以在观察的过程中根据环境和条件变化调整观察内容和观察角度。

5. 按照观察时间和观察行为发生的时间关系，可把观察分为同步观察和异步观察。

(1) 同步观察是对正在发生的社会行为和社会现象进行观察。

(2) 异步观察是对人或事件发生以后所遗留下的痕迹进行观察。异步观察一般包括痕迹观察和行为标志观察两种类型。痕迹观察主要通过腐损测量的形式进行观察。腐损测量，主要观察人们在活动时有选择地使用某些物品造成的磨损程度。腐损测量获得的资料，其真实性往往高于通过访谈法和问卷法获得的资料。但因异步观察获得的资料的普遍性很难校验，所以异步观察常常只作为其他研究方法的辅助方法来使用。

6. 按照观察的范围和观察对象的多少，可以把观察法分为全面观察法和抽样观察法。

(1) 全面观察法是指对观察研究的所有对象和研究过程中出现的所有现象与行为都进行观察。作为一种研究方法，全面观察法最大的优点是直观地揭示各种现象之间的联系。不足之处是观察对象多，范围广，观察活动比较复杂，对观察者的观察经验和观察能力要求高。

(2) 抽样观察法是根据观察的目的和任务，按照一定的标准从全部观察现象的场景、人物、时间、活动等因素中分别抽取一定数量的样本，再通过对样本进行观察和记录，从而获得研究资料的一种方法。跟全面观察法相比，抽样观察法的好处是通过抽样，缩小了观察的范围和观察的对象数量，减轻了观察的工作量，容易实施。但是研究的效度受样本的制约性较大。

7. 根据观察时间安排的不同，观察法可以分为定期观察法和追踪观察法。

(1) 定期观察法是指按照一定的时间间隔对被观察者进行观察，从而获取研究资料的一种方法。定期观察的时间安排是非连续性的，一般根据观察目的、任务的不同，每间隔一定的时间对被观察者进行一次观察。这种观察法一般适合于了解被观察者在某一特定时间段内发生的现象。

(2) 跟踪观察法是指通过对被观察对象或被观察现象进行较长时间的连续观察获得研究资料的一种研究方法。通过跟踪观察能较全面、详细地了解观察对象，获得有关观察对象详细、系统、具有发展性的资料。不足之处是跟踪观察的对象或现象数量一般都较小，不适合开展大规模的研究。

表4-2 观察法的分类

分类标准	类型	特 点
观察的情景	自然观察法	
	控制观察法	
是否借助仪器和技术手段	直接观察法	
	间接观察法	
观察者的角色	参与性观察法	
	非参与性观察法	
观察程序	结构化观察法	
	非结构化观察法	
观察时间和观察对象行为发生的时间关系	同步观察法	
	异步观察法	
观察的范围和观察对象数量	全面观察法	
	抽样观察法	
观察时间	定期观察法	
	跟踪观察法	

主题2 观察者的角色和观察内容

通过观察法所获得资料的有效性与观察者在观察活动中的参与度以及观察者在观察活动中的角色有直接的关系。根据观察者在观察活动中是否暴露身份和观察者的参与度，观察者在观察中基本上有完全参与者、观察的参与者、参与观察者和完全观察者 4 种不同的角色，如图 4-1 所示。

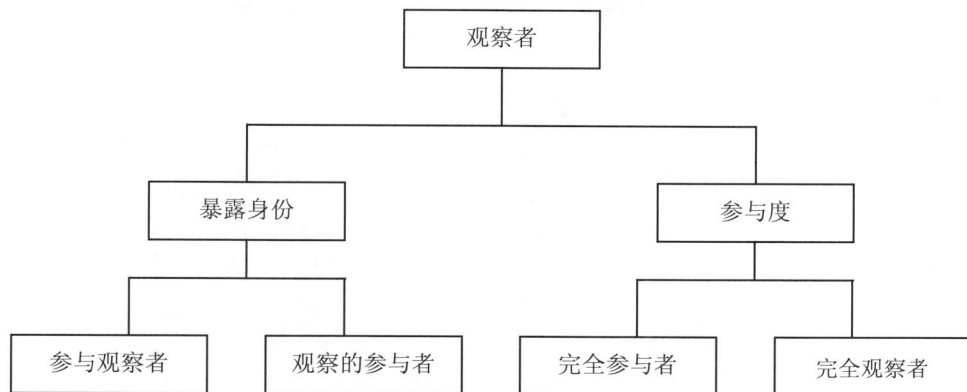

图4-1 观察者扮演的角色

完全参与者、观察的参与者、参与观察者这三种观察者都在不同的程度上参与到观察对象的群体和组织中，并作为被观察者中的一员，与被观察者共同生活并参与日常活动。观察者参与观察活动，既有利于深入了解情况，掌握第一手材料，也能发现一些不易发现的问题，从而追根究源，查明原委和症结。尤其是在质的研究中，当观察者与观察对象建立感情之后，更易于发现一些深藏内心的秘密。但是由于观察的参与者和参与的观察者都要表明自己的身份和观察的目的，对被观察者会有所影响，产生某种有意隐瞒或有意夸张的情况，会使观察的客观性受到影响。

📖 **智慧库**

根据观察者在观察活动中是否暴露身份和观察者的参与度，观察者扮演着4种不同类型的角色：参与观察者、观察的参与者、完全参与者和完全观察者。

1. 参与观察者

参与观察者指观察者向被观察者透露自己的身份，并与被观察者共同参与活动全过程，在互相交往活动中进行观察的观察者。在教育研究中，由于被观察者了解观察者的身份和目的，因而在观察过程中可能会掩藏某些行为或表现，甚至故意展现某些行为或表现。

2. 观察的参与者

观察的参与者指观察者向被观察者透露自己是研究者的身份，并通过参加活动过程进行观察的观察者。例如，支持某项教育改革实验的专家。这时被观察者可能为了迎合研究者的需要，而把过程从原本的自然的状态转移到研究者所做的研究上去，导致观察获得的资料缺乏代表性，因而影响研究的效度。

3. 完全参与者

完全参与者指观察者不向被观察者透露自己是研究者的身份，却积极参与观察对象活动并进行观察的观察者。例如，进行某项教育实验中的教师或辅导员，但又没有有意识地公布实验计划的研究者。完全参与者是完全融入观察对象的活动之中的。由于观察对象不了解观察者的真实身份，观察者容易获得非常真实的第一手资料。

4. 完全观察者

完全观察者指观察者与被观察对象无关，对于被观察对象的行为与事件的发展不施加任何影响，也不参与任何活动，纯粹以旁观者的身份参与观察。完全观察者对于被观察对象的行为与事件的发展不施加任何影响，因而也能获得非常真实的第一手资料。但是，由于完全观察者只进行观察而不参与被观察者的活动，被观察对象的行为或事件发展的相当一部分内容可能会处于观察者的视线之外。因此，完全观察者获得的资料常常可能是片面的资料，缺乏整体性，尤其是较难观察到可能发生的异常行为。

活动1： 阅读下列文献，分析观察者在观察研究中的角色，完成表4-3。

1. 李丽. 试论学生德育个体评估方法的选择[J]. 教育探索，2004(09).
2. 袁东. 盲童点字书写效果比较研究[J]. 中国特殊教育，2004(03).
3. 王福兰. 教师积极反应对儿童亲社会行为的影响研究[J]. 教育理论与实践，2015(25).
4. 张金梅. 对美国一所托幼中心全日班一日活动的观察与反思[J]. 学前教育研究，2008(03).
5. 李生兰. 示范性幼儿园组织儿童外出活动的调查研究[J]. 上海教育科研，2015(07).

表4-3　观察者的角色

序号	研究名称	观察者的角色
1	《试论学生德育个体评估方法的选择》	
2	《盲童点字书写效果比较研究》	
3	《教师积极反应对儿童亲社会行为的影响研究》	
4	《对美国一所托幼中心全日班一日活动的观察与反思》	
5	《示范性幼儿园组织儿童外出活动的调查研究》	

观察的目的是收集研究资料。虽然研究主题不同，观察的内容也会有所不同，但一般都包括语言行为、非语言行为、特殊语言行为和关系分布行为。

📖 智慧库

观察的内容主要有语言行为、非语言行为、特殊语言行为和关系分布行为。

语言行为是观察对象在受到条件刺激后，对事物的语言反应及表达内容。

非语言行为，即指被观察对象在受到条件刺激后的动作行为，如皱眉头、抱拳、低头、挠头发、暗笑等。

特殊语言行为，指观察对象在受到条件刺激后所表现的语言的音调、音色、语速、节奏及特殊发音等。

关系分布行为，指被观察对象在受到条件刺激后所表现出的和其他对象的距离关系。如在课堂上观察对象与其他学生及教师之间的距离关系。

活动2： 阅读下列文献，分析该研究中观察者的角色和观察内容。

吴康宁，程晓樵，吴永军，刘云杉. 教师课堂角色类型研究[J]. 教育研究与实验，1994(04)：1-8.

该研究中，

观察者的角色是_____。

观察的内容是_____。

主题3　观察法的适用范围和步骤

观察法在教育科学研究的许多领域和学科都有广泛的运用，具体可归纳为以下几个方面。

1. 用于观察各学段学生的学习、生活、娱乐等方面的情况

观察内容可包括学生的学习时间，学习习惯，学习方法，自治能力，心理状况，消费状况，课外时间、空间的安排，在活动中的表现和感受，对不同活动的选择倾向等。

2. 用于观察教师的教育、教学活动

包括教师在课堂教学中的活动情况，如教学媒体的使用、教学资源的开发和利用、教学语言、信息素养、媒介素养、教学设计等。

3. 用于观察教师和学生的交互关系

包括教师和学生在真实环境中的关系(课间、课堂等)，教师和学生在虚拟环境中的关系，如基于社会媒体(QQ、微信、E-mail、博客、教学平台等)建立的关系。

4. 用于观察学校管理

包括学校常规管理信息化程度、学校信息化设施建设等。

5. 用于观察其他教育因素的影响

包括不同教材(纸质还是数字化)、教学手段(传统教学手段还是现代教学手段)、校园环境(信息化程度)对学生的影响等。

近年来，随着国家和教育部对课堂教学质量重视程度和对课堂教学改革力度的不断加大，学者和教师对课堂教学观察的关注度亦有明显提高。

活动1： 阅读下列文献，以科研小组为单位，讨论、交流课堂教学观察存在的问题及个人的认识。

1. 潘峰. 课堂观察者的角色反思——问题、困惑和协商[J]. 长春师范大学学报(自然科学版)，2014(08)：163-167.

2. 乔运超. 课堂观察中观察者的行为偏差与矫正[J]. 教育研究，2018，39(10)：104-108.

用观察法从事教育科学研究工作一般需要经过以下几个步骤。

1. 明确问题，选择观察对象

明确问题即选择和确定研究问题。一般情况下，在选定参与观察的研究问题的同时，也基本上确定了观察者与观察对象。这是因为问题的选择和确立必须考虑到在某一特定的情境里观察者是否能进行自然观察，即观察的可行性。例如，要研究"师生交互关系对学生学业成绩的影响"，就需要考虑在哪个学校哪个班级进行观察，选择哪些学生进行观察，观察者应具备哪些知识、能力和观察技巧。

2. 制订观察计划

周密的观察计划是高效地完成观察任务，准确地收集观察材料的前提。观察计划一般要明确说明观察目的、重点、范围以及要搜集的材料、观察的次数，每次观察的时间、采用的仪器，所需的表格以及填写的要求等。制订观察计划一般可按以下思路进行。

(1) 确定观察的项目和指标。

根据课题观察任务，将要观察的内容具体化和指标化。具体化就是将要观察的内容细化成几个可以观察的项目。指标化是给需要观察的项目设计观察框架体系。一般可按照观察维度、观察指标和观察点三级指标设计观察的指标体系。

(2) 选择观察途径和方法。

观察的途径与方法可因人而异，因课题而定。一般的途径有听课、参观、参加活动、列席会议等。观察的方法通常与观察途径有关联，常用的方法是直接参与观察。

(3) 观察取样。

观察往往不能面向全体，包罗万象，而要加以取样。

(4) 设计观察表格及记录方法。

为了便于观察记录和观察材料的整理，观察记录表格的设计要简明，科学，结构化，易于操作。表格一般应包括以下基本项目：观察内容、时间取样、场面取样、对象编号、行为和现象表现的等级等。记录量表在观察前要认真检验其可能出现的误差。

(5) 其他准备。

观察需要考虑的其他人、事、物。如仪器(如录音机、数码相机、电视摄像机、录像机等)、人员培训、分工等。

3. 按照计划进入现场实施观察

观察不能包罗万象，力求面面俱到，要根据研究课题选择是观察全部对象还是通过科学抽样，确定具有代表性和普遍性的观察对象，在时间和空间上限制一定的范围。

4. 整理与分析观察资料

整理观察结果，包括对记录的材料数字统计与文字加工，以使材料系统化、精确化、本质化，为撰写研究报告做好准备。

(1) 要把所有记录的材料，详细地加以检查，看分类是否恰当；如果有遗漏和错误，要设法补做记录和改正错误，以免时间久了，无法补充和修正。

(2) 所有材料整理好后，加以全面考虑；如果需要的材料还没有搜集到，那就要延长观察时间继续观察，一直到所需材料基本齐全为止。

(3) 观察记录的材料，如果数量较少，按观察记录的时间顺序存放保管即可；如果观察的项目较多，记录材料繁多，就要分类存放以便查阅。

(4) 记录材料整理后，要及时做好资料整理的备注或说明。

5. 提出观点并撰写研究报告

根据对观察资料的分析研究，提出自己的观点，进行理论的论证，撰写完成研究报告。一般情况下，仅借助自然观察法尚不能完成对一个课题的系统研究，通过观察所收集的资料常常要与其他研究方法所获得的信息整合后，才能形成系统的研究成果。

📖 **智慧库**

实施观察的技巧

实施观察时，只要做到"看、听、问、思、记、查"互相配合，一般都能达到较好的观察效果。

(1)"看"即观看。这是实施观察最主要的方式。观察过程中，凡是与观察目的有关的行为反应和各种现象都要做到仔细察看。

(2)"听"即倾听。凡是现场发现的声音都要听，特别是观察对象的发言更要仔细地听。

(3)"问"即询问。实施参与性观察时，观察者可以面对面地询问观察对象有关问题。例如可以问"这个问题你是怎么想的？"。

(4)"思"即思考。思考贯穿于观察的始末。观察者从现场开始获取信息时就要进行思考、分析，随着观察活动的深入进行，观察资料的积累，逐步形成自己的看法。

(5)"记"即记录。观察时，一定要边看边听边想边记同时进行，切不可观察完了再补记。

(6)"查"即查看。就是在观察现场要及时查看与观察目的有关的资料。如听课时及时查看学生的练习、笔记等情况，以便更好地了解上课效果等。

观察记录的精髓

记录要做到"准""全""序"。

(1) 记录要准确。要尊重客观事实，有什么记什么，不能凭主观想象，更不能凭空捏造。

(2) 记录要全面。要根据观察内容将全部情况都记录下来，不能随便丢掉一些现象，否则，就可能导致整个观察的失败。

(3) 记录要有序。要按事情发展的固有顺序记录，不能随意颠倒。记录的有序性不仅能为下一步研究工作打下基础，而且很可能从中揭示出观察对象内部的联系和规律。

✒️ **活动2：**阅读下列文献，完成后面的任务。

张艳. 中小学教师怎样进行课题研究(六)——教育科研方法之教育观察法[J]. 教育理论与实践，2008(17)：39-41.

任务一：以科研小组为单位讨论观察法的优点和局限性，把讨论结果记录在表4-4中。

表4-4　观察法的优点和局限性

优点	局限性

任务二：制作观察法知识思维导图。

📝**活动 3**：组内讨论，选择一个农村中学或小学，用观察法研究其开展多媒体教学的情况，制订观察计划如表 4-5 所示。

表4-5　我们的观察计划

📖 **智慧库**

观察记录的三字诀

记录要做到"准""全""序"。

(1)　"准"即准确。就是记录要做到准确。要尊重客观事实，看到、听到什么就记录什么，不能凭主观想象，更不能凭空捏造。

(2)　"全"即全面，指记录要做到全面。要根据观察内容将全部情况都记录下来，不能随便丢掉一些现象，否则，就可能导致整个观察的失败。

(3) "序"即有序。指记录要有序。要按事情发展的固有顺序记录，不能随意颠倒。记录的有序性不仅能为下一步研究工作打下基础，还有可能帮助研究者从中揭示出观察对象内部的联系和规律。

✔**活动4**：观察记录表对保证记录效果有至关重要的作用，请结合智慧库中关于"观察记录的三字诀"，尝试为"活动3"中的研究主题设计观察记录表，并将你设计的记录表绘制在表4-6中。

表4-6 ＿＿＿＿＿＿观察记录表

主题4 观察法研究案例

学生发展关键能力视角下深度贫困地区乡村学校课堂问题研究

杨立昌 杨跃鸣 赵 敏

[摘 要]课堂是培养学生发展关键能力的主阵地，是学校教育质量的重要保障和载体。通过设计课堂观察表对贵州省20个深度贫困地区的43所乡镇义务教育学校进行课堂观察。结果表明，深度贫困地区乡村学校课堂以学生听讲、集体回答教师简单提问为主，学生课堂参与度不高，表达交流和动手操作机会少，启动思考和主动提问很少。需健全深度贫困地区乡村学校教师专业发展培养机制，加强教师课堂基本教学技能训练，服务于学生发展关键能力培养。

[关键词]深度贫困地区；乡村学校；学生关键能力；课堂观察；教学行为

一、引言

2017年，中共中央办公厅、国务院办公厅印发《关于深化教育体制机制改革的意见》，提出要深入推进教育改革，要在培养学生基础知识和基本技能的过程中，注重培养学生支撑终身发展、适应时代要求的认知能力、合作能力、创新能力和职业能力等关键能力。[1]党的十九大报告指出，全面提高教育质量，推动城乡义务教育一体化发展，高度重视农村义务教育，努力让每个孩子都能享有公平而有质量的教育。[2]这是党在新时代提出的优先发展教育事业的新要求和新部署，也是当前脱贫攻坚战的基础和关键。只有通过有质量的教育才能培养人的关键能力，即通过教育提升人的素养，实现人发展的高度和厚度，让人的生活有品质和品位，也只有这样，才能真正阻断贫困的代际传递。教育在扶贫工作中具有基础性地位，发挥着先导性功能和根本性作用。

课堂教学是学校的中心工作，学生的课堂经历很大程度上决定着学生品格和能力的发展。课堂是培养学生关键能力的主阵地，是学生核心素养内化构建的关键场所。在此背景下，西部深度贫困地区乡村学校的课堂有哪些特征，在培养学生关键能力、实现学生发展方面的成效如何，这是值得教育研究者关注的问题，也是新时代推进教育改革发展迫切需要深入研究的问题。本研究以贵州省20个深度贫困地区的43所乡镇义务教育学校为研究对象，从学生发展关键能力视角，研究其课堂问题及特征，以期从侧面反映深度贫困地区农村学校教育的真实现状，有助于全面提高贫困地区农村义务教育质量、实现城乡义务教育一体化发展。

二、研究内容与方法

(一) 研究内容

为促进学生发展，就必须培养学生具备适应终身发展和社会发展的关键能力和必备品格，但学界对关键能力有不同界定，不同学者的认识角度也不同。本研究根据学界有关论述[3]-[6]并结合本课题研究目标，重点从表达交流和与人合作、提出问题和学会学习、善于观察和动手操作等学生发展的认知能力、合作能力和创新能力视角对课堂中学生学习行为和教师提问行为进行观察。

具体而言，本研究从表达交流和与人合作能力视角重点观察学生在课堂上单独回答问题、参与讨论和小组合作学习等情况；从提出问题和学会学习能力视角重点观察学生在课堂上阅读、思考、大胆提问，以及回答教师认知性与元认知性问题等情况；从善于观察和动手操作能力视角重点观察学生在课堂上观察、动手操作和练习等情况。本研究还设计了课堂观察表以记录上述行为出现的频率和持续的时间，课堂具体观察点如表4-7所示。

表4-7　课堂教学行为主要观察点

学生学习行为	听讲	记笔记	阅读	思考环节	练习	回答		讨论	提问	观察	实物操作	其他
						集体	个别					
教师提问行为	简单提问、认知提问、元认知提问											

其中，学生学习行为中的"阅读"指学生通过朗读或默读的方式阅读教材或其他学习资料中

的核心概念与重要段落等，从而领会和理解其中要义的学习行为；"思考环节"指教师有明确思考要求，学生有具体思考时间和空间的学习行为；"提问"指学生主动提问、发现问题和提出问题的行为。教师提问行为中的"简单提问"指机械性、记忆性或复述性再现的提问；"认知提问"指对知识的内在本质、特征等认知的提问或需要推理推断、综合分析等思考过程才能回答的提问；"元认知提问"指对认知过程的提问、追问或反思性提问等，如"为什么""你是怎么想的"。

(二) 研究对象

贵州省深度贫困乡镇是贵州省委、省政府2016年9月从全省934个贫困乡镇中遴选出的实施脱贫攻坚战的20个重点难点乡镇，这些深度贫困乡镇大部分地处贵州深山峡谷区、石漠化山区和高寒地区，生活生产条件薄弱，基础设施、基本公共服务滞后；少数民族人口占比高达73.8%，其中少数民族人口占比在60%以上的乡镇有13个；贫困发生率高达33.1%，贫困生占比大、困境儿童数量多、教育发展滞后，是贵州扶贫攻坚的"硬骨头"。本研究以贵州省20个深度贫困乡镇的初中学校、中心小学和村级小学(教学点)为研究对象，开展随堂听课。

(三) 研究方法

根据自主设计的《课堂观察记录表》对各观察点进行观察和记录，为避免学科差异及观察记录员自身价值判断等因素的影响，对各观察点只记录行为出现的频次及行为持续的时间，而不对行为给予价值判断。用画"正"字方法记录行为出现的次数，并将呈现频次高、持续时间长的行为标记为学生或教师的主体行为。

三、结果与分析

(一) 课堂听课基本情况

本研究对43所学校的122节课进行了随堂观察，就学校类别而言，主要包括初中、中心小学和村级小学(教学点)，其中，初中学校、中心小学和村级小学各占三分之一左右。就学科而言，基本涵盖九年义务教育阶段开设的课程，其中，数学所占比例最高，且以理科课程为主，这一设定主要基于本课题组其他研究的结果[①]，即数学是乡村学校学生学业成绩靠后的学科，科学是学生学业发展滞后的学科。就年级而言，包含了九年义务教育的各个学段，其中以四、五年级和七、八年级为主体。此外，从班额情况来看，25人及以下的班级占比为12.9%，26～35人的班级占比为16.9%，36～45人的班级占比为29.9%，46～55人的班级占比为25%，56人及以上的班级占比为15.3%。

(二) 学生在课堂呈现的主体学习行为是集体回答和听讲

统计学生课堂学习行为的出现频率(表4-8)，发现呈现频率最高的是"集体回答"和"听讲"，每堂课平均出现频率均在7次以上；其次是"阅读""个别回答"和"练习"，平均每堂课出现频率为2～3次；呈现频率最少的为"主动提问""实物操作""讨论"和"观察"，平均每堂课不到1次。

---

① 贵州基础教育质量的短板与对策研究

表4-8 学生课堂学习行为出现频率统计表

类别	听讲	记笔记	阅读	思考	集体回答	个别回答	练习	讨论	主动提问	观察	实物操作
N	122	122	122	122	122	122	122	122	122	122	122
均值	7.39	2.18	3.07	2.28	7.47	2.87	2.80	0.80	0.25	1.49	0.38
中值	5.00	0.00	1.00	1.00	5.00	2.00	1.00	0.00	0.00	0.00	0.00
众数	5	0	0	0	0	0	0	0	0	0	0
标准差	8.59	5.46	5.70	4.44	7.43	3.91	4.89	2.81	0.89	4.05	1.05

统计所观察的122节课中，每种学习行为在每堂课出现的频率最多或持续时间最长的课的占比情况，结果发现，以"集体回答"为频率最高学习行为的课共46节，占37.7%；以"听讲"为频率最高学习行为的课共44节，占36.1%；以"个别问答""记笔记""练习""思考"和"阅读"为频率最高学习行为的课的占比分别为10.7%、3.3%、4.1%、3.3.%和4.9%；而以"讨论""主动提问""观察"和"实物操作"为频率最高学习行为的课的数量均为0；以"听讲"为持续时间最长学习行为的课共94节，占比77%；以"练习"为持续时间最长学习行为的课共17节，占13.9%；以"个别回答""集体回答""记笔记""思考""讨论"和"阅读"为持续时间最长学习行为的课的占比分别为2.5%、0.8%、0.8%、2.5%、1.6%和0.8%；以"主动提问""观察""实物操作"为持续时间最长学习行为的课的数量均为0。

分析122节课中每堂课出现的学习行为种类，结果发现，出现5种学习行为的课共21节，占17.2%；出现4种学习行为的课共19节，占15.6%；出现7种、3种、6种学习行为的课占比相当，均在12%~14%；此外，还有23%的课出现的学习行为仅有1~3种；而出现8种以上学习行为的课仅占16.3%。

综合以上分析可知，深度贫困地区乡村义务教育学校的学生课堂学习行为主要以"听教师讲"和"集体回答教师问题"为主，课堂特征主要表现为教师在讲台上"卖力"地讲，学生在下面"使劲"地听或整齐洪亮地回答一些不用思考的简单问题。学生在课堂中采用多种学习方式参与学习的课较少，特别是启动思考、单独回答教师提问、参与讨论、主动提问、动手观察、实物操作等学习方式很少出现，课堂要么非常安静，要么非常热闹，但学生主动参与、启动思维参与深层次学习等行为较少。

(三) 教师课堂提问以简单提问为主，提问水平有待提高

统计课堂上教师简单提问、认知提问和元认知提问的出现频率，结果如表4-9所示。

表4-9 教师提问行为统计表

类别	简单提问	认知提问	元认知提问
N	122	122	122
均值	9.93	3.46	0.96
中值	10.00	2.00	0.00
众数	5[a]	0	0
标准差	7.06	4.24	1.91

由表4-9可知，在观察的三种提问行为中，平均每节课出现简单提问9.93次，平均出现频率最多，其中简单提问记录为5次和10次的课各有13节，占比最多；平均每节课出现认知提问3.46次，其中认知提问记录为0的课共34节，占比最多；平均每节课呈现元认知提问0.96次，其中元认知提问记录为0的课共81节，占比最多。

教师课堂提问主体行为指呈现频次较高、持续时间较长的课堂提问行为。统计观察的122节课教师课堂提问主体行为，结果表明，以"简单提问"出现频率最高的课和持续时间最长的课占比最多，分别为82%和58.2%；其次为"认知提问"，占比分别为12.3%和30.3%；而"元认知提问"最少，占比分别为2.5%和8.2%。此外，课堂中无任何提问的课共4节，占比3.3%。

根据教师课堂提问质量并结合课堂提问主体行为呈现情况，得到各类型学校教师提问水平分布情况。低效和无效提问的课占52.5%，占比约一半，说明课堂提问整体质量不高。比较三种类型学校教师提问水平，村级小学(教学点)低效提问和无效提问的课比例最高，约为70%；其次为初中学校，占58.4%；最后为中心小学，占47.4%；这一结果说明，从提问质量来看，中心小学教师优于初中学校和村级小学(教学点)教师，表现最弱的为村级小学(教学点)教师。

综合以上分析可知，深度贫困地区乡镇义务教育学校教师课堂提问特征以简单提问为主体，简单提问出现频率数据的离散性相对最高，且大部分课堂无认知提问和元认知提问，教师在课堂中的提问水平整体不高，中心小学教师明显优于村级小学(教学点)和初中学校，村级小学(教学点)教师表现最弱。

(四) 课堂师生互动水平低，学生参与度有待提高

根据学生课堂学习行为和教师提问行为记录，结合师生课堂主体行为呈现情况，统计122节课师生互动水平分布情况。结果显示，无互动、低水平互动的课占59%，高水平互动的课仅占15.6%，学生在课堂中参与互动的总体水平较低。从不同类型学校来看，低水平互动和无互动的课占比最高的是村级小学(教学点)，其次为初中学校，表现最好的是中心小学。这一结果说明村级小学(教学点)学生在课堂上相对较少发言或参与互动。

综合以上分析可知，深度贫困地区乡村义务教育学校课堂师生互动水平较低，学生课堂参与度不高，教师往往在课堂上照本宣科，授课形式以教师讲授为主，且村级小学(教学点)的整体师生互动水平相对较低。

(五) 课堂教学实例：认识理解牛顿第一定律

观察对象：某深度贫困乡镇初中学校八年级物理课。教材：人教版八年级下册，学生人数48人。

教学片断：

在学习牛顿第一定律之后，教师引导学生完成图4-2中的练习(即专栏：动手动脑学物理)。

图4-2　教学练习专栏：动手动脑学物理

师：我们看第2个问题。被击打棋子飞出，而上面的棋子落下，你能解释这是什么原因吗？

生1：因为这个棋子离开出去，其他棋子就掉下了。

师：同学们，她说的是没错的。但是我希望你们不是学会解一道题就算了，而是要学会思考，学会物理方法。

(其实学生只说了看到的现象，并未运用牛顿第一定律做出物理解释，而教师也没有继续追问或进行有针对性的指导)。

师：我们看问题2中有哪些物体？有若干棋子，有一把尺子，还有什么？还有桌子把它支撑起来，对不对？问题说用尺子去撞击其中一颗棋子，棋子飞出去，其他棋子落下，请解释为什么会有这样的情况？

生2：因为飞出的棋子受力，其他棋子就落下。

师：好。算没有完全答对，其他的同学还有什么补充没有？

生3：其他棋子受重力落下。

(对生2、生3的回答，教师没有抓住时机追问和回应)

师：尺子对棋子施加一个力，促使物体运动状态发生改变，对不对？因为物体受力之后，运动状态会改变，是牛顿第一定律对不对？所以棋子飞出来了；其他物体受到尺子的作用力没有呢？没有。可是，当这个棋子飞走之后，中间空出来了，由于重力的作用，使上面的棋子落下。理解没有？

师：棋子横向受一个力，上面的棋子一直受重力，因而向下落。那么请问，被击打棋子受不受重力？它下面的这块棋子受不受重力？

生(齐答)：受。

师：都受重力，地球上任何物体，都受到来自地球的引力，我们将它称之为重力，理解没有？

生(齐答)：理解了(不理解也得理解)。

师：我们再来复习一下。重力的方向？

生(齐答)：竖直向下。

师：竖直向下还是垂直向下？重力的作用点在哪？重心还是中心？

生(齐答)：重心，中心(有的说重心，有的说中心)。

师：重力的大小？……

观察分析

教材(专栏：动手动脑学物理)练习中的4个题目是学生独立思考和小组讨论的好题材，也是知识运用的很好例子，但教师没有利用这些素材给予学生思考空间和讨论机会，而是采用了简单的"讲授＋提问"的方式完成教学，而在讲授中紧扣牛顿第一定律(一切物体在没有受到力的作用时，总保持静止状态或匀速直线运动状态)进行推理和说理的分量又明显不足，教师提问、追问和回应学生回答的技能水平基本处于初级水平，教师提问基本停留在没有思考价值和未提供思考空间与时间的机械性问题上。

四、结论与建议

(一) 结论

贵州省深度贫困乡镇义务教育学校学生在课堂上主要以听教师讲，集体回答教师的简单提问等被动学习方式为主，教师课堂随意性提问较多，学生在课堂中主动回答教师认知和元认识问题的机会严重缺乏，教师课堂关注学生不够，给予学生思考问题并在课堂上表达交流的机会严重不足，表达交流、提出问题、参与讨论、动手观察、实物操作等多种有助于培养学生发展关键能力的学习行为未被重视。教师未能从学生发展的关键能力视角去设计和评价教学，教师专业发展和学科素养严重不足、课堂驾驭能力弱、课堂教学效率不高、课堂目标未能完全落实、整体教学质量不高。在深度贫困地区乡村义务教育学校的课堂中，表达交流和与人沟通、提出问题和学会学习、善于观察和动手操作等学生关键能力未能在课堂中得到较好的培养。

(二) 建议

通过同课异构、观察教师关键教学行为的教学改进研究、基于教学实践和研究的高端备课以及评价量规等教学研究活动，可以具体探讨如何在课堂中对学生进行关键能力的培养，进而有效促进教师专业发展。[7]-[9]基于此，在深度贫困地区乡村学校课堂培养学生关键能力，实现德智体美劳全面发展，让贫困家庭孩子都能有出彩的机会，成为国家建设和社会发展有用之才，阻断贫困代际传递，最关键和最核心的问题是加强教师课堂教学基本技能训练，推进教师专业发展，提高课堂质量。这就需要从宏观和微观等层面重新认识和思考当前教育扶贫政策及乡村学校课堂教学改革与发展。

从宏观层面看，需建立健全推进深度贫困地区乡村学校教师专业发展的保障机制。(1)将乡村教师专业发展纳入教育精准扶贫和乡村振兴战略并统筹实施，健全乡村教师专业发展经费投入保障机制和培训经费向村级小学(教学点)等薄弱学校倾斜的管理机制，加大经费投入力度。(2)建立健全各级财政教师专项培训经费管理使用制度，通过培训券、培训学分银行和培训自主选学等创新专项经费使用方式，推动深度贫困地区乡村学校教师培训常态化，增强实效性。(3)建立健全专业培训机构到校专业服务机制，通过政府购买服务和引入社会资源等方式，组建培训专家团队深入学校开展一对一专业培训服务。(4)建立健全教师发展机构和专业培训队伍建设机制，推进县域内教师进修学校建设与改革，实现培训、教研、电教、科研等部门的有机整合，进一步增强县级教研队伍的专业服务职能。(5)构建包含省级优质教师培训基地、区域性乡村教师发展中心、乡村校本研修示范学校、乡村名师工作室等一体化的乡村学校教师专业发展服务支持体系，培养造就一批有力推进乡村教育教学改革的优秀教师、骨干教师、杰出教师和名师团队。

从微观层面看，需加强教师课堂教学技能训练和培养。(1)加强乡村教师课程标准、教材等课程培训力度，将课程培训、校本研修和个人自主学习训练有机结合起来，并提供丰富的学习资源，全面提升教师学科专业素养以及课程资源利用与课程驾驭能力；(2)加强乡村教师课堂教学设计和课堂教学基本技能的训练和培养，特别是加强教师问题设计、课堂提问、分组讨论、小组合作学习、小班化教学等基本教学技能训练，全面提高教师课堂教学能力和水平；(3)加强教师校本研修能力培养，围绕深度贫困地区乡村学校课堂教学实际问题，通过专家指导、团队协同、自主完成等方式开展集体培训、专题研讨、案例研究、课例研究、课题研究、读书自悟和自我反思等校本研修活动，构建学习共同体，发挥团队促进功能，不断提高深度贫困地区乡村学校教师校本研修能力和水平，促进教师专业发展，提高课堂教学质量，服务学生发展。

[注释]

[1] 中共中央办公厅国务院办公厅. 关于深化教育体制机制改革的意见[EB/OL]. (2017-09-24)[2018-10-12]. http://www.gov.cn/xinwen/2017-09/24/content_5227267.htm.

[2] 习近平. 决胜全面建成小康社会夺取新时代中国特色社会主义伟大胜利——在中国共产党第十九次全国代表大会上的报告[EB/OL]. (2017-10-28)[2018-12-13]. http://www.xinhuanet.com/2017-10/27/c_1121867529.htm.

[3] 余文森. 能力导向的课堂有效教学[J]. 全球教育展望，2018，47，(1).

[4] 褚宏启. 再谈核心素养与关键能力[J]. 中小学管理，2017，(12).

[5] 李锋，柳瑞雪，任友群. 确立核心素养、培养关键能力——高中信息技术学科课程标准修订的再思考[J]. 全球教育展望，2018，(1).

[6] 江合佩. 聚焦关键能力培育，创新核心素养考查——2018年高考全国卷化学试题评析及教学启示[J]. 教育测量与评价，2018，(9).

[7] 曹一鸣，王振平. 基于学生数学关键能力发展的教学改进研究[J]. 教育科学研究，2018，(3).

[8] 支瑶，王磊. 高端备课：促进学生核心认识和关键能力发展[J]. 人民教育，2015，(19).

[9] 赵扬. 量规对发展学生关键能力的影响研究——以化学教学为例[J]. 基础教育课程，2018，(13).

(本文原载于《教育科学研究》2019年第7期，编选案例时做了少量修改。)

思考与练习

1. 科学的观察具有哪些特征？
2. 在观察中，观察者可以扮演哪几种不同的角色？
3. 科学的观察活动一般需要经过哪些步骤？
4. 观察法有哪些优缺点？
5. 使用观察法开展研究活动时，需要注意哪些事项？

单元五

调查法

主题1　认识调查法

　　调查研究法，简称调查法，是指调查者在一定的理论与思想的指导下，通过访谈、座谈会、问卷、测验等手段，有计划地了解调查对象全部或某一方面情况的各种材料，并做出分析、综合，得到某一结论的研究方法。

　　活动1： 阅读下列文字，理解调查研究法在教育研究中的特点和作用。

　　调查法是通过考察了解客观情况直接获取有关材料，并对这些材料进行分析的研究方法。调查法可以不受时间和空间的限制，是科学研究中一种常用的研究方法。尤其是在描述性、解释性和探索性的研究中，调查法能搜集到难以从直接观察中获得的资料。在时间上，观察法只能获得正在发生着的事情的资料，而调查法可以在事后从当事人或其他人那里获得有关已经发生的事情的资料。在空间上，只要研究课题需要，调查法可以跨越国界，研究数目巨大的总体和一些宏观性的教育问题。调查法还具有效率较高的特点，它能在较短的时间里获得大量资料。此外，由于调查法不局限于对研究对象的直接观察，还可以通过间接的方式获取材料，因此，也称为间接观察法。

　　调查法的作用主要包括如下几点。

　　1. 为研究人员提供既定研究课题的第一手材料和数据，揭露现实存在的问题，暴露矛盾，通过不断解决内外部的各种矛盾促进发展。

　　2. 为各部门制定政策、规则提供事实依据，为实现不同层次和不同要求的管理和教育预测服务。

　　3. 明了所研究问题的现状，发现新的研究课题、先进的经验或存在的问题，并提出解决问题的新见解、新理论。

　　活动2： 阅读下列文字，理解调查法在教育研究中要遵循的原则。

　　进行有效的调查研究，需要一定的原则做基础。

1. 客观性原则

客观性原则是指在调查时，调查者应该按照事物的本来面目了解事实本身，必须无条件地尊重事实，如实记录、收集、分析和运用材料。

2. 多向性原则

多向性原则是指调查者在调查中，应该多角度、多侧面去获得有关的材料，即进行全面调查。注意横向与纵向，宏观与微观，主因素与次因素的相结合，使调查既全面又具有代表性。

3. 灵活性原则

灵活性原则是指在教育调查过程中，针对复杂的教育现象，研究者要根据调查对象的特点灵活对待，随时调整调查的方法、手段等，以保证取得可信的调查材料。

4. 定性和定量分析相结合原则

比较和量化是现代教育调查的一个特点。这就要求调查者在调查研究过程中，坚持对调查材料进行定性和定量相结合的分析方法，做到将精确与粗略相结合。事实上，只有坚持定性和定量相结合的调查，才能确保研究和分析的真实性。

📝**活动3**：阅读下列文字，熟悉调查法的类型，思考不同调查方法的适用范围。

根据不同的标准，可以把调查法分成不同的类型。最常见的分类方法是根据调查对象的性质和调查工作方式的不同，把调查法分为访谈法、电话调查法、问卷调查法和个案调查法等，如表5-1所示。

表5-1 调查研究方法的类型

调查法	定义	调查对象	特点
访谈法	研究者通过与被调查者直接交谈来收集事实材料的研究方法	社会成员中的个体或群体	调查者和调查对象面对面谈话，收集口述材料
电话调查法	电话调查法是指研究人员通过电话向被调查者进行问询，了解所需情况的一种调查方法	社会成员中的个体	花钱花时不多，能调查较多的人
问卷调查法	问卷调查法也称"书面调查法"，或称"填表法"。用书面形式间接收集研究材料的一种调查手段。通过向调查者发出简明扼要的征询单(表)，请示填写对有关问题的意见和建议间接获得材料和信息的一种方法	社会成员中的个体	调查者通过特别设计的问题表格，经调查对象做自填写式的回答，收集笔答资料
个案调查法	个案调查法是针对单一个体在某种情境下的特殊事件，广泛系统地收集有关资料，从而进行系统的分析、解释、推理的过程。狭义的个案调查法是指对单一特定的人、事、物所做的描述、分析及报告的方法	某项事物有关的文件、档案及其他已存资料	调查者对文件、档案及其他资料的考查和分析

主题2 调查法的实施步骤

活动1： 阅读下列材料，熟悉调查研究的过程。

教育调查研究是一种有计划、有目的的系统性的认识活动。教育调查研究有自身内在的结构，需遵循一定的程序和步骤。一般来说，教育调查研究全过程可分为确立调查课题、制订调查研究计划、搜集资料、整理材料、报告调查结果。

1. 确定调查研究课题

所谓选题，就是确定调查研究的课题。选题要有针对性、开创性和可行性。针对性要求选题必须针对客观需要，解决教育发展中迫切需要解决的问题；开创性要求调研题目要紧跟教育实践的步伐，研究在教育运行和改革中出现的新情况、新问题；可行性即估量调研课题能否完成以及研究成果能否被采用。

2. 制订调查研究计划

调研计划应包括如下主要内容：①明确调研目的和任务；②选择恰当的调研对象，明确调研范围、地点、机构等；③规划进行调查所需时间、调查步骤，确定调研的方式、方法；④确定调研工作组织形式、调研人员及分工；⑤设计必要的调查问卷、表格或访谈提纲等。

3. 搜集资料

搜集资料即通过问卷、访谈、测验、调查等手段全面收集研究需要的资料。为了保证材料的信度和效度，在搜集调查材料时应注意以下几点。①尽可能保持材料的客观性。在调查过程中，调查者不能带有主观偏见和倾向性，应实事求是地搜集材料。不能带着观点去找材料，更不能任意取舍材料，否则会失去材料的客观性和真实性。②多个调查人员同时收集资料时，必须采用统一的标准，用统一的表格做调查记录。③不能把事实和意见混在一起，"意见"往往带有主观色彩。对被调查者提供的材料要进行核实，以保证材料的可靠性。④尽量采用多种手段或途径，从多角度广泛地收集材料。

4. 整理材料

整理材料指对调查过程中直接采集到的原始材料进行整理和分析，使之达到系统化和条理化，以便研究者能弄清楚材料之间的相互关系，发现教育现象和事物的规律，解答研究者提出的问题。

5. 报告调查结果

报告调查结果阶段主要完成三项任务：撰写调查报告、总结调查研究工作和评估调查研究成果。其中，撰写调查报告是整个调查研究活动最重要的工作。调查报告以在调查中搜集来的大量资料为基础，进行综合、分析，逐渐上升为理性认识，最后形成书面文字，以发现问题、揭露矛盾、总结经验，揭示事物发展的内在规律，为相关部门或人员提供决策依据。

发现问题、提出问题是调查研究的起点；找出问题发生的原因，指出解决问题的方案是调查研究的归宿。确定调查研究课题是开展教育调查研究的第一步，也是非常关键的一步。调查研究课题选择的好坏直接影响调查研究的顺利实施及调查结果的价值。问题意识是教育科研人员应有的基本素质。问题在哪里？如何选择、确立教育调查研究的课题呢？就让我们从选择调查研究课题出发，开启调查研究之旅吧。

📝 **活动2：** 阅读智慧库中的材料，结合自己在"单元二主题3"选择的课题名称，和组内同学讨论，确定一个适合自己所在研究团队开展调查研究的课题。

📖 **智慧库**

需要研究的教育课题很多，尤其是处于改革与发展中的教育受信息技术的影响，面临许多新问题、新矛盾。如何发现这些研究课题或在众多的研究课题之中选择适合自己研究的课题呢？通常情况下，有以下几种方法可供参考。

(1) 勤于思考，从实际教学、教育工作中寻找值得调查的问题与对象。

(2) 了解最新信息，关注教育/教学改革，从当前改革实践中寻找有价值的热点、难点问题。

(3) 查阅文献，从前人的调查研究中寻找需要继续调查的课题，也可以从有关教育理论中去推论可经调查验证的课题。

(4) 不断交流，从有关教育专家及实际工作者的建议中获得可供调查研究的课题。

通常情况下，一个研究课题明确后还不能立即开展研究，而是要反复考虑课题研究的必要性与可行性，只有确保课题具有研究的必要性，而且课题研究具有可行性后才能最终确定研究课题。推敲课题的必要性和可行性时一般要遵循以下原则。

① 目的性原则。

开展调查研究不仅费时，而且费力。因此，在调查研究之前，研究者要对调查研究的目的，通过调查所要解决的问题有明确规定，做到心中有数，有的放矢。

② 价值性原则。

任何调查研究课题应以是否能丰富和发展教育科学理论，是否能解决教育实践中存在的实际问题为原则。

③ 量力性原则。

要求调查课题和调查范围的大小，要视参加调查的人力、物力、财力等主客观条件而定。

我们组发现的研究课题有＿＿＿＿＿＿＿＿＿＿＿＿＿＿＿＿＿＿＿＿＿＿＿＿＿＿＿

＿＿＿＿＿＿＿＿＿＿＿＿＿＿＿＿＿＿＿＿＿＿＿＿＿＿＿

＿＿＿＿＿＿＿＿＿＿＿＿＿＿＿＿＿＿＿＿＿＿＿＿＿＿＿

＿＿＿＿＿＿＿＿＿＿＿＿＿＿＿＿＿＿＿＿＿＿＿＿＿＿＿

我们最后确定的调查研究课题是＿＿＿＿＿＿＿＿＿＿＿＿＿＿＿＿＿＿＿＿＿＿＿

研究课题确定之后，接下来要做的工作就是进行调查前的准备活动。为使各项活动安排有序，需要制订调查研究计划。

📝 **活动3：** 请根据智慧库的提示，和组内同学合作，制订本小组的调查研究计划，填写在表5-2中。

要求：1. 调查研究计划要尽量详细，周密，切合实际；

2. 充分考虑可能出现的问题，对人、财、物、信息应有足够的估计。

📖 **智慧库**

调查研究计划的内容

1. 课题名称和目的；
2. 调查对象及范围；
3. 调查地点及时间；
4. 调查的方式、方法；
5. 调查步骤及日程安排；
6. 调查的组织实施及人员分工；
7. 调查报告完成的日期。

表5-2　我们的调查研究计划

调查研究计划确定后，就可以正式开展调查研究了。实施调查就是将调查计划付诸实施并获得调查资料的过程。调查资料一般有两大类。

1. 回收的问卷、访谈记录

问卷回收率是影响问卷调查质量的一个关键性因素。回收问卷越多，对其整理、分析的价值也就越大。问卷一般受调查研究人员态度、被调查人员的兴趣及问卷题目难易程度等因素影响。

访谈记录要真实可靠，研究者要实事求是，要尽量记录原话，少做概括性的记录，以免掺杂主观性的因素。

2. 有关被调查者的背景材料

这类材料的搜集有利于以后分析、印证。被调查者的背景主要包括一些书面资料如教科书、教师教案、学生作业、学校工作总结、计划、教育行政部门的档案等。

📖 **智慧库**

搜集调查资料注意事项

1. 资料要完整、系统而不能零散、孤立。资料从头到尾、从形式到内容应是一个有机整体。

2. 资料要科学。资料来源应是真实的，无虚假成分，无拼凑的材料，搜集的材料应符合调查要求和客观实际。

3. 资料要准确。资料若不符合要求，又有许多漏洞，就不能算是有效的问卷与访谈。及时去除无效问卷及错误信息，做到内容、地点、时间、人数及具体数据都准确无误。

经过问卷、访谈所得的资料一般叫作原始资料。这些资料经过整理与分析才能进入研究阶段，只有对原始材料进行科学的整理与分析，使之系统化，才能得出有意义的结论。资料的整理与分析，需要有正确的哲学基础和方法论作指导，同时还要运用逻辑思维方法和统计学作为数量分析手段，即质的研究和量的研究方法相结合，才能从所搜集的大量资料中抽象出具有科学意义的结论。对于质的材料，要用明晰流畅的文字加以梳理；对数量材料，则要用统计法、列表法、图示法加以整理。

📖 **智慧库**

资料分析与数据整理阶段的主要工作包括以下3个方面。

1. 审核、整理资料。

审核资料就是识别调查资料的真伪和价值。分清真、伪，去除假、错、缺，以保持资料的真实、准确与完整。整理资料是对审核后的资料进行分组、分类、汇总、加工，使之系统化和条理化，并以集中、简明的方式反映调查对象的总体情况。

2. 统计分析资料。

应用统计学原理和方法，对审核、整理后的资料进行数量关系的研究分析，揭示调查对象的发展规模、水平及与其他事物之间的内在关系，为理论研究提供切实可行的数据资料。

3. 对资料展开理论研究。

运用逻辑思维方法和教育科学有关的理论与方法，对已经审核的事实材料和经过统计处理之后的数据进行科学的思维加工，揭示所调查教育现象或问题内在本质及产生这种问题的前因后果，并预测其未来发展趋势。最后，在理论解释的基础之上有针对性地提出具体建议。

✍ **活动4**：请根据本研究团队的研究准备，利用课外时间开展调查研究，并对收集到的原始资料进行分析和整理。

报告调查结果是调查研究的最后一个阶段，也是实现调查目的时刻。调查研究的最终目的就是要将调查结果公布于世，把经过调查研究以后取得的某种理论或观点乃至结论，用文字形式较完整地表达出来，将研究结果推向社会，以取得社会认可，从而引起人们对有关问题的重视。

报告调查结果阶段的主要任务包括如下内容。

1. 撰写调查报告

调查报告是整个教育调查研究成果的集中体现。调查报告要着重说明调查结果与研究结论，并对调查研究的过程、所采用的方法及调查结果进行系统的阐述与说明；同时，要提出建设性意见和解决存在问题的方式、方法，以便发挥教育调查研究的理论功能与实践作用。

2. 总结调查研究工作

对整个调查研究全过程进行总结与回顾，其目的是积累成功经验，吸取失败教训，为以后调查研究提供必要的经验与教训，不断提高调查研究的水平与能力。

3. 评估调查研究成果

一般分为学术成果评估和社会效果评估两个方面。学术成果评估就是对调查所提供的事实、数据资料、理论观点及所使用方法进行公正客观的评价。社会效果评价，主要是对调查研究结论在实际教育、教学实践中的作用做出评估。

📖 智慧库

调查报告的常用的结构

1. 标题

调查报告的标题要直截了当地点明调查报告的基本内容。可大致分为两类形式。第一类形式是《关于×××的调查报告》。第二类形式是标题直接点明文章的核心内容，且富有新意，引人入胜。如《不容忽视的"×××现象"》。

2. 开头

开头部分要与标题的写作风格呼应。如果标题采用《关于×××的调查报告》的形式命名，则开头部分可以概括全文的主要内容，也可以介绍调查的目的，交代调查的时间、地点、人物、经过，简要介绍被调查对象的有关情况，提出调查的问题和结论等。

3. 正文

一般情况下，要分几个部分，并加上标题。常见的结构形式有三种。第一，按事物产生、发展变化的过程来写，称"纵式"结构。好处是时间顺序清楚，脉络分明。第二，用对照比较的方法来写，好处是通过对比，说服力较强，给人印象深刻。第三，按事物的几个问题写，好处是可以使读者从几个不同的侧面了解事物的真实情况，调查材料容易被广泛接受。

4. 结尾

调查报告的结尾一定要干脆利索，切忌拖泥带水。

📝 **活动5**：请以研究小组为单位，仿照智慧库中调查报告的结构，撰写完成本小组的调查研究报告。

主题3 设计调查问卷

调查研究常用的方法有问卷调查法和访谈法。这两种方法既可以单独使用也可以组合使用。

问卷调查是以书面提出问题的方式搜集资料的一种研究方法。研究者首先根据调查项目、研究问题编制问卷表格,以邮寄发送、当面作答或追踪访问等方式,请求被调查人员填写答案,从而了解被调查对象对某一现象或问题的认识程度、看法或态度。设计调查问卷是调查研究中难度最大的环节之一。设计调查问卷时既要考虑调查问题的设计,还要考虑调查问题与研究内容的相关性、问题的表述方式等。

📖 智慧库

调查问卷的设计要求

设计调查问卷重点要考虑两个因素:一是便于分类和统计,二是尽量保证被调查者能如实表达自己的想法。具体要求如下。

1. 问卷内容要简明扼要。问卷中的问题不能含糊其辞,内容不宜过多,也不可太少。问题太多,容易引发答题人厌倦情绪而应付了事;问题太少,不能涵盖课题想要研究的范围。

2. 问卷中所有题目应和调查课题及研究目的相符。问卷要突出主题,题目顺序安排要合理。可以按照先一般性问题后特殊性问题的顺序,引导被调查对象准确作答。

3. 问卷的文字表达要通俗易懂,容易回答。问题应充分考虑被调查对象的文化水平,避免使用专业术语。用语要具体明确,不能使用意义含混、模棱两可的语词以及含有暗示、诱导倾向的语言。

4. 问卷最好匿名作答。在卷首编写指导语,说明调查研究的目的、意义及对回答者的具体要求,以消除被调查者顾虑,使之规范作答,从而获得可靠的资料和易整理、汇总的数据。切忌设置涉及个人隐私的问题。

📝 **活动1:** 认真阅读下列材料,理解调查问卷的结构及各类问卷题的特点。

问卷调查法具有方便实用,省时省力,所得资料易整理归类,结果具有一定代表性等优点。但是问卷若设计不好或问卷回收率低,将影响所得资料的可靠性与代表性。

调查问卷通常一般由标题、问卷说明、注释、主体和致谢语5部分组成。

1. 标题

每份调查问卷都有一个研究主题。研究者应开宗明义定个题目,反映研究主题,使人一目了然,增强填答者的兴趣和责任感。例如,"中小学教师信息素养调查问卷",标题明确地说明了调查对象是"中小学教师",调查内容是"教师的信息素养"。

2. 问卷说明

"问卷说明"也称引言。引言可以是一封给调查对象的信,也可以是指导语。引言主要说明调查的目的、意义,填答问卷的要求、注意事项,调查单位或组织者名称,调查结果的使用者，保密措施和时间，等等。

引言一般放在问卷的开头，篇幅宜小不宜大。访问式问卷的开头一般非常简短，最好几十个字说明白就好；自填式问卷的开头可以稍长一些。

3. 注释

"注释"一般指对填写问卷的具体要求，也可以包括对条款及措辞的进一步诠释。如："请您选出一个您认为最佳的答案"等。

📖 **智慧库**

注释内容

注释一般应包括以下内容。

(1) 规定选择答案所使用符号。

(2) 解释代码表格。

(3) 说明回答者是否署名。

(4) 说明问卷回收的时间和方式(面交、邮寄还是其他方式)等。

4. 主体

问卷主体是研究主题的具体化，也是问卷的核心部分。问卷主体一般包括指导语、调查对象的自然状况、问卷题 3 个部分。

(1) 指导语。

指导语是问卷说明的深化语言。指导语要通俗，亲切，简洁，流畅。

(2) 调查对象的自然状况。

调查对象的自然状况一般指姓名、年龄、学历、单位、通信地址等有关对象的自然情况。在调查中，可以根据具体调研需要增减有关项目。如增设调查对象父母等家庭成员的情况，调查对象生活、学习环境条件等情况。

(3) 问卷题。

问卷题是问卷主体中最重要的内容。问卷题目设计的科学性、合理性、针对性是决定调查成败的关键。

① 从形式上看，问卷题可分为开放式问题和封闭式问题两种。

开放式问题要求应答者表达自己对某个问题的观点。

如：您认为学校当前面临的主要问题是什么？(请写出您的想法)。

封闭式问题是研究人员提供对问题的若干种答案。调查对象只能在备选答案中选择与自己理解比较相符的答案。

例如：您认为学校有没有必要对青年教师开展教学技能培训？

    A. 很有必要； B. 有必要； C. 可有可无； D. 无必要。

📖 智慧库

封闭式问题的优缺点

封闭式问题是问卷设计中采用较多的一种形式。它的优点是可以提供比较整齐划一的答案，便于运用计算机加工处理信息资料；缺点是容易遗漏研究人员划定的答案之外的信息，影响调查问题答案的多样性。另外，由于答案是调查方设计的，因此有可能出现"被迫"回答的情况。

开放式问题的优缺点

开放式问题在一定程度上可以克服封闭式问题的缺点，答案遗漏较少，"强迫"性回答的可能性小，但容易出现答非所问的情况。同时，开放性问题答案的复杂多样性，使答案之间的可比性下降，资料整理的难度加大。此外，运用开放式问题对调查对象也有一定的要求，如要求应答者有较高的写作能力和语言表达能力等。

② 从内容上看，问卷题可以分为事实性问题、意见性问题、困窘性问题、断定性问题、假设性问题和敏感性问题等。

事实性问题主要是要求应答者回答一些有关事实的问题。其主要目的在于求取事实资料。因此，问题中的字眼定义必须清楚，让应答者看题后能正确回答。在调查对象基本信息调查中，许多问题都属于"事实性问题"，例如应答者的职业、收入、文化程度等个人资料。设计问卷时，通常将事实性问题放在后边，以免应答者在回答有关个人的问题时有所顾忌，因而影响以后的答案。但如果抽样方法采用配额抽样，则事实性问题应置于问卷之首，否则就会不知道应答者是否符合样本所规定的条件。

例如：您通常什么时候看电视？

意见性问题事实上就是态度性调查问题。态度性调查问题主要收集应答者对问题中所陈述事件、事物等的态度。因此，一方面要考虑应答者是否愿意表达其真实态度，另一方面还要考虑其态度的强度。对于事实性问题，可将答案与已知资料加以比较。但在意见性问题方面则很难进行比较。因此意见性问题的设计远比事实性问题困难。这种问题通常有两种处理方法。其一是对意见性问题的答案只用百分比表示，例如有的应答者同意某一看法等。另一方法则旨在衡量应答者的态度，故可将答案化成分数。

例如：您是否喜欢××频道的电视节目？

A. 全部喜欢　B. 70%喜欢　C. 50%喜欢　D. 30%喜欢　E. 基本不喜欢

困窘性问题是指应答者不愿在调查员面前作答的某些问题，如关于私人的问题，不为一般社会道德所接纳的行为、态度或有碍声誉的问题。

例如：

您每月平均打几次麻将？

您最不喜欢上哪些课程？

您认为学校的奖学金评定公平吗？

📖 智慧库

困窘性问题设计技巧

如果一定要想获得困窘性问题的答案，又避免应答者作不真实回答，可采用以下方法。

1. 间接问题法

即不直接询问应答者对某事项的观点，而改问调查对象认为其他人对该事项的看法。用间接问题旨在套取应答者回答认为是旁人的观点。因此，在他/她回答后，应立即再加上问题"您同他们的看法是否一样？"。

2. 卡片整理法

即先将困窘性问题的答案分为"是"与"否"两类，让应答者自己取卡片投入箱中，以缓解困窘气氛。应答者在无调查员看见的情况下，选取正确答案的可能性会提高。

3. 随机反应法

即根据被调查对象的随机反应，估计回答困窘问题的人数。

断定性问题是先假定应答者已有该种态度或行为，然后设计的问题。

例如，您每天抽多少支香烟？事实上该应答者极可能根本不抽烟，这种问题则为断定性问题。正确处理这种问题的方法是在断定性问题之前加一条"过滤"问题。"您抽烟吗？"如果应答者回答"是"，用断定性问题继续问下去才有意义，否则在过滤问题后就应停止。

假设性问题是先假定一种情况，然后询问应答者在该种情况下，他/她会采取什么行动。应答者对这种问题多数会答"是"。这种探测应答者未来行为的问题，应答者的答案事实上并没有多大意义，因为多数人都愿意尝试新事物或获得一些新经验。

例如：

如果学校开展青年教师教学技能培训，您会不会参加？

③ 从问卷编制的题型来看，问题的设计编制通常有是非题、选择题、填空题、问答题、排序题等类型。

是非题：问题的答案只有同意和不同意两种，回答者必须选择其中之一。

例如：

您认为幼儿园开英语是否必要？ 是( ) 否( )

选择题：问卷的答案相互之间不是矛盾关系，只是类别、程度、数量的不同。回答者可以从中选择一个或几个答案。选择题是问卷调查中最常用的形式。选择题一般有等级式和并列式两种形式。

等级式：各选项答案都由具有等级意义的词汇或数字形式构成。

例如：

您经常参加体育锻炼吗？

A. 经常； B. 有时； C. 从不。

📖 **智慧库**

等级式常见的问答量级

1. 极好；好；可以；一般；坏；不知道。
2. 很满意；满意；一般；不满意；很不满意。
3. 有规律性；偶然；极少；从不。
4. 很喜欢；较喜欢；一般；不太喜欢；很不喜欢。
5. 非常同意；同意；中立；不同意；很不同意。
6. 很重要；重要；较重要；不重要；不知道。

并列式：备选答案由等价的、各自独立的词汇构成。

例如：

您认为每天背诵英语的最佳时间是何时？

A. 早晨；B. 早自习；C. 中午；D. 课间；E. 晚饭后；F. 其他。

填空题：是在问题中留有一定的空白，让调查对象填写完成的问题。

例如：

您最希望开设的选修课是_____。

问答题：是允许调查对象自由作答的开放式问题。

例如：

请您谈一谈您对小学实施素质教育的看法。

5. 致谢语

为表示对调查对象真诚合作的谢意，研究者可以在问卷末尾写上感谢的话。如果问卷前面的说明已经有表示感谢的话语，末尾就可以不写致谢语了。

📖 **智慧库**

设计调查问卷注意事项

1. 条款必须清晰明了

通常情况下，问卷设计者对要研究的课题非常清楚，但被调查者对调查课题可能了解不多。因此，设计问卷时，研究者应该充分考虑到被调查对象对课题的了解程度，尽量把条款陈述详细。

2. 避免双向问题

双向问题是指要求调查对象用一个答案来回答两个以上联系在一起的问题。

如：您认为在高中阶段的英语教学中，应增加听力训练课而减少阅读训练课吗？

A. 是；　B. 否；　C. 都增加；　D. 都减少。

这是一个双向问题。答案中的"否"含义不清。若有人选了"否"，那么研究者除了知道应答者不同意你的说法以外，将会一无所获。

3. 避免使用假定性问题

假定性问题是指用虚拟语气构成的条款。如"假如……你是否会……？""如果……你将会……"。这种问题常用于意愿调查中。假定性问题的答案，无论为"是"还是为"否"，都存在含义不清的问题，都不足以掌握调查对象经常的、稳定的心理和行为倾向，故难以作为调查统计的依据。

4. 避免使用否定句

在调查中，调查对象往往会把问题中的否定词漏掉，结果把否定句看成肯定句，造成答案混乱。有人曾做过一次试验，设计了一个问题。

如：品行不端者不可在学校中任教。

A. 是；　B. 否；　C. 不知道。

通过对比研究发现，许多选择了肯定回答的人，其本意是认为品行不端者可以在学校中任教，而不是同意条款的陈述，结果造成答案错乱。

5. 根据调查对象确定调查问卷的篇幅和答卷时间

为提高问卷调查的效率与效益，设计调查问卷的问题时应充分考虑调查对象的特点。如对于年龄较小或文化水平较低的调查对象，问卷难度与题量都应尽量小；而对于文化水平较高的对象，则应在难度和题量上适当加大。作答时间一般是越短越好，但也应根据调查对象有所区别。一般来说，对中小学生的问卷，答案时间应控制在半小时以内；而对于教师的问卷，答卷时间可控制在一小时左右。

📝 **活动2**：请根据本小组的课题研究需要，每个人先自拟调查问卷的框架及能想到的问题(写在表5-3中)。然后组内合作，设计完成调查问卷。

表5-3　＿＿＿＿＿＿＿＿＿＿课题调查问卷框架

（此处为空白框）

主题4 访谈法

访谈又叫访问或谈话，是指研究者通过与调查对象面对面谈话了解情况、搜集资料，从而准确地说明样本所要代表的总体的一种方式。访谈是调查研究广泛使用的方法。通过访谈可以搜集到问卷调查无法搜集到的有价值的材料。

访谈要借助交谈技巧了解被调查者关于某一问题的认识、态度。访谈最大障碍来自被调查者的"警戒心理"及不善言谈等个性特征。因此，访谈比较耗时费力，同时要求研究者(访问者)具有较高的发问、追问能力与交谈技巧。

活动1：在下列文献中选2篇，自主阅读，然后在组内分享访谈稿中访谈问题与访谈主题的关系。

1. 沈阳，田阳，曾海军. 教育专网：助力中国教育信息化迈上新台阶——访中国工程院院士吴建平教授[J]. 电化教育研究，2020，41(03)：5-9+47.

2. 蔡慧英，顾小清. 联结学习设计与学习分析：教师技术创新教学的突破口——访西班牙巴利亚多利德大学雅尼斯·迪米特里亚迪斯教授[J]. 开放教育研究，2020，26(01)：4-13.

3. 蔡三发，王倩，沈阳. 人工智能赋能：高校学科建设的创新与发展——访中国工程院院士陈杰教授[J]. 电化教育研究，2020，41(02)：5-9.

4. 沈阳，逯行，曾海军. 虚拟现实：教育技术发展的新篇章——访中国工程院院士赵沁平教授[J]. 电化教育研究，2020，41(01)：5-9.

在访谈之前，要做好准备工作，依访谈需要，按时间和问题的顺序设计编制访谈程序。

📖 **智慧库**

完整的访谈程序一般包括以下内容。

1. 确定访谈题目和目的。

　　访谈目的来自研究目的，研究目的不同，访谈类型与方法也有所不同。因此，研究者必须明了访谈的目的，依访谈的目的确定访谈的题目。

　　2. 制订训练访谈人员计划。

　　访谈者的策略与技巧影响访谈的顺利进行及所获材料的可信性。访谈是一门交流艺术，在访谈前，应对访问者进行必要的访谈基本知识、访谈基本技能、讨论访谈题目、预备性访谈实验等培训。

　　3. 安排访谈准备工作。

　　访谈准备工作包括访谈所需设备、问题表格、访谈任务分配、访谈须知、访谈进度表的绘制等。

　　活动 2： 请根据本小组的研究需要确定具体的调查研究方法，设计访谈程序，完成表 5-4。

表5-4　_____访谈程序

无论是问卷，还是访谈，在进行正式调查之前都需要在目标人群内进行预试。通过被调查者在预试过程中的反应及各种信息反馈，研究者要对问题、访谈的方式、内容和方向不断加以修改，使之趋于完善。

活动3： 两个科研小组合作，互相作为访谈对象，进行访谈预试。收集设计访谈预试种的反馈信息，对本组设计的访谈问题或访谈方式进行修改。

主题5   调查法研究案例

中小学教师有效教学行为调查研究
罗生全

[摘 要]通过对我国不同地区的41所中小学校的教师有效教学行为进行调查研究发现，当前中小学教师由于受到性别、任教阶段、教龄、学历和区位等因素的制约和影响，其有效教学行为在教学准备、系统呈现教材、教学策略、教学评价和班级管理等五个维度表现出不同的差异和特点。基于此，改进中小学教师有效教学行为应确立学习者中心的教学价值信念，塑造学习共同体中心的教师文化，建构基于学习过程的教学评价体系。

[关键词]中小学教师；有效教学行为；教学评价

教学行为是教师为实现一定教学目标所采用的一系列问题解决行为，是教师整体素质的外化形式，具有丰富的内涵与价值。中小学教师教学行为的现实表征及其有效水平直接表明了教师教学过程的有效性和教学质量的高低程度，直接标示着其教学水平与教学实践智慧，影响着学生的学习行为与学习效果。本研究通过对我国中小学教师的教学过程及教学行为现状进行调查，发现问题并提出相应的策略与建议，以期为中小学教师课程价值观的转变、教学行为的改进、教学能力的提升以及教学质量的提高提供参考。

一、研究对象与工具

(一) 研究对象

本研究以立意取样方式，在全国范围内抽取9个省(区)、3个直辖市和1个计划单列市，包括内蒙古自治区、辽宁省、河南省、安徽省、云南省、贵州省、四川省、浙江省、福建省、天津市、上海市、重庆市和深圳市等，随机选取41所中小学校的教师作为研究对象，共发放问卷3000份，回收有效问卷2226份，有效回收率为74.2%，调查对象的基本情况包括性别、任教阶段等情况(见表5-5)。

表5-5   研究对象的基本情况

类别	项目(人数)	所占百分比
性别	男(705)	31.7%
	女(1521)	68.3%

（续表）

类别	项目(人数)	所占百分比
任教阶段	小学(1154)	51.8%
	初中(1072)	48.2%
教龄	0～5(442)	19.9%
	6～15(898)	40.3%
	16～20(517)	23.2%
	21 以上(369)	16.6%
学历	大专及以下(604)	27.1%
	本科(1457)	65.5%
	研究生(165)	7.4%
区位	农村(716)	32.2%
	城镇(957)	43.0%
	都市(553)	24.8%

(二) 研究工具

本问卷属于自编问卷，是研究者在理论探讨、文献分析和参考其他问卷的基础上，根据项目分析、信效度分析编制而成，主要包括初拟问卷、预测问卷和正式问卷3个环节。问卷分为研究者的基本资料和正式问卷两个部分，问卷内容包含教学准备、系统呈现教材、教学策略、教学评价、班级管理这5个维度，共计29题。所有题项均采用李克特5点量表计分方式，并希望通过整体及各个层面的平均数、标准差、T检验及单因子分析等统计手段来探视我国中小学教师有效教学行为的现状和特点。

(三) 信效度分析

1. 信度分析

本研究采用 Cronbach's α 系数进行信度分析，整个问卷内部一致性 Cronbach's α 为0.949，教学准备、系统呈现教材、教学策略、教学评价、班级管理5个分量表的信度依次为 0.798、0.869、0.886、0.731和0.756，均介于0.731与0.886之间，显示量表的内部一致性良好。

2. 效度分析

本研究在问卷编制过程中，专门请现任中小学校长、主任、教师等针对问卷内容提出相关建议并做出修改，最后请12位专家学者对问卷题目进行审核，因此具有良好的内容效度。此外，本研究还通过因素分析的方法来检验调查问卷的结构效度，分析显示，问卷各维度之间的相关系数呈现中低度相关，说明各维度之间具有一定的独立性。各维度与总问卷之间的相关系数呈现中高度相关，表明测量工具的各个维度能较好地反映所要测量的内容，具有良好的结构效度。

二、调查结果与分析

(一) 中小学教师有效教学行为的总体表现

本研究从教学准备、系统呈现教材、教学策略、教学评价和班级管理5个维度，对不同性别、不同任教阶段、不同教龄、不同学历、不同区位教师的有效教学行为进行对比分析，以此考察中小学教师有效教学行为的总体水平(见表5-6)。

表5-6　中小学教师有效教学行为的总体表现

维度	平均值(M)	题数
教学准备	4.22	4
系统呈现教材	4.28	8
教学策略	4.33	9
教学评价	4.32	3
班级管理	4.28	5
总体	4.29	29

表5-6的数据表明，中小学教师的有效教学行为在总体表现上的平均值为4.29，高于临界值4。在教学准备、系统呈现教材、教学策略、教学评价和班级管理5个维度，中小学教师有效教学行为的平均值分别为 4.22、4.28、4.33、4.32和4.28。从图5-1中可以更直观地看到中小学教师的有效教学行为在各个维度和层面上的表现水平及其变化趋势。

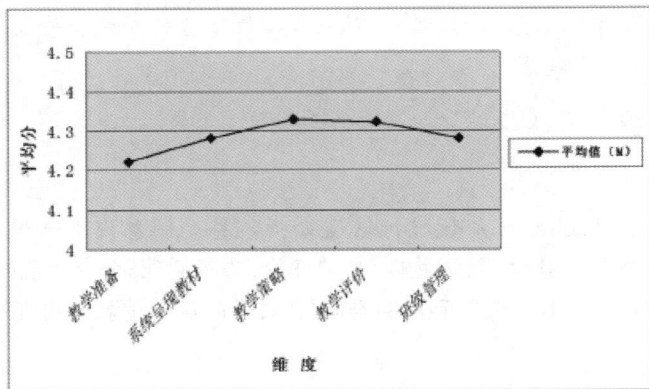

图5-1　我国中小学教师的有效教学行为在各维度上的表现水平及其变化趋势

从图5-1我们可以比较直观地看到，首先，中小学教师的有效教学行为在教学准备、系统呈现教材、教学策略、教学评价和班级管理5个维度上的平均得分均在4.2以上，其中在教学策略维度上的得分最高；其次，教学评价维度，再者是系统呈现教材和班级管理维度，在这两个维度上的平均得分均为4.28；最后是教学准备维度。由此可知，中小学教师的有效教学行为在各维度上的总体表现水平高低依次为：教学策略＞教学评价＞系统呈现教材；班级管理＞教学准备。

(二) 中小学教师有效教学行为的性别差异

为考量性别对中小学教师有效教学行为的影响，本研究分别对女性教师和男性教师的5种有效教学行为进行了独立样本T检验(见表5-7)。

表5-7　中小学教师有效教学行为的性别差异

维度	男(M/SD)	女(M/SD)	t
教学准备	4.11/0.69	4.25/0.66	-5.10***
系统呈现教材	4.22/0.61	4.32/0.57	-3.77***
教学策略	4.24/0.62	4.38/0.56	-5.27***
教学评价	4.21/0.69	4.37/0.62	-5.37***
班级管理	4.19/0.62	4.32/0.57	-4.94***
总体	121.61/16.39	124.89/14.83	-3.85**

注：$*p<0.05$，$** p<0.01$，$*** p<0.001$；下同。

表5-7的数据表明，不同性别中小学教师的有效教学行为在总体表现上有着非常显著的差异，分别在教学准备、系统呈现教材、教学策略、教学评价和班级管理5个维度上有着极其显著的差异。女性教师的有效教学行为无论是在总体上还是在5个维度上的平均得分均显著高于男性教师。从图5-2可以更直观地看到不同性别中小学教师的有效教学行为在各维度上的表现水平及其变化趋势。

由图5-2可知，男性教师的有效教学行为在教学策略维度上的平均得分最高，为4.24；在各维度上的表现水平高低依次为：教学策略＞系统呈现教材＞教学评价＞班级管理＞教学准备。女性教师的有效教学行为在教学准备维度上的得分最低，为4.25；在各维度上的表现水平高低依次为：教学策略＞教学评价＞系统呈现教材；班级管理＞教学准备。

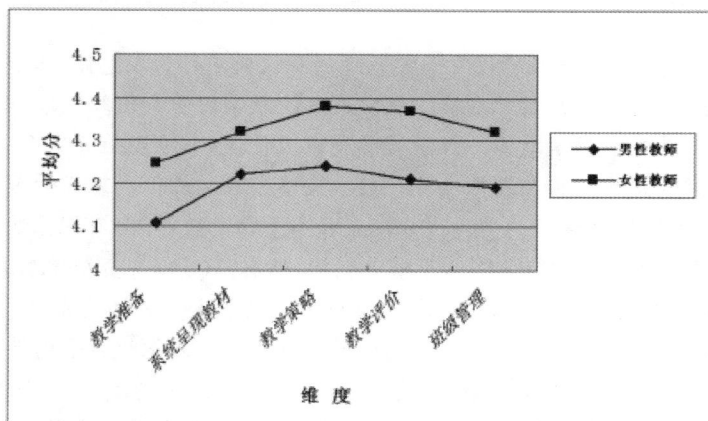

图5-2　不同性别中小学教师的有效教学行为在各维度上的表现水平及其变化趋势

由此可知，女性教师的有效教学行为在各个维度和层面上的表现水平均高于男性教师，即女性教师的有效教学行为水平高于男性教师。

女性教师在教学过程中表现出较高的有效教学行为水平，这可能是由于性别差异导致中小学教师在职业认同感和期望度上存在着不同的观点和倾向。由于受到我国传统文化的影响，大多数女性的性格特点更加倾向于传统儒家伦理中的"仁爱、慈、俭、朴素、自然无为、柔弱不争"等内容与精神，在生活与学习工作中会表现出较为温婉、柔弱、耐心、慈悲等特点，再加上女性素有的细心、细致、善语言表达、性格稳定等个性优势，因此她们比男性更为适合从事教师这一职业和工作。事实上，大多数女性教师更为认同和喜爱教师这一职业，在职业的选择上，她们比男性教师更愿意选择中小学教师职业。此外，在中小学教师职业中，与男性教师相比，女性教师更容易满足于当前的工作环境和工资收入，比较容易获得职业成就感和幸福感，认为教师这一职业能够实现自身的价值，因此在教育教学过程中，女性教师会更加专注于自身的教学准备和教学行为表现，更为注重教学的有效性，并有意识地去提升自身的教学行为水平和教学质量。

(三) 中小学教师有效教学行为的任教阶段差异

不同的任教阶段对于教师有效教学行为水平有着一定的影响，为此，本研究分别对小学和初中两个阶段的教师进行问卷调查，并对调查数据进行独立样本T检验(见表5-8)。

表5-8　中小学教师有效教学行为的任教阶段差异

维度	小学(M/SD)	初中(M/SD)	t
教学准备	4.25/0.66	4.19/0.69	2.12*
系统呈现教材	4.28/0.58	4.30/0.60	-0.61
教学策略	4.36/0.57	4.30/0.59	2.10*
教学评价	4.37/0.61	4.27/0.68	3.81***
班级管理	4.31/0.56	4.25/0.61	2.38*
总体	125.09/15.34	122.57/15.36	3.208

表5-8的数据表明，不同任教阶段中小学教师的有效教学行为在总体表现和系统呈现教材维度上没有产生明显差异，而在教学准备、教学策略、教学评价和班级管理4个维度上均有不同程度的显著差异，其中在教学准备、教学策略和班级管理3个维度上有显著差异，在教学评价维度上有极其显著的差异。且在教学准备、教学策略、教学评价和班级管理4个维度以及总体表现上，小学教师的有效教学行为平均得分均显著高于初中教师，只有在系统呈现教材维度上，小学教师的有效教学行为平均得分略低于初中教师。从图5-3可以更直观地看到不同任教阶段中小学教师的有效教学行为在各个维度和层面上的表现水平及其变化趋势。

由图5-3可知，在系统呈现教材维度上，小学教师的有效教学行为平均得分为4.28，略低于初中教师(4.30)。除此之外，在其他4个维度上，小学教师的有效教学行为平均得分均显著高于初中教师，说明小学教师在除系统呈现教材维度以外的其他各个维度上的有效教学行为水平均高于初中教师。

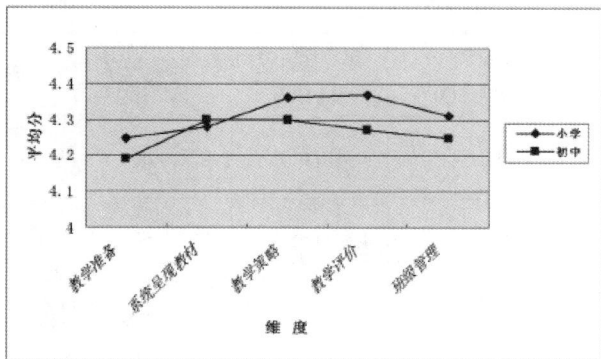

图5-3 不同任教阶段中小学教师的有效教学行为在各维度上的表现水平及其变化趋势

小学教师在教学准备、教学策略、教学评价和班级管理4个维度上的有效教学行为水平高于初中教师，这可能是由小学阶段学生身心发展的特殊性及教师教学任务的针对性与特殊性所决定的。学生的身心发展具有一定的阶段性差异，不同年龄阶段学生的身心发展需求和发展水平是不相同的，每个年龄阶段都有其普遍的与典型的特点，进而间接地影响和支配着学生学习内容与方法的选择。[1]小学生正处于个体身心发展的童年期，对于外界事物有较高的好奇感和兴奋感，愿意去学习和接受很多不同的趣味性知识和事物。因此，小学教师在选取教学材料和准备课堂教学时会更为重视教学内容的丰富性和趣味性，强调教学方法的新颖性和多样性，以激发学生的学习兴趣和多元智能，并且非常重视对学生的学习表现和成绩进行过程性和多元性评价。此外，在传授文化知识和技能方面，小学教师更为注重对学生基本素质的培养，加上较小的升学压力和宽松的教学环境与氛围，这使得小学教师有更多的时间和精力去专注于更新教育观念、创新教学方法与策略、提升教学效率、有效管理班级以及建立和谐平等的师生关系等。

(四) 中小学教师有效教学行为的教龄差异

不同年龄阶段的教师秉持差异化的教学观，本研究调查了 0～5 年、6～15 年、16～20年、21 年以上不同教龄阶段的教师，对调查数据进行了单因素方差分析，并在此基础上对结果进行了 LSD 多重比较，显示教龄是影响中小学教师有效教学行为的重要因子之一(见表5-9)。

表5-9 中小学教师有效教学行为的教龄差异

维度	0～5(a)(M/SD)	6～15(b)(M/SD)	16～20(c)(M/SD)	21以上(d)(M/SD)	F	Post Hoc
教学准备	4.04/0.73	4.20/0.64	4.39/0.66	4.32/0.67	19.09***	a<b、a<c、a<d、b<c、b<d
系统呈现教材	4.15/0.61	4.27/0.56	4.39/0.58	4.35/0.61	15.09***	a<b、a<c、a<d、b<c、b<d
教学策略	4.17/0.62	4.32/0.55	4.42/0.58	4.41/0.56	17.30***	a<b、a<c、a<d、b<c、b<d

(续表)

维度	0～5(a) (M/SD)	6～15(b) (M/SD)	16～20(c) (M/SD)	21以上(d) (M/SD)	F	Post Hoc
教学评价	4.20/0.66	4.30/0.64	4.41/0.65	4.38/0.65	9.86***	a＜b、a＜c、a＜d、b＜c、b＜d
班级管理	4.15/0.62	4.27/0.56	4.37/0.58	4.32/0.60	12.37***	a＜b、a＜c、a＜d、b＜c、b＜d
总体	119.82/15.69	123.64/14.47	126.27/15.42	126.15/16.19	12.12***	a＜b、a＜c、a＜d、b＜c、b＜d

  表5-9的数据表明，不同教龄中小学教师的有效教学行为无论是在总体表现上，还是在教学准备、系统呈现教材、教学策略、教学评价、班级管理5个维度上均存在着极其显著的差异。在总体和5个维度上，16～20年教龄的中小学教师的有效教学行为平均得分均高于其他教龄阶段的教师，其中显著高于在16年之前的几个教龄阶段的教师，其平均得分高低依次为：16～20年教龄＞6～15年教龄＞0～5年教龄。从图5-4可以更直观地看到不同教龄阶段中小学教师的有效教学行为在各个维度和层面上的表现水平及其变化趋势。

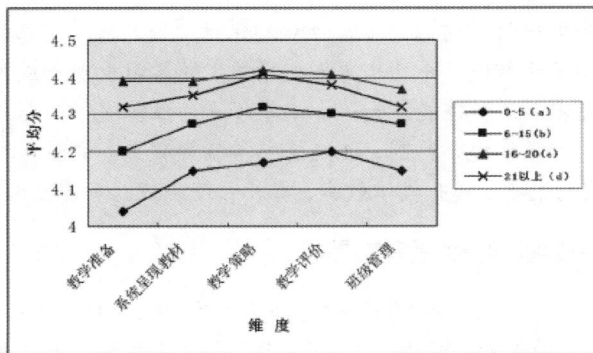

图5-4 不同教龄中小学教师的有效教学行为在各维度上的表现水平及其变化趋势

  由图5-4可知，在中小学教师的各个教龄阶段，16～20年教龄阶段的教师在各维度上的有效教学行为水平最高，其次是21年以上教龄阶段的教师，再次是6～15年教龄阶段的教师，0～5年教龄阶段教师的有效教学行为水平最低。

  在中小学教师的各个教龄阶段，在16年之前随着教龄的不断增长而提高，在16～20年这一教龄阶段达到水平最高，在20年之后开始下降。这可能是因为，随着教龄(工作年限)的不断增长，特别是16～20年教龄的教师，其专业发展已进入成熟和稳定阶段，教师对教学内容和任务、学生的学习兴趣、教学评价以及班级管理等方面所涉及各种理论知识和实践操作步骤及技能有较为深入的理解与把握，并在教学过程中逐渐积累起较为丰富的实践智慧与教学经验，也逐渐形成相对成熟和有效的教学理念及行为方式，因而在面对复杂多变的教学情境与问题时表现出相对轻松与成熟稳定的状态。同时，在这一教龄阶段，教师对于有效教学及有效教学行为的认识和领悟已达到较高程度，因而在具体教学过程中表现出较高的有效教学行为水平，对于自身教学行为方式的有效改进始终保持较高的积极性。而一旦过了这一教龄阶段，由于教师的年龄也相对较大，教师可能会产生职业倦怠，对于课程改革中有关教师教育观念更新和教学行为方式转变等内容的认同度和参与性会有所减弱，因而其有效教学行为水平有所下降。

(五) 中小学教师有效教学行为的学历差异

为考察学历对于中小学教师有效教学行为水平的影响，本研究分别从大专及以下学历、本科学历和研究生学历3个层面展开调查，并在此基础上对结果进行了LSD多重比较(见表5-10)。

表5-10 中小学教师有效教学行为的学历差异

维度	大专及以下 (a)(M/SD)	本科(b)(M/SD)	研究生 (c)(M/SD)	F	Post Hoc
教学准备	4.10/0.70	4.28/0.64	4.07/0.81	20.46***	a<b、a>c、b>c
系统呈现教材	4.19/0.62	4.35/0.56	4.04/0.68	24.06***	a<b、a>c、b>c
教学策略	4.24/0.62	4.38/0.54	4.15/0.72	18.13***	a<b、a>c、b>c
教学评价	4.23/0.68	4.37/0.62	4.14/0.78	14.48***	a<b、a>c、b>c
班级管理	4.19/0.62	4.33/0.56	4.08/0.71	14.48***	a<b、a>c、b>c
总体	121.17/16.95	125.32/14.10	118.75/20.89	14.745***	a<b、a>c、b>c

表5-10的数据表明，不同学历中小学教师的有效教学行为在总体表现以及在教学准备、系统呈现教材、教学策略、教学评价、班级管理5个维度上均存在极其显著的差异，研究生学历教师有效教学行为的平均得分低于本科学历和大专及以下学历的教师，本科学历教师的有效教学行为的平均得分显著高于大专及以下学历的教师。从图5-5可以更直观地看到不同学历中小学教师的有效教学行为在各个维度和层面上的表现水平及其变化趋势。

由图5-5可知，在各个维度上，研究生学历教师的有效教学行为水平低于本科学历和大专及以下学历的教师，本科学历教师的有效教学行为水平显著高于大专及以下学历的教师。这可能是由我国高等教育不同学历层次培养目标的不同所导致的。我国本科教育和大专及高职教育的教育宗旨是培养学生正确的教育理念和锻炼提升学生的教育教学能力，注重学生实践操作能力与应用能力的培养。而研究生教育则比较注重学生理论创新思维与学术科研能力的培养，教育内容侧重于学术理性方面的知识与专业技能，较少涉及实践性和操作性较强的课堂教学与班级管理等知识与技能。因而与本科学历、大专及以下学历的教师相比，研究生学历的教师在实际课堂教学与班级管理中可能还不能很快地摆脱学术理性思维，在具体的教学准备、教材内容选择、课堂内容呈现、教学策略、教学评价、班级管理等方面没有本科生学历教师表现得娴熟，其教学行为的积极性与有效性也就相对较低。此外，与大专及以下学历的教师相比，本科学历教师所接受的教育更为系统和完整，因而对教育理论知识及有关教学方面的实践操作知识与技能的掌握也更加丰富和完善，在具体教学过程中的教学行为会表现得更为丰富多样与积极有效。

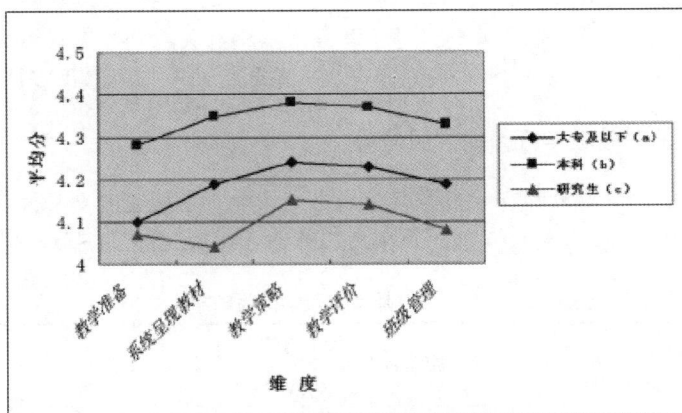

图5-5 不同学历中小学教师的有效教学行为在各维度上的表现水平及其变化趋势

(六) 中小学教师有效教学行为的区位差异

不同地区的教师在教育教学观念和教学行为上不尽相同，为考察区位对于中小学教师有效教学行为水平的影响，本研究对农村地区、城镇地区和都市地区的教师进行了抽样调查和对比分析(见表5-11)。

表5-11 中小学教师有效教学行为的区位差异

维度	农村(a)	城镇(b)	都市(c)	F	Post Hoc
教学准备	(M/SD)	(M/SD)	(M/SD)	40.83***	a＜c、b＜c
系统呈现教材	4.12/0.67	4.17/0.66	4.43/0.65	26.97***	a＜c、b＜c
教学策略	4.22/0.58	4.25/0.57	4.45/0.60	25.53***	a＜c、b＜c
教学评价	4.29/0.59	4.28/0.56	4.48/0.58	24.22***	a＜c、b＜c
班级管理	4.27/0.64	4.26/0.65	4.48/0.63	32.25***	a＜c、b＜c
总体	4.21/0.57	4.22/0.57	4.45/0.60	5.277**	a＜c、b＜c

表5-11的数据表明，不同区位中小学教师的有效教学行为在总体表现上存在非常显著的差异，在教学准备、系统呈现教材、教学策略、教学评价和班级管理5个维度上均存在极其显著的差异。都市地区教师的有效教学行为在总体和5个维度上的平均得分均显著高于农村和城镇地区的教师，城镇地区教师的有效教学行为除了在教学策略和教学评价两个维度上的平均得分略低于农村地区的教师，在其他几个维度上的平均得分均高于农村地区的教师。从图5-6可以更直观地看到不同区位不同地区中小学教师的有效教学行为在各个维度和层面上的表现水平及其变化趋势。

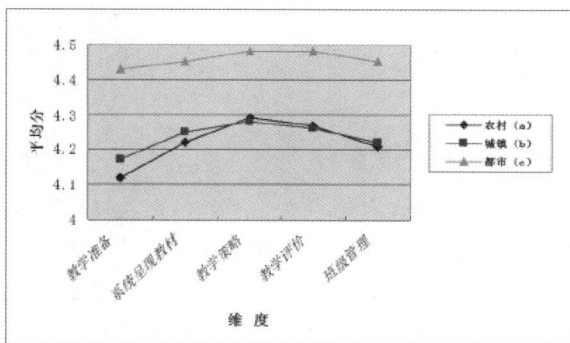

图5-6 不同区位中小学教师的有效教学行为在各维度上的表现水平及其变化趋势

由图5-6可知，在各个维度上，都市地区教师的有效教学行为水平最高，均显著高于农村和城镇地区的教师。此外，除了在教学策略和教学评价两个维度上，城镇地区教师的有效教学行为水平略低于农村地区的教师，在其他各个维度上均高于农村地区的教师。因此，可以从整体上来说，不同区位中小学教师的有效教学行为水平高低顺序大致为：都市地区＞城镇地区＞农村地区。也可以说，经济发展水平和教育发达程度越高的地区，中小学教师的有效教学行为水平就越高，即中小学教师的有效教学行为水平随着地区经济发展水平和教育发达程度的提高而提高。都市地区中小学教师的有效教学行为水平显著高于城镇和农村地区的教师，这可能是由于都市地区的经济发展水平和教育发达程度远高于城镇和农村地区。一个地区的经济发展水平不仅制约和影响着该地区的教育规模和速度，还影响着人才培养的需求和课程设置，从一定程度上能够促进教育教学方法、手段与教学组织形式的变革与发展。[2]

都市地区由于经济发展水平相对较高，地理位置比较优越，在教育方面的资金和物质等投入比较多，其教育规模比较大，教育资源较为全面，这在一定程度上保证了中小学教师有效教学的顺利开展和教学质量的有效提高。此外，都市型学校一般都集聚了很多学历较高和资历较深的优秀教师，雄厚的师资力量在给其他教师提供榜样作用、给学校提供教学质量与升学保障的同时，也加剧了教师的生存压力及相互间的竞争压力，再加上家长对学校教育的高标准严要求，这使得教师更为重视自身教学理念的更新与教学策略方式的创新以及教学行为的有效改进与提升。因此，在教学行为的有效性方面，都市地区的教师要优于城镇地区和农村地区的教师。

三、结论与建议

通过上述对中小学校的教师有效教学行为进行调查，研究结果表明：中小学教师的有效教学行为存在着非常显著的性别差异，女性教师的有效教学行为水平高于男性教师；中小学教师的有效教学行为存在着显著的任教阶段差异，小学教师在除系统呈现教材以外的其他各个维度上的有效教学行为水平均高于初中教师；中小学教师的有效教学行为存在着极其显著的教龄差异，在16年之前随着教龄的不断增长而提高，在 16～20 年这一教龄阶段达到最高水平，在20年以后开始下降；中小学教师的有效教学行为存在着极其显著的学历差异，研究生学历教师的有效教学行为水平低于本科学历和大专及以下学历的教师，本科学历教师的有效教学行为水平显著高于大专及以下学历的教师；中小学教师的有效教学行为存在着非常显著的区位差异，都市地区教师的有效教学行为水平显著高于农村和城镇地区的教师。基于以上结论与差异现状，为促进中小学教师教学行为的有效改进，提升教师有效教学行为水平和教学质量，提出以下建议。

(一) 确立学习者中心的教学价值信念

调查表明，中小学教师的有效教学行为存在显著的性别及任教阶段差异，主要由于教师在职业认同和对学生身心发展需求的认识上有着不同的观点和价值理念。根据新课程要求，中小学教师应确立共同的价值理念和教学目标，以学生为本，强调学生的整体性发展。教学实践活动中，教师要以学生的个性差异和生命特点及其学习现状为起点，强调以学生的学习为中心，秉持"以生为本"的教学信念，用以指导自己的日常教育教学行为及方式。此外，教师在日常班级管理与教学过程中要给学生树立良好的榜样形象，善于运用集体的力量，鼓励学生在群体交往中充分发挥自身的主体性，培养学生的群体意识与团队精神，让学生在合作探究与共同学习中真正实现个体主体性与群体主体性的和谐共存与发展，提升教学有效性。在强调以学生为中心和学生群体的合作发展的同时，教师不能忽视良好师生关系对于学生学习和教师教学的促进作用。在学生的学习与生活过程中，教师亦可以学习者的身份亲近和了解学生，感受学生的真实想法和需要，传达对学生的爱和关怀，践行自己的教学价值目标。通过与学生的友好交流与互动，经过与学生的共同学习与相互了解，教师才能更进一步把握学生学习的整体动态，才能更加明确和坚定自己的教学目标和方向，也更有助于反思自身的教学方式和行为，使之向更高标准、更新方向、更有效水平、更好质量等目标层次发展。

(二) 塑造学习共同体中心的教师文化

研究表明，由于受到学历背景及地区经济与教育发达程度的影响，中小学教师的有效教学行为水平存在着显著的学历和区位差异。具体来看，处在不同的教师专业发展阶段、有着不同的学历背景和处于不同经济背景下的教师在思想层面接受了不同的文化知识与技能训练，在自身专业上会有不同的认识和理解，产生不同的文化意识与价值观念，因而在具体教学过程中会表现出不同的行为与能力。要改变这一现状，促进教师有效教学行为水平的整体提升，需要增进不同教师群体之间的交流与合作，塑造学习共同体中心的教师文化，为教师有效教学行为的改进创造和谐的文化氛围与环境条件。学习共同体是指具有共同信念、价值观的教师们通过相互间的合作、学习、交流等途径改善教学实践和提高自身素质而形成的组织。它作为一种社会活动，强调学习应激发群体中每一位成员的潜能，在分享、合作的氛围下各尽所长、集思广益，充分有效地利用现有资源，将原本各种分散型知识进行集中和总结，从而提升每一位成员的智能以及整个团体的成效。其特征主要表现在：分享与支持性的领导统御体系("去中心化")、共同的愿景与价值、团队学习与合作、行动与经验导向、持续性的改进。[3]在这样一种合作学习的平台与空间里，不同性别、不同任教阶段、不同年龄、不同教龄、不同学历、不同地区的教师都可以通过集体备课、公开课展示、教学观摩、读书论坛、教研活动、讲座报告等形式分享自己的教学思考，吸取他人优秀的教学经验与方法，从而进一步反思自己的教学方式与行为。

(三) 建构基于学习过程的教学评价体系

不同教龄阶段的教师有着不同的工作年限、专业发展及教育教学经验，在教学观念、教学能力和实践智慧上也表现出一定差异，因而其有效教学行为水平也存在显著差异。泰勒认为，目标的达成程度有赖于评价体系的有效性。为促进教师有效性教学行为的改进，除了对教师的教学能力及班级管理能力等进行整体把握之外，还需对教学评价体系进行深入思考。教育是培养人的活动，人是教育的出发点和最终目的。教师教学行为的有效性通过教师作用于学生，并直接在学生身上体现出来。因此，学生学习活动的成效是对教师教学行为最好的检验与评价。过去的教学评价更多地强调对学习结果的评价，新课程改革以来，对过程的注重与强调越来越多地出现在我们的视野当中。新课程的理念在教师教学行为的有效性上为我们导向一种新的过程评价体系——基于学习过程的教学评价体系。它强调以下两个方面的内容。第一，确立以生命体验为内核的学生评价取向。基于学习过程的教学评价体系要始终秉持新课改的价值理念，以学生为本，以学生的生命发展为本，确立以生命体验为内核的学生评价取向，促使学生充分展现自身学习过程的生成性、发展性和创造性。第二，呈现"问题衍生式"教学评价内容。新型的发展性教学评价应是一种贴近学生真实生活情境与具体问题的评价，应针对教师教学过程与学生学习过程中遇到的真实问题而展开分析与评价。

参考文献

[1][2] 靳玉乐. 现代教育学[M]. 成都：四川教育出版社，2006：71-72，100-102.

[3] 林劭仁. 专业学习社群运用于师资培育自我评鉴之探究[J]. 中正教育研究，2006，(2).

(本文原载于《教育研究》2014年第04期)

思考与练习

1. 什么是调查研究方法？
2. 调查问卷由哪几个部分组成？
3. 调查法要经过哪些步骤？
4. 围绕新一轮高考改革制度设计一个调查问卷。
5. 对出国留学低龄化现象问题设计一个访谈提纲。

单元六

实验法

主题1　认识实验法

📝 **活动1:** 阅读下列材料, 理解教育实验研究的概念。

实验是在典型的环境或特定条件下所进行的一种探索活动, 也是自然科学最常用的一种研究方法。实验法是研究者按照研究目的, 充分地控制实验环境, 创设一定的实验条件, 科学地选择研究对象, 以确立自变量与因变量之间因果关系的一种研究方法。

实验法的基本原理是: 实验者假定某些自变量会导致某些因变量的变化, 并以验证这种因果关系假设作为实验的主要目标。在实验开始时, 先对因变量进行测量(前测), 再引入自变量实施激发, 然后选择其后的某一个时点对因变量进行再测(后测), 比较前后两次测量的结果就可以对原理论假设完全证实、部分证实或证伪。

教育实验研究是指研究者按照研究目的, 合理地控制或创设一定的条件, 人为地变革研究对象, 验证假设, 探讨教育现象因果关系的一种研究方法。在实验过程中, 研究者需要通过对一个变量(自变量)进行观察, 分析它对另一个变量(因变量)所产生的效果。

📖 **智慧库**

实验法具有以下特征。

1. 揭示现象之间的因果关系

实验法与其他研究方法的不同之处, 在于研究过程中是否采用系统的操纵手段来控制条件, 把某种特定的因素分离出来, 从而达到建立变量之间因果关系的目的。在心理学研究中, 甚至经常以因果关系分析的水平来衡量研究的质量高低。

2. 有目的地操控自变量

研究者可以人为地控制自变量的发生和发展, 使实验沿着研究者预定的方向进行, 从而取得自己所需要的研究结果。

3. 实验过程控制严密

为了很好地探索因果关系，以确保因变量的变化是由自变量的变化所引起的，就必须排除其他无关因素的影响。控制无关因素，使实验除了自变量以外的其他条件保持一致，这样才能保证实验研究具有一定的效度，否则，实验就失败了。

4. 有严谨的实验设计和程序

研究问题、研究假设、实验处理、被试的选择、条件的控制、实验设计的方式、实验材料与工具、实验程序等方面都要在实验设计中明确地规定下来，只有这样才能保证实验结果具有科学性和有效性。

5. 具有可重复性

教育实验与自然科学实验一样，都可以在相同的情况下重复进行，以便验证结果的可靠性与有效性。只要教育实验理论假设正确，设计严密，操作严谨，经过重复实验后所得到的实验结果就应大致相同。

活动 2：组内讨论，尝试确定 5 个适合用实验法开展研究工作的研究课题，填写在表 6-1 中。

表6-1　适合用实验法研究的课题

序号	课题名称
1	
2	
3	
4	
5	

主题2　教育实验设计的基本要素

教育实验研究是变革教学时间，发现教学影响因素的常用方法。与自然科学实验不同的是，教育实验的场景往往是教育/教学实践情景，容易受到多种因素的影响。如果对研究过程中的条件不加以限制，则会在一定程度上影响研究的有效性。为了提高教育实验的科学性，需要有意识地设计一个能够反映研究对象本质特征的情景，使研究对象尽量不受实验变量以外因素的干扰，然后观察研究对象某种特性的变化，校验实验处理与研究该种对象特性之间因果关系的假设。

充分思考教育实验研究的基本要素，有利于提高教育实验研究的效度和信度。

1. 变量

变量又称变数，是指某个与实验相关的因素或条件，即在实验中可观测、可量化的东西。

教育技术实验研究过程中主要包括实验变量(自变量)、反应变量(因变量)和干扰变量(无关变量)3 个基本变量。实验者应有效地操纵实验变量，努力控制和排除无关变量，尽量降低对反应变量测量的误差，以提高实验的效度。

(1) 实验变量。

实验变量又叫自变量(independent variable)。它是由实验者设计安排的，人为操纵控制的，有计划地变化的实验情境或条件因素。

(2) 反应变量。

反应变量又称因变量(dependent variable)。它是随着自变量的变化而变化的，是实验者需观察、测量、计算的变化因素。

(3) 无关变量。

无关变量(irrelevant variable)即干扰变量，又称控制变量。它是除实验者操纵控制而有计划地变化的实验变量之外，另外一些影响反应变量变化的其他干扰因素。它使实验者无法对所得的结果做出正确的判断和解释。

实验的基本操作就是研究实验变量对实验对象施加作用之后，实验对象产生怎样的反应变化，从而了解实验因素的作用。通常使用如下符号表示：O——实验对象，X——实验变量，Y——因变量的测量结果，X_O——实验因素 X 对实验对象施加作用，C——整个实验结果。

✏️ **活动 1：** 根据上述内容，分析"多媒体教学能够提高教学效果"研究中的变量，并填写在下面的横线上。

自变量_____

因变量_____

无关变量_____

2. 事前测验与事后测验

在实验因素未对实验对象施加作用之前，事先对因变量进行测量，即事前测验，通常简称前测(pretesting)，其结果通常用 Y_0 表示。在实验因素对实验对象施加作用之后进行测量，即事后测验，简称后测(posttesting)，其结果用 Y 表示。

前测和后测的方法有很多，其中比较常用的是问卷调查法，主要侧重于对实验对象主观因素的测量，例如态度。此外，教育研究中，也常常用考试和测验来获得前测和后测的数据。

✏️ **活动 2：** 设计"多媒体教学能够提高教学效果"研究中的前测和后测，填写在下面的横线上。

前测_____

后测_____

3. 实验组与控制组

实验组(experimental group)，指接受自变量水平处理的被试组。

控制组(control group)，指不接受自变量水平处理的被试组。

在对比试验中，通常利用随机取样或测量配对选择形成两个条件相等的样本组，其中一组接受实验因素的作用，即实验组。另外一组将不接受实验因素的作用，只作为比较标准，即控制组。控制组的功能是作为比较标准，与接受实验处理的实验组进行结果对比，以确定自变量的效果。

活动3： 设计"多媒体教学能够提高教学效果"研究中的实验组和控制组的教学方式，填写在下面的横线上。

实验组_____

控制组_____

4. 实验假说

假设是对变量之间的因果关系的假定。教育实验研究中的实验假说是实验者根据有关理论、个体教学经验和日常观察，从发现的问题中转化构建出来的对所研究的教学活动提出的规律性设想。实验假说是实验要验证的结果。提出实验假说是实验研究的难点。研究假说一般来源于经验或理论。来源于经验的研究假设，一般旨在通过实验达到对经验进行理论提升的目的。来源于理论的研究假设往往要采用演绎的方法，从一般性的理论出发，进行推论，并结合教育现实，试图借助理论解决现实问题。

活动4： 结合你对实验假说的理解，尝试对"多媒体教学能够提高教学效果"拟定实验假说。

_____

_____

主题3　实验法的类型

活动1： 阅读下列内容，完成材料后面的任务。

按照不同的分类标准，实验法可做多种不同的分类。

1. 按照实验组织方式的不同，实验法可分为对照组实验和单一组实验

(1) 对照组实验。

对照组实验也叫平行组实验，以两个或两个以上条件相同的实验组(等组)为实验对象(O_1 和 O_2，$O_1 = O_2$)，使之分别接受不同的实验因素的作用(X_1 和 X_2)，然后将各个实验因素所产生的效果加以测量和比较。对照组实验最重要的条件是各组必须尽量相等，即要符合 $O_1 = O_2$ 的条件。相等的含义是指除实验因素外，所有能影响实验的其他因素，实验对象的原有水平必须基本相同或相等。为了选择等组，通常采用下面两种办法。

① 随机取样法。

这是利用随机取样方法，从总体中随机抽取两组数目相同的样本分别作为实验组和控制组。

② 测量配对法。

测量配对法指在进行实验前，先把实验对象进行一次测量，并把测量结果按分数多少的顺序排列好，然后再按顺序位置，把对象分派到两组去。这样的分组，不会使某一组占有特别的优势。这类设计模式的特点是：

克服了对象选择的干扰。

两组都有前测和后测，有(Y_1-Y_{10})和(Y_2-Y_{20})之间的对照，这样，由于时间、对象的成长和测量工具等干扰因素的影响是相同的，因此，测量配对法能较好地提高实验的内在效度。

(2) 单一组实验。

单一组实验也叫连续实验。单一组实验是对单一实验对象在不同的时间里进行前测与后测，通过比较结果以检验假设的一种实验方法，即同一实验因素 X，只对同一组(或一个)实验对象 O 施加作用，然后测定对象所产生的变化，以确定实验因素的效果如何。在这种实验中，不存在与实验组平行的对照组(控制组)。单组实验通常采用前测与后测比较的方法来研究实验因素的效果。在未进行实验处理之前，先进行一次测量(称为前测)，其结果为(Y_0)，在进行实验处理(X_O)之后，再进行一次测量(称为后测)，其结果为(Y)，则整个实验结果为 $C=Y-Y_0$。检验假设所依据的不是平行的控制组与实验组的两种测量结果，而是同一个实验对象在自变量作用前和作用后的两种测量结果。

2. 按照实验用途不同，实验法可分为研究性实验和应用性实验

(1) 研究性实验。

研究性实验是以揭示实验对象的本质及其发展规律为主要目的的实验方法，主要用于对某一领域理论的检验与探讨。如：对某种经济学、社会学、法学、教育学理论等进行证实或证伪的实验调查，就属于这一类。

(2) 应用性实验。

应用性实验是以解决实际工作当中存在的某些问题为主要目的的实验方法。如：对农村联产承包责任制、企业股份制的实验调查，就属于这一类。

3. 按照实验目的不同，实验法可以分为判断实验、对比实验和析因实验3种类型

(1) 判断实验。

判断实验是通过实验判断某一种现象是否存在，某一种关系是否成立或某个因素是否起作用。其目的主要是探讨研究对象具有的性质和结构。判断实验主要是为了解决"有没有""是不是"的问题。通过实验，往往是肯定一种事实，产生一种新的观念。

(2) 对比实验。

通过实验，对两个不同群体，不同时间或不同条件出现的现象进行比较。对比实验往往有两个或两个以上组群，其中一个是"对照组"，其结果作为参照标准；其他群组是"实验组"，经过一定的实验处理，产生的结果与"对照组"的参照标准相比较，以确定实验因素对实验组的影响。

(3) 析因实验。

通过实验，探讨在某一事件发生和变化过程中起决定性作用的因素。析因实验的特征是结果是已知的，造成这种结果的各种影响因素是未知的。将这些可能的影响因素进行不同的排列组合，并施加于相同的对象，比较结果，可以分析出引起某一特定结果现象的因素。

4. 按照实验者和实验对象对于实验激发是否知情，实验法可分为单盲实验和双盲实验

(1) 单盲实验。

单盲实验是不让实验对象知道自己正在接受实验，由实验者实施实验激发和实验检测。目

前多数实验都是这类实验。

（2）双盲实验。

双盲实验是不让实验对象和实验者双方知道正在进行实验，而由第三者实施实验激发和实验检测。

之所以有单盲实验和双盲实验，是为了避免两种情况：一是实验对象出于对实验激发的欢迎或反感而有意迎合或故意不配合实验者；二是实验者和实验对象出于对实验结果的某种心理预期而影响实验检测结果的真实性和准确性。

任务一： 绘制实验方法类型思维导图。

任务二： 比较各种实验方法，写出表 6-2 中实验法的特点。

表6-2　实验方法比较

实验类型	特点
对照组实验	
单一组实验	
判断实验	
对比试验	
析因实验	
单盲实验	
双盲实验	

活动 2： 20 世纪 70 年代后期，上海青浦兴起了一项有地方特色、有实验特征、有学科特点的教育改革行动。后来，人们把这项教育改革行动称为青浦实验。请查阅资料，了解青浦实验。结合青浦实验思考当前新课程改革中你感兴趣的问题。

主题4　实验法的一般步骤

活动 1： 阅读下列内容，了解实验法的基本实验步骤。

实验法的实施程序与其他方法大致相同，分为准备阶段、实施阶段和总结阶段 3 个阶段。

1. 准备阶段

准备阶段的工作主要有以下几项。

（1）确定实验课题及实验目的。

一般做法是在有了初步的实验研究设想后，通过查阅文献和有关访谈，对初步构想的实验课题的价值和可行性进行初步的探索性研究，最终明确实验的主题、大致的内容范围和所要达到的目标。

（2）提出理论假设。

假设的因果关系是实验设计的依据，也是实验要证明或检验的目标。提出研究的假设或问题是实验研究的主要步骤。一般做法是仔细分析实验的主题和内容范围所涉及的各种变量，将它们分类，并通过分析各个变量之间的关系，建立各种变量之间的因果模型。

(3) 选取实验对象。

选取实验对象的根据是实验的主题和变量间因果模型的需要，选取的方法既可以是随机抽样，也可以是主观指派。

(4) 选择实验方式和方法。

根据实验要求和可能结果，确定实验类型、分组方式、实验过程控制程序、检测方式等。

(5) 实验设计。

实验设计即制定实验方案，就是将已确定的实验主题、内容范围、理论假设、实验对象及实验方式/方法等整理成文字，说明实验的时间安排、地点和场所、实验进程、实验和测量工具、控制方式和观察方法等，并形成系统的、条理分明的实验方案。

2. 实施阶段

实施阶段是实验的操作阶段，实施阶段的工作主要有以下几项。

(1) 前测。

用一定的方法对实验对象的各种因变量做详细的测量，并做详细记录。如果是有对照组的实验，事先要做到能够控制实验环境和条件，以保证实验组与对照组的状态基本一致。

(2) 引入或改变自变量，对实验组进行实验激发。

在激发的过程中，要仔细观察，认真做好观察记录。

(3) 后测。

在经过一段时间后，选择适当的时机对实验对象的各种因变量再次做详细测量，并做详细记录。

3. 总结阶段

总结阶段的工作主要有以下几项。

(1) 整理、汇总、分析实验资料。

对全部观测资料进行统计、分析，并对原假设进行检验，形成实验结果，据此提出理论解释和推断。

(2) 撰写实验报告。

根据实验的结果和前期的文献资料形成最终的研究报告，这也是实验的最终结果。

活动2： 阅读下列文献，梳理实验研究法的基本知识。

贾霞萍. 中小学教师怎样进行课题研究(四)——教育科研方法之教育实验研究法[J]. 教育理论与实践，2008(11)：44-46.

主题5　提高实验研究效度的方法

实验法是最高级、最复杂的社会调查方法。在实施过程中，有一些需要特别注意的问题。如：实验者、实验对象和实验环境的选择；实验过程的控制；确保实验的信度和效度等。其中对实验过程的控制直接影响实验信度和效度。

活动1：阅读下列文字，划出实验研究的效度、实验内部效度和实验外部效度的定义。

实验效度是指实验方法能达到实验目的的程度，即实验的准确性和有效性程度。实验效度主要包括内部效度(internal validity)和外部效度(external validity)。实验的目的是验证自变量和因变量之间的关系，使实验结果的推论可用以解释和预测其他同类现象。由于不同的实验者在实验设计和对额外变量(无关变量)的控制程度等方面均会有所不同，因此实验的效度也会不尽相同。此外，实验一般都有多个不同的组成部分，每个部分都会影响整个实验的效度。了解影响实验效度的各个因素有助于研究者评价实验设计的质量，提高实验设计的科学性。

1. 实验的内部效度

实验的内部效度是指实验中的自变量与因变量之间因果关系的明确程度。实验的内部效度越高，就说明因变量的变化是由特定的自变量引起的可能性越大。由于除了自变量以外，有些额外变量也可能对因变量产生影响。因此，要使实验具有较高的内部效度，就必须控制各种额外变量。其实，实验过程中，对各类变量的控制主要是对引入自变量和无关变量的控制。对引入自变量的控制方法主要有严格执行设计方案，按原计划系统地安排实验激发的环境和程度，使它们有序地作用于因变量。

对无关变量的控制主要是尽最大限度地排除或减少来自实验者、实验对象和实验环境等非实验因素对实验过程的干扰。

(1) 实验者方面。

① 不能把无关变量引入到实验激发中来。

② 必须公平地对待实验对象，确保实验方法的稳定性和一致性。对不同的实验对象，实验激发的方式、强度、范围等要一致；检测的方法、工具、标准等要一致；统计分析的方法、依据、标准要一致。例如，对多媒体提高教学效果的检测，对不同班级的学生必须使用同一张试卷，否则检测就没有任何意义。

(2) 实验对象方面。

来自实验对象方面的干扰主要是前测干扰影响和实验对象故意不配合的问题。实验者可通过加强与实验对象的沟通，努力使实验对象做到对实验活动的理解和支持，也可以通过隐藏实验意图，在测量时让实验对象觉察不到实验的真实意图。例如：在教师培训时，把实验测试混入培训考试之中；对学生的实验，教师可以把实验测试当成平时小测验，在常规教学活动中测试。另外，还要注意到实验过程中实验对象本身自然变化对实验的影响，例如工作变动、生病或死亡、社会经验的增加、知识水平的提高、技术的熟练等。

(3) 实验环境方面。

与实验无关的社会环境因素对实验过程的干扰最多也最复杂，对它们的控制难度较大，为提高实验的效度，通常可采用以下一些方法。

① 排除法。

排除法，即将一切可以排除的非实验因素彻底排除在实验过程之外。

② 纳入法。

纳入法，即把无法排除的某些非实验因素，尽可能纳入实验过程，作为实验激发的一个变量。

③ 平衡法。

平衡法，即将无法排除的某些非实验因素，在每一个实验对象中都控制在一致的、平均的水平上。

④ 统计分析法。

统计分析法，即对实验过程中无法排除的非实验因素，尽可能定量化，在实验结果中用统计分析的方法具体计算出它们对实验的影响程度。

📖 智慧库

设计实验时，充分考虑以下6个因素，有助于提高实验的内部效度。

1. 生长和成熟

除了实验中的自变量可能使个体行为发生变化外，个体本身的生长和成熟也是使其行为变化的重要因素。例如，被试者是处于生长发育期的儿童，采用单组前测、后测实验的情况下，生长和成熟因素的影响就会比较大。单组前测、后测实验通常是在实验之前先对被试者的某种行为做一次测量，实验处理后再以同样的方法测量一次，两次测量的差即表示实验变量(即自变量)产生的效果。很明显，这种设计忽略了前后两次测量之间被试者的生长和成熟因素，降低了内部效度。

2. 前测的影响

在正常情况下，前后两次测量的结果经常会有一定的差异，后测的分数将比前测的分数高。这中间包括练习因素、临场经验，以及对实验目的的敏感程度，从而提高了后测的成绩。特别是当前后两次测量时间较近时，这一因素的影响就更显著。

3. 被试的选择偏性

在对被试者进行分组时，如果没有用随机取样和随机分配的方法，在实验处理之前，他们在各方面并不相等或有偏性，从而造成实验结果的混淆，降低了内部效度。

4. 被试的缺失

如果是一项长期的实验，要保持原实验被试者的人数不变是相当困难的。即使开始参加实验的被试者样本是经过随机取样和随机分配的，但被试者的中途缺失，常常会使缺失后的被试者样本难以代表原来的样本，这就降低了内部效度。

5. 实验程序的不一致

在实验过程中，实验仪器、控制方式的不一致，测量程度的变化，实验处理的扩散和交流等都可能混淆实验变量(即自变量)的效果。实验者知道实验目的所产生的"实验者效应"以及被试者知道实验目的或自己正被研究所产生的"霍桑效应"和"安慰剂效应"(受试者期望效应)等都将混淆实验变量(即自变量)的效果，从而降低了内部效度。

6. 统计回归

将实验结果进行统计回归(statistical regression)后,可能使实验者对实验变量(即自变量)的效果产生误解。如果选择具有极端特性的个体作为被试者(如高焦虑组和低焦虑组)进行实验时,尤需注意这种现象。统计回归现象是,第一次测量平均值偏高者,第二次测量平均值有趋低的倾向(向常态分布的平均数回归);第一次测量平均值偏低者,第二次测量平均值有趋高的倾向(也向常态分布的平均数回归)。因此第二次测量虽在实验处理之后,其升高或降低只是受统计回归的影响,可能并非实验变量(即自变量)所产生的效果。

2. 实验的外部效度

实验的外部效度是指实验结果能够普遍推论到样本的总体和其他同类现象中所能达到的程度,即实验结果的普遍代表性和适用性。

实验的外部效度主要受以下三个因素的影响。

(1) 实验环境的人为性。

实验是在控制条件下进行的,实验环境的人为性可能使某些实验结果难以用来解释日常生活中的行为现象。实验室中的仪器设备会影响被试者的行为,被试者参与实验的动机也会影响其行为表现。

(2) 被试样本缺乏代表性。

从理论上讲,实验被试必须具有代表性,必须从将来预期推论、解释同类行为现象的总体中进行随机取样。但在实际研究中往往很难完全做到。

(3) 测量工具的局限性。

实验者对实验变量(即自变量)和反应变量的操作性定义往往是以所使用的测量工具的测量结果来加以考虑的,不同的测量工具所得的测量结果也会不同。

实验的内部效度和外部效度是相互联系、相互影响的。提高实验内部效度的措施可能会降低其外部效度,而提高实验外部效度的措施又可能会降低其内部效度。这两种效度的相对重要性,主要取决于实验的目的和实验的要求。一般而言,在实验中控制额外变量的程度越大,则对因果关系的测量就越有效。因此,在保证实验内部效度的前提下,可以采取适当措施以提高外部效度。

活动2: 分别说明提高实验内部效度和外部效度的方法。

主题6 实验法研究案例

MOOC视频播放速度对认知加工影响的实验研究

冯小燕 张丽莉 张梦思 白瑞娟

(河南科技学院 信息工程学院,河南新乡 453000)

[摘要]文章采用实验研究法,以1.0、1.25和1.5倍速播放有字幕和无字幕的MOOC视频,分

析视频播放速度对学习者认知加工情况的影响,结果发现:MOOC视频播放速度调整导致画面信息量、解说语速和内容节奏的变化,进而影响学习者的认知加工过程。适当加快播放速度有利于学习者的认知加工,但速度过快则阻碍其认知加工,而1.25倍速是较为理想的MOOC视频播放速度。播放速度加快时,字幕可以辅助学习者进行认知加工,降低认知负荷。有字幕时,学习者可接受的速度范围较大,1.0、1.25和1.5倍速的学习效果无显著差异;无字幕时,学习者可接受的速度范围较小,1.5倍速的学习效果显著低于1.0、1.25倍速。上述文章的研究结论,对优化MOOC视频设计有一定的参考价值。

[关键词] MOOC视频;播放速度;字幕;认知加工;学习效果

【中图分类号】G40-057 【文献标识码】A 【论文编号】1009—8097(2020)02—0025—07 【DOI】10.3969/j.issn.1009-8097.2020.02.007

为提升用户的视频观看体验,各主流视频播放器陆续增加了速度调整功能,生活节奏的加快使用户选择倍速播放影视作品或网络视频成为新常态。教学视频是MOOC在线课程的核心组成部分,为适应学习者的观看习惯,主流MOOC平台也陆续加入了视频播放速度调整功能,如"中国大学MOOC"的视频播放速度可调范围以0.25倍速为级差,介于0.75和2.0倍速之间。速度调整功能使学习者可以自主选择播放速度,与视频内容之间的交互更加深入。

一、相关研究

MOOC视频播放速度的调整功能通过改变视频画面信息量、解说或主讲教师的语速、内容节奏影响学习者的认知加工。解说或教师语速的变化,影响学习者对学习材料的难易感知度和理解程度[1]。以正常速度播放的视频讲解更清晰,自然的情感流露能够增强视频的吸引力[2]。视频以不同速度播放时,其画面内容、文字、解说共同形成一定节奏,当学习者的认知特点适应该节奏时就能获得较好的学习体验[3]。MOOC视频播放速度对学习效果的具体影响存在争议,为提高效率,学习者倾向于采用加速播放的方式观看视频,快速过滤掉已掌握或不感兴趣的内容,以在短时间内获得更多信息;语速较快、富有激情的MOOC视频更容易调动学习者的注意力和学习兴趣,从而激发学习者更积极主动地学习[4]。Song等[5]发现学习者以1.5倍速播放视频时,容易对学习效果产生一定的负面影响。Varnavsky[6]认为MOOC视频播放速度影响学习者的神经活动和认知过程,速度较慢时,学习者心理压力低,学习效果较好;解说语的清晰度与播放速度也有紧密关系,速度越快,解说语的清晰度越低[7]。

MOOC视频字幕设计对不同播放速度也有不同的影响。字幕配合语音讲解有利于降低学习者的认知负荷,帮助学习者更好地理解学习内容[8];字幕应保持与语音同步,且设计清晰,呈现时间足够,以使学习者更好地理解课程内容[9];MOOC视频字幕对知识类型有不同的适应性[10],字幕的冗余效应受学习者知识水平的影响[11]。文献分析发现,学习者以不同播放速度观看学习视频时,研究者对其注意力在画面和字幕间的分配情况、认知加工过程等方面缺乏相对系统的研究与探索。MOOC视频以高于正常速度播放时,学习者的认知加工过程是否受影响?学习者对字幕的加工方式是否发生变化?这些问题的回答有利于发现适应学习者需求的MOOC视频最佳信息容量和最佳播放速度,以优化MOOC视频设计。

二、研究设计

1. 实验目的与实验设计

本研究采用3(视频播放速度)×2(字幕类型)两因素完全随机实验设计，探索在不同播放速度和不同字幕类型条件下，MOOC视频对学习者认知过程的影响，主要考查以正常和高于正常速度播放有字幕、无字幕MOOC视频时，学习者认知加工和学习效果之间的差异，从而为MOOC视频资源的设计制作提供参考，为学习者选择MOOC视频播放速度提供指导。

自变量为视频播放速度和字幕类型。本研究对拥有MOOC学习平台使用经验的185名学习者进行了调查，发现80%的学习者有改变播放速度的习惯，且绝大多数以高于正常速度的方式倍速观看。其中，47%的学习者倾向于使用1.25倍速，35%倾向于使用1.5倍速，可见1.25倍速和1.5倍速是除正常速度外最常用的MOOC视频播放速度。因此，本实验选取1.0、1.25和1.5倍速三个水平；字幕类型分为有字幕和无字幕，共得到6个实验组：1.0倍速有字幕组、1.0倍速无字幕组、1.25倍速有字幕组、1.25倍速无字幕组、1.5倍速有字幕组、1.5倍速无字幕组。

因变量包括眼动指标、脑波数据和学习效果。眼动指标包括注视点平均持续时间、注视点个数和注视热点图[12]：①注视点平均持续时间是注视点停留的平均时间，反映学习者的信息提取难度和认知努力程度，数值越大表示信息提取难度越大，相应的认知努力越大；②注视点个数是兴趣区内注视点总数，反映学习者对学习材料的注意和感兴趣程度[13]，数值越大表示学习者投入的注意力越多；③注视热点图反映学习者的注意力分配情况，颜色越深表明被注视的频率越高[14]。脑波数据是由脑波仪记录学习者的注意力变化情况，通过eSenseTM算法表征学习者的专注程度，数值范围为0～100，数值越大代表注意力集中程度越高[15]。学习效果包括保持测试成绩和迁移测试成绩，保持测试考查识记能力，而迁移测试考查知识的灵活应用能力。

2. 实验材料与被试

实验材料为"心脏的结构与血液循环"学习视频，共850个字左右。播放速度为1.0倍速时，播放视频的信息量约为170字/分，1.25倍速时约为212字/分，1.5倍速时约为255字/分，都分为有字幕和无字幕两种情况，共得到6份实验材料。测试材料包括：①基本信息，如性别、年龄、专业、年级等；②前测主要用来筛选出先前知识基础处于同一水平的被试，包括填空和选择两种题型，共7道，计12分，当被试的成绩高于及格分7.2分时则判定为先前知识基础过高，将其剔除；③后测包括保持测试和迁移测试，两类测试的题量和分值均衡，各6道选择题，计12分。

从K大学本科生中招募被试85名，剔除先前知识基础过高被试，78人进入实验，每组13人；剔除实验中脑波中断和眼动仪采样率低于70%的被试，得到有效被试62名(男生29名，女生33名)，平均年龄20.3岁；1.0倍速有字幕和1.25倍速有字幕组各11人，其余每组10人。

3. 实验设备与流程

实验设备包括：①戴尔T3630工作站一台，呈现学习材料和运行实验所用软件，屏幕分辨率为1920×1080像素；②Tobii TX 300型眼动仪一套，采集被试学习过程中的眼动数据，采样频率为300Hz，配套软件为Tobii Studio 3；③视友科技的便携式脑波仪CUBand一套，使用EEG

脑电生物传感器，采集被试学习过程中的脑波数据，配套软件为佰意通脑电生物反馈训练系统。

实验在环境安静、光线良好的心理学实验室进行，历时25分钟左右，具体流程包括：①被试填写个人信息与前测试题；②被试坐在眼动仪前，佩戴脑波仪，戴上耳机，调试正常后进行学习，并实时采集脑波与眼动数据；③被试填写后测试题。

三、数据分析

1. 眼动数据

画面分为视频区和字幕区，本研究选取视频区作为眼动数据的兴趣区。MOOC视频播放速度不同会导致被试的观看时间不同，为避免该因素的影响，本研究选取"总注视点个数"/"总学习时间"所得的"单位时间内注视点个数"作为"注视点个数"因变量。视频区各组被试的注视点平均持续时间和注视点个数如表6-3所示。

表6-3　不同组被试视频区眼动数据(M±SD)

字幕类型	无字幕			有字幕		
播放速度	1.0 倍速 (N=10)	1.25 倍速 (N=10)	1.5 倍速 (N=10)	1.0 倍速 (N=11)	1.25 倍速 (N=11)	1.5 倍速 (N=10)
注视点平均持续时间 (毫秒)	0.41±0.10	0.31±0.07	0.35±0.08	0.34±0.08	0.31±0.07	0.30±0.07
注视点个数(个/秒)	1.91±0.38	2.25±0.44	2.18±0.43	1.54±0.29	1.81±0.51	1.55±0.22

(1) 视频区注视点平均持续时间。

无字幕时，注视点平均持续时间均为1.0倍速>1.5倍速>1.25倍速；有字幕时，则为1.0倍速>1.25倍速>1.5倍速。方差分析结果显示，字幕的主效应显著($F=4.046$，$P=0.049<0.050$)，无字幕时注视点平均持续时间($0.36±0.09$)显著高于有字幕时($0.32±0.07$)，说明当学习者观看无字幕的MOOC视频时需要更多认知努力。视频播放速度的主效应显著($F=3.375$，$P=0.030<0.050$)，LSD多重比较(下同)发现：1.0倍速与1.25倍速的注视点平均持续时间差异显著($P=0.012<0.050$)，1.0倍速时注视点平均持续时间($0.37±0.09$)显著高于1.25倍速($0.31±0.07$)，而1.0倍速与1.5倍速时差异不显著($P=0.076>0.050$)，1.25倍速与1.5倍速时差异也不显著($P=0.452>0.05$)，说明以1.25倍速播放视频时，学习者理解视频内容所需的认知努力较少，信息加工更流畅。视频播放速度和字幕类型的交互作用不显著($F=0.962$，$P=0.388>0.050$)。

(2) 视频区注视点个数。

无字幕与有字幕时，视频区注视点个数均为1.25倍速>1.5倍速>1.0倍速。方差分析结果显示：字幕主效应极其显著($F=22.909$，$P=0.000<0.010$)，无字幕时视频区单位时间内注视点个数($2.11±0.43$)极其显著高于有字幕时($1.64±0.38$)，这是因为字幕区吸引了学习者的一部分注意力，导致视频区注视点个数显著减少。播放速度主效应显著($F=3.240$，$P=0.047<0.050$)，多重比较发现：1.0倍速与1.25倍速注视点个数差异显著($P=0.014<0.050$)，1.0倍速时的注视点个数($1.71±0.38$)显著低于1.25倍速时($2.02±0.52$)，1.0倍速与1.5倍速、1.25倍速与1.5倍速的注视点个数差异不显

著(P=0.212>0.050；P=0.219>0.050)，说明1.25倍速时，学习者对视频内容注意较多，信息加工深入。播放速度和字幕类型交互作用不显著(F=0.614，P=0.545>0.050)。

(3) 注视热点图。

注视热点图能直观反映被试对不同区域的关注程度，不同颜色代表注视点数量差异，红色表示注视点最多，绿色表示注视点较少，黄色为过渡层次，没有颜色表示该区域未被注视[16]。

无字幕时不同播放速度组的注视热点图如图6-1所示。1.25倍速时的注视热点区域最广，有红色区域面积大，说明被试信息加工的广度和深度较好，对注意力分配较为合理，加工较深入；1.0倍速时的注视热点区域较广，说明被试信息加工广度和注意力分配适中；1.5倍速时的红色区域范围小，注视热点相对集中，说明过快的视频播放速度不利于学习者注意力的自如分配。

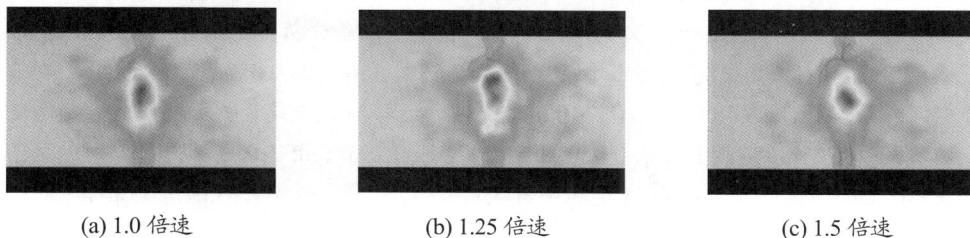

(a) 1.0 倍速　　　　　　(b) 1.25 倍速　　　　　　(c) 1.5 倍速

图6-1　无字幕时不同播放速度组的注视热点图

有字幕时不同播放速度组的注视热点图如图6-2所示，字幕区注视热点差异不大，但视频区注视热点存在差异。1.0倍速时视频区注视热点分布范围较广，且黄色过渡区域范围大，说明被试在视频区的注意力分配较为自如，认知加工适中；1.25倍速时视频区注视热点分布范围适中，且红色区域范围较广，说明被试注意力分配自如；1.5倍速时注视热点的红色和黄色区域范围较小，且无注视点区域较多，说明快速播放抑制了被试的注意力分配，被试认知加工不流畅。

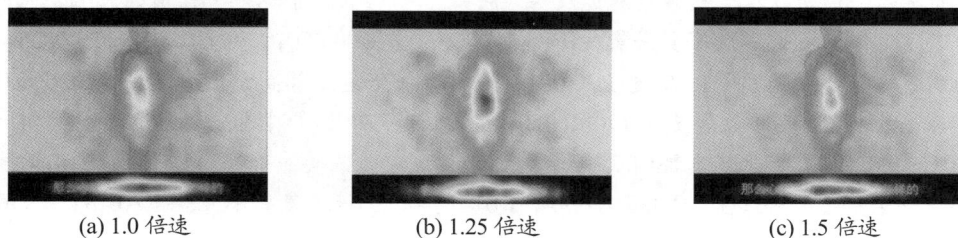

(a) 1.0 倍速　　　　　　(b) 1.25 倍速　　　　　　(c) 1.5 倍速

图6-2　有字幕时不同播放速度组的注视热点图

2. 脑波数据

不同组被试的专注指数如表6-4所示。三种播放速度条件下，无字幕组的专注指数均大于有字幕组。方差分析发现，字幕主效应显著(F=5.297，P=0.025<0.050)，无字幕时专注指数(53.43±15.28)显著高于有字幕时(43.93±16.12)，说明视频无字幕时学习者需要集中更多注意力，才能对视频信息进行有效加工。播放速度主效应、播放速度和字幕类型交互作用均不显著(F=0.463，P=0.632>0.050；F=0.185，P=0.831>0.050)。当视频播放速度提高时，学习者的专注指数增加，表明随着播放速度的提高，单位时间内视频呈现信息量增大，学习者需要集中更多的注意力，这在提高认知加工效率的同时也增加了认知负荷。

表6-4   不同实验组的专注指数(M±SD)

字幕类型	无字幕			有字幕		
播放速度	1.0 倍速	1.25 倍速	1.5 倍速	1.0 倍速	1.25 倍速	1.5 倍速
专注指数	52.80±9.86	51.70±17.44	55.80±18.46	40.18±16.00	45.10±15.64	46.80±17.62

3. 学习效果

学习效果包括保持测试成绩和迁移测试成绩,不同实验组的学习效果如表6-5所示。无字幕时各组保持、迁移测试成绩趋势相同,为1.25倍速>1.0倍速>1.5倍速;有字幕时各组保持、迁移测试成绩趋势也相同,为1.0倍速>1.5倍速>1.25倍速。方差分析结果显示,对于保持测试成绩,视频播放速度和字幕类型的主效应均不显著($F=2.559$,$P=0.086>0.050$; $F=0.861$,$P=0.357>0.050$),两者交互作用显著($F=3.489$,$P=0.037<0.050$);对于迁移测试成绩,视频播放速度和字幕类型主效应应均不显著($F=1.398$,$P=0.256>0.050$; $F=1.909$,$P=0.173>0.050$),两者交互作用显著($F=4.533$,$P=0.015<0.050$)。说明视频播放速度和字幕类型的交互作用对学习效果有显著影响。

表6-5   不同实验组的学习效果(M±SD)

字幕类型	无字幕			有字幕		
播放速度	1.0 倍速	1.25 倍速	1.5 倍速	1.0 倍速	1.25 倍速	1.5 倍速
保持成绩	6.00±1.89	7.20±2.53	4.00±0.94	6.73±2.05	5.82±2.44	6.20±2.74
迁移成绩	6.00±1.63	6.60±1.90	4.00±2.11	5.27±1.01	4.00±2.37	5.20±2.70

简单效应分析发现:视频播放速度对学习效果的影响受字幕调节作用的影响。无字幕时,播放速度对保持测试成绩有显著影响($F=5.490$,$P=0.070<0.050$),多重比较发现: 1.25倍速时保持测试成绩极其显著高于1.5倍速($P=0.001<0.010$),1.0倍速显著高于1.5倍速($P=0.026<0.050$),1.0倍速与1.25倍速差异不显著($P=0.170>0.050$);播放速度对迁移测试成绩也有显著影响($F=4.480$,$P=0.016<0.050$),多重比较发现: 1.25倍速的迁移测试成绩极其显著高于1.5倍速($P=0.005<0.010$),1.0倍速显著高于1.5倍速($P=0.025<0.050$),1.0倍速与1.25倍速差异不显著($P=0.484>0.050$),说明无字幕时学习者能够适应的播放速度范围较小,1.5倍速时学习效果最差。有字幕时,播放速度对保持、迁移测试成绩影响的主效应应均不显著($F=0.480$,$P=0.618>0.050$; $F=1.37$,$P=0.262>0.050$),说明有字幕时学习者能够适应的播放速度范围较大,三种倍速的学习效果无显著差异。

四、结果讨论

1. 视频播放速度与字幕类型对眼动行为的影响

MOOC视频播放速度对注视点平均持续时间有显著影响,1.25倍速时学习者注视点平均持续时间最短,所需要的认知努力最少,信息加工最流畅,学习效果较为理想,是比较合适的播放速度。字幕类型显著影响注视点平均持续时间,无字幕时注视点平均持续时间显著高于有字幕时;字幕可以帮助学习者快速、高效地理解视频内容信息,无字幕时学习者的认知负荷较高。

MOOC视频播放速度对视频区注视点个数有显著影响，1.25倍速时视频区注视点个数显著高于1.0倍速和1.5倍速，适当加快播放速度有利于学习者的注意力投入，提高认知加工深度。字幕类型对学习者的注意力分配有显著影响，有字幕时学习者将注意力恰当地分配给视频画面和字幕，以更好地理解教学内容；而无字幕时学习者的注意力主要集中于视频画面本身。

视频播放速度影响学习者注视热点分配，1.0倍速时学习者注意力分配较为自如，认知加工过程适中；1.25倍速时紧凑的信息节奏使学习者的注意力分配自如，认知加工流畅；1.5倍速时过快的节奏使学习者的注意力分配和认知加工过程受到抑制。无字幕时学习者注意力主要集中于画面本身；而有字幕时会将一部分注意力分配给字幕，从而影响学习过程中的注意力分配。

2. 视频播放速度与字幕类型对脑波数据的影响

MOOC视频播放速度对学习者的专注指数有影响，且专注指数随着播放速度的提高而增加，但未达到统计学意义上的显著水平，在一定程度上表明较高的播放速度需要学习者付出更多认知投入。字幕类型对专注指数有显著影响，无字幕时学习者需要更集中注意力，才能更好地理解视频内容；而有字幕时学习者可以借助字幕较为轻松地理解视频内容，认知负荷更低。

3. 视频播放速度与字幕类型对学习效果的影响

MOOC视频的播放速度和字幕类型对学习效果影响的主效应均不显著，但两者的交互作用显著。当无字幕时，不同播放速度条件下被试的保持、迁移测试成绩由高到低均为1.25倍速、1.0倍速、1.5倍速，且视频播放速度对学习效果有显著影响。1.25倍速时的学习效果优于1.0倍速；而当速度增加到1.5倍速时，过快的视频播放速度影响了学习者的信息加工，同时缺少必要的字幕帮助，学习者无法在有限的时间内对视频内容进行有效加工，学习效果最差。而当有字幕时，学习者对视频播放速度的适应范围较广，视频播放速度对学习效果的影响不显著。

五、结论与展望

视频播放速度的变化能够引起画面信息量大小、解说语速快慢和内容节奏的变化，进而影响学习者的眼动行为、专注指数、注意力分配等认知加工过程。本研究发现，播放速度为1.0倍速时，播放视频的信息量约为170字/分；1.25倍速时，约为212字/分；1.5倍速时，约为255字/分。以1.25倍速播放时，学习者注意力分配自如、信息加工流畅、学习效果理想，因此MOOC视频最佳的语速建议控制在212字/分左右。此结论可为MOOC视频制作时信息量的控制和播放速度的选择提供参考。在字幕对学习的影响方面，无字幕时学习者需要付出更多的努力，认知负荷较高，此时播放速度过快会显著降低学习效果；有字幕时学习者的认知负荷相对较低，播放速度在学习者可接受的范围内对学习效果无显著影响。因此，本研究建议MOOC视频速度过快或信息量较大时应增加字幕，以帮助学习者进行有效学习，优化学习效果。

需要说明的是，本研究中的被试群体为大学生，研究结论是否适应于其他年龄段的MOOC视频学习者还有待进一步探索。此外，本研究中视频播放速度选取的是使用率和接受度较高的1.0倍速、1.25倍速、1.5倍速，研究结论对于视频播放更快速度的适应性也有待进一步探索。

参考文献

[1] 范烨. 语速、视频类型和词汇知识对外语视听理解的影响[J]. 外语教学, 2016, (1): 58-62.

[2] 唐涤非. 述说如歌——浩宇纪录片解说的非语义性表达[J]. 青年记者，2019，(11): 70-71.

[3] 张武江. 电视商业广告的平均语速与受众理解[J]. 现代传播(中国传媒大学学报), 2011, (9): 148-149.

[4] 庄丽君. MOOC视频的分类和吸引力研究[J]. 当代继续教育，2015，(5): 56-59.

[5] Kristine S, Amit C, Matthew D, et al. Does the podcast video playback speed affect comprehension for novel curriculum delivery? A randomized trial[J]. Western Journal of Emergency Medicine, 2018,(1):101-105.

[6] Varnavsky A N. Research of preference in playback speed of learning video material depending on indicators of cognitive processes[A]. 2016 Cognitive Sciences, Genomics and Bioinformatics[C]. Piscataway: IEEE, 2016:31-34.

[7] 陈彧. 播音语速与言语清晰度的关系研究——以三名军事节目主持人的语音样品为例[J]. 新闻界，2012，(18): 26-31.

[8] 刁永锋，刘明春，杨海茹. 网络视频公开课程学习行为眼动实验研究[J]. 现代教育技术，2014，(11): 81-87.

[9] 汪存友. 对在线教学视频中讲解字幕有用性的调查与思考[J]. 中国远程教育，2015，(12): 61-66+80.

[10] 王雪，王志军，侯岸泽. 网络教学视频字幕设计的眼动实验研究[J]. 现代教育技术，2016，(2): 45-51.

[11] 汪存友. 在线教学视频呈现讲解字幕有必要吗？——兼论对冗余效应边界条件的修正[J]. 电化教育研究，2016，(3): 59-65+85.

[12] 王雪，王志军，李晓楠. 文本的艺术形式对数字化学习影响的研究[J]. 电化教育研究，2016，(10): 97-103.

[13] 闫国利，熊建萍，臧传丽，等. 阅读研究中的主要眼动指标评述[J]. 心理科学进展，2013，(4): 589-605.

[14] 江波，王小霞，刘迎春，等. 在线测评中的学习者眼动行为分析——以浙江工业大学的眼动实验为例[J]. 现代教育技术，2018，(5): 19-25.

[15] Shadiev R, Huang Y M, Hwang J P. Investigating the effectiveness of speech-to-text recognition applications on learning performance, attention, and meditation[J]. Educational Technology Research & Development, 2017,(2):1239-1261.

[16] 程时伟，孙凌云. 眼动数据可视化综述[J]. 计算机辅助设计与图形学学报，2014，(5): 26-35.

(本文原载于《现代教育技术》2020 年第 02 期)

思考与练习

1. 什么是实验研究方法？
2. 实验法有哪些类型？
3. 如何提高实验效度？
4. 设计一份基于网上资源利用的教学实验方案，方案内容至少包括以下几点。
(1) 实验研究的目的。
(2) 实验研究的教学内容和教学对象。
(3) 实验研究的假设。
(4) 实验模式。
(5) 实验研究的变量。
(6) 实验研究变量的控制和测量。

单元七

内容分析法

主题1　认识内容分析法

☑ 活动 1： 阅读下列材料，和组内同学分享自己对内容分析法的认识。

　　内容分析法最早产生于传播学领域。第二次世界大战期间美国学者 H. D. 拉斯韦尔等人组织了一项名为"战时通信研究"的工作，以德国公开出版的报纸为分析对象，获取了许多军政机密情报，这项工作不仅使内容分析法显示出明显的实际效果，而且取得了一套内容分析方法的应用模式。

　　1952 年，美国传播学家伯纳德·贝雷尔森(Bernard Berelson)在《传播研究的内容分析》一书中，将内容分析法定义为"一种对具有明确特性的传播内容进行的客观、系统和定量的描述研究技术"，进一步确立了内容分析法的地位。

　　真正使内容分析方法系统化的是约翰·奈斯比特(John Naisbitt)。1967 年，约翰·奈斯比特从 IBM 辞职，开办了自己的都市研究公司(Urban Research Corporation)。都市研究公司的运行方法很简单：阅读 160 份地方报纸，把报纸上的信息分类、整理、归纳，进而给出判断。约翰·奈斯比特以这些剪报信息为基准，创办了一份名为《城市危机监测》(*Urban Crisis Monitor*)的周刊。奈斯比特认为通过"内容分析"式读报方式，可以看到记者和编辑看不到的东西。比如，记者写稿时，只是从自己的发稿需要和民众关注出发，很少考虑到"新闻洞"(新闻之间相互关联形成的结构洞)的规则，而通过综合阅读和分析，就能做出记者无法做出的趋势判断。经过 12 年的积累，奈斯比特的阅读地方报纸的范围扩大到 6000 种。在周刊的基础上，创办了美国全国性的季刊《趋势报告》和 4 份地区性的报告《加州趋势报告》《落基山趋势报告》《中西部趋势报告》和《佛罗里达趋势报告》。随后，他又以这些报告为基础写成了享誉全球的《大趋势》一书。

　　1981 年，克里本道夫(Krippendorf)在《内容分析》一书中，将内容分析定义为系统、客观和定量地研究传播信息并对信息及其环境之间的关系做出推断。

　　1998 年，美国学者丹尼尔·里夫(Daniel Riff)、斯蒂文·赖斯(Stephen Lacy)与弗雷德里克·G．菲克(F. G . Fico)合著了《内容分析法：媒介信息量化研究技巧》(*Analyzing Media Messages:*

Using Quantitative Content Analysis in Research)一书。该书提供了系统全面的内容分析研究的操作指南，深入分析了内容分析中的各种常见问题，如测量、抽样、信度、效度和数据分析中的各种技术，并附了大量的案例，为内容分析法的广泛应用提供了参考。

通俗地说，内容分析的研究对象是"具有明确特性的传播内容"。"明确"(manifest)意味着所要分析的传播内容必须是明白、显而易见的，而不能是隐晦、含糊不清的。如果在研究者之间、研究者与受众之间对传播内容的理解很难达成共识，那么，该传播内容便不宜作为内容分析的对象，因为对这类内容进行分析是非常困难的。分析方法的特征是"客观"(objective)、"系统"(systematic)和"定量"(quantitative)。结果表述的特征是"描述性的"(descriptive)。内容分析的结果常常表现为大量的数据表格、数字及其分析。这是"客观""系统"和"定量"研究的必然结果。与"大多数电视节目里充斥暴力行为"的主观认定不同，内容分析结果的标准表述是："在某年某个时间段的某个电视节目里，至少有60%的镜头展示了暴力行为"，即是一种客观、系统和定量的描述。

活动2：利用中国知网学术期刊数据库，查阅中文文献资料，归纳国内学者对内容分析法的界定。把资料来源填写在表7-1中，并和组内同学分享。

表7-1　国内学者对内容分析法的界定

序号	学者观点	文献来源
1		
2		
3		
4		
5		
6		
7		

主题2　内容分析法的特点

作为一种全新的研究方法，内容分析法在很多方面都有别于传统方法。例如，从方法属性看，它虽然被列为社会科学研究方法，但明显受到自然科学研究方法的渗透影响。从方法特点看，它既有独特的个性，又具有交叉性、边缘性、多样性。总体而言，内容分析法的以下3个关键特性不容忽视。

1. 系统性

系统性是指内容或类目的取舍应依据一致的标准，以避免只有支持研究者假设前提的资料才被纳入研究对象，即在内容分析法的整个研究过程中，从内容的判断、记录到分析过程都是以特定的表格形式，按一定的程序进行的。首先，被分析的内容必须按照明确无误、前后一致的原则选择。选择样本必须按照一定的程序，每个项目接受分析的机会必须相同。其次，评价过程也必须是系统的，所有的研究内容都必须以完全相同的方法进行处理，编码和分析过程必须一致，包括各个编码员接触研究材料的时间也应基本相同。

2. 客观性

客观性是指分析必须基于明确制定的规则执行，以确保不同的人可以从相同的文献中得出同样的结果。这包括两层含义。①研究者的个人性格和偏见不能影响结论。如果换一个研究者，得出的结论也应该是相同的。②对变量分类的操作性定义和规则应该十分明确而且全面，以保证任何人重复这个过程都能得出同样的结论。这就需要建立一套明确的标准和程序，充分解释抽样和分类方法，否则，研究者就不能达到客观的要求，结论也会令人质疑。一般情况下，在内容分析的前期阶段，研究者选择分析题目、制定评价标准、定义分析类别和单元等过程可以是主观的，但是将文字或图画等非定量的内容转化为定量的数据的过程及后续的研究必须具有明确的理论依据和客观性。研究者的个人意志不能左右分析的数量结果，只能按照确定的评价标准、分析的类别和单位进行计量，计量出什么结果，就只能表述什么结果。

3. 定量性

定量性是指研究中运用统计学方法对类目和分析单元出现的频数进行计量，用数字或图表的方式表述内容分析的结果。首先，内容分析的目的是对信息实体做精确的量化描述。其次，统计数据能使研究者用最简明扼要的方式描述研究结果。再次，统计数字有助于结论的解释和分析。定量性是内容分析法最为显著的特征，是达到"精确"和"客观"的一种必要手段。它通过频数、百分比、卡方分析、相关分析以及 T 测试或 T 检验(T-Test)等统计技术揭示传播内容的特征。"定量"并不排斥解释，尤其是当研究者得出一组说明传播内容特征的数据后，往往需要研究者对这组数据进行解释，即说明数据的意义。

☑ **活动 1**：开展组内讨论，你们发现内容分析法还有什么特点？
我们发现_____

_____

☑ **活动 2**：阅读下列文字，掌握内容分析法的优势和局限性。
内容分析法主要有以下一些优点。

1. 内容分析法是较为客观的研究方法

内容分析是一种规范的方法，对类目定义和操作规则十分明确与全面，它要求研究者根据预先设定的计划按步骤进行，研究者主观态度不太容易影响研究的结果；不同的研究者或同一研究者在不同时间里重复这个过程都应得到相同的结论。

2. 内容分析法是结构化的研究方法

内容分析法目标明确，对分析过程高度控制，所有的参与者都是按照事先设计的方法程序操作执行。结构化的最大优点是结果便于量化与统计分析，便于用计算机模拟与处理相关数据。

3. 内容分析法是非接触研究方法

内容分析主要以事物为研究对象。研究者与被研究事物之间没有任何互动。被研究的事物也不会对研究者做出反应。研究者主观态度不易干扰研究对象，这种非接触性研究较接触研究的效度高。

4. 内容分析法是定量与定性相结合的研究方法

这是内容分析法最根本的优点，它以定性研究为前提，找出能反映文献内容的一定本质的量的特征，并将它转化为定量的数据。但定量数据只不过把定性分析已经确定的关系性质转化成数学语言，不管数据多么完美无缺，仅是对事物现象方面的认识，不能取代定性研究。因此，这种优点能够达到对文献内容所反映"质"的更深刻、更精确、更全面的认识，得出科学、完整、符合事实的结论，获得一般从定性分析中难以找到的联系和规律。

5. 内容分析法是能够揭示文献的隐性内容的研究方法

内容分析可以揭示文献内容的本质，查明一定时间范围内某专题的客观事实和变化趋势，追溯学术发展的轨迹，描述学术发展的历程，依据标准鉴别文献内容的优劣。其次，内容分析法能揭示宣传的技巧、策略，衡量文献内容的可读性，发现作者的个人风格，分辨不同时期的文献体裁类型特征，反映个人与团体的态度、兴趣，获取政治、军事和经济情报，揭示大众关注的焦点，等等。

当然，任何一种研究方法都有自己的局限性，内容分析法的局限性主要表现在以下方面。

(1) 内容分析法只适合研究那些明确的、显在的媒介内容，在处理意识形态、观念、价值、意义这些含义精妙的概念方面比较薄弱。

(2) 内容分析只能够研究那些被记录和流传下来的媒介内容，当需要获得的媒介内容超出了研究者能力范围时，就无法采用内容分析。

(3) 内容分析的效度不高。内容分析内在效度不高，因为人为的编码过程容易产生误差。单一的内容分析外在效度不高，因为媒体总量往往比较巨大。

(4) 内容分析都是对媒介内容的描述，至多能够证明变量之间的相关关系，很少能够揭示因果关系，只有跟其他方法配合，内容分析才能用于解释性研究之中。

✔**活动 3：**阅读下列文献，对内容分析法进行深入理解。在此基础上，查找一个运用内容分析法进行研究的课题案例，在组内分析其在使用过程中的优势与不足。

1. 邱均平，邹菲. 我国内容分析法的研究进展[J]. 图书馆杂志，2003(04)：5-8.
2. 郭虹. 对内容分析研究方法的再思考[J]. 新闻大学，2001(01)：33-35.

主题3 内容分析法的分类

✔**活动 1：**阅读下列文字，熟悉内容分析法的类型。

内容分析法作为一种研究社会现实的科学方法，经过了长期的理论探讨和实践应用正逐步趋于成熟与完善。在此过程中，研究者对该方法究竟是定性研究还是定量研究进行了激烈争论，先后提出了以下几种方法类型。

📖 **智慧库**

一般来说，科学研究方法可分为两大类：人文科学所使用的定性分析研究方法和行为科学所使用的定量分析研究方法。

定性分析方法是根据事物或现象所特有的属性及其运动变化中的矛盾性，以大量的历史事实和普遍的认识规律为前提，来研究和考察社会现象的一种最基本的分析方法。如历史求证、哲学思辨、法规判断、文化研究等都是常见的定性分析方法。

定量分析方法是科学研究所使用的另一种重要的研究方法，它是从20世纪兴起的行为科学方法中引进和移植而来的。定量分析是从事物或现象所表现出来的数量特征和数量关系，及其运动发展过程中的数量变化等方面来考察事物或现象的分析方法。由于这种方法是通过对具体数量的测定去研究分析问题，使用了统计数字，因此使研究报告更精确、直观，可比性更强，更有说服力。它可以用来研究很多传统的定性方法无法解决的问题，是科学研究中常用的重要方法。

1. 解读式内容分析法(hermeneutic content analysis)

解读式内容分析法源于 20 世纪 70 年代的人类学研究。它是一种通过精读、理解并阐释文本内容来传达作者意图的方法。"解读"的含义不只停留在对事实进行简单解说的层面上，而是从整体和更高的层次上把握文本内容的复杂背景和思想结构，从而发掘文本内容的真正意义。

内容分析法强调真实、客观、全面地反映文本内容的本来意义，具有一定的深度，适用于以描述事实为目的的个案研究。但因在解读过程中研究者不可避免的主观性和研究对象的单一性，其分析结果往往被认为是随机的、难以证实的，故缺乏普遍性。

2. 实验式内容分析法(empirical content analysis)

实验式内容分析法是一种定量内容分析和定性内容分析相结合的方法。

定量形式的内容分析法 20 世纪 20 年代末在新闻界首次运用。它将文本内容划分为特定类目，然后计算每类内容元素出现的频率，并描述明显的内容特征。该方法具有 3 个基本要素，即客观、系统、定量。用来作为计数单元的文本内容可以是单词、符号、主题、句子、段落或其他语法单元，也可以是一个笼统的"项目"或"时空"概念。这些计数单元在文本中客观存在，其出现频率一般也是明显可查的，但这些依然不能保证分析结果的有效性和可靠性。一方面，因为统计变量的确定和对内容的评价分类是由分析人员主观判定的，难以制定标准，操作难度较大；另一方面，因为计数对象仅限于文本中明显的内容特征，而不能对潜在含义、写作动机、背景环境、对读者的影响等方面进行推导。

定性内容分析法主要是对文本中各概念要素之间的联系及组织结构进行描述和推理性分析。举例来说，有一种常用于课本分析的"完形填空"方法，即将同样的文本提供给不同的读者，或将不同的文本提供给同一个人，文本中被删掉了某些词，由受测者进行完形填空。通过这种方法可衡量文本的可读性和读者的理解情况。由于考虑到了各种可能性，其分析结果可以提供一些关于读者理解层次和能力的有用信息。与定量内容分析法直观的数据化不同的是，定性内容分析法强调通过全面深刻的理解和严密的逻辑推理来传达文本内容。

📖 **智慧库**

单纯的定性方法缺乏必要的客观依据，存在一定的主观性和不确定性，说服力有限。因此，很多学者倡导将定性方法和定量方法结合起来，取长补短，相得益彰。定性和定量方法相结合的实验式内容分析法有以下几个特点：

1. 对问题有必要的认识基础和理论推导；
2. 客观地选择样本并进行复核；
3. 在整理资料过程中建立一个可靠而有效的分类体系；
4. 定量地分析实验数据，并做出正确的理解。

3. 计算机内容分析法(computer content analysis)

计算机技术的应用极大地推进了内容分析法的发展。计算机作为一种数据管理工具，在数据的搜集、存储、编辑和整理等过程中具有手工方法不可比拟的速度和准确性。无论是在定性内容分析法中出现的半自动内容分析(computer-aided content analysis)，还是在定量内容分析法中出现的计算机辅助内容分析(computer-assisted content analysis)，都只是术语名称上的差别。而实质上，正是计算机技术将各种定性和定量研究方法有效地结合起来，博采众长，才使内容分析法得到了迅速推广和飞跃发展。

📝 **活动2**：参考上面的阅读内容，结合智慧库，和同组同学讨论"内容分析法的定性和定量问题"。

主题4 内容分析法的用途

内容分析法的适用范围比较广泛。就研究材料的性质而言，它可适用于任何形态的材料，即它既可适用于文字记录形态类型的材料，又可以适用于非文字记录形态类型的材料(如广播与演讲录音、电视节目、动作与姿态的录像等)；就研究材料的来源而言，它既可以用于对现有材料(如学生教科书、日记、作业)进行分析，也可以为某一特定的研究目的而专门收集有关材料(如访谈记录、观察记录、句子完成测验等)，然后再进行评判分析；就分析的侧重点来讲，它既可以着重于材料的内容，也可以着重于材料的结构，或对两者都予以分析。

从用途方面看，内容分析法主要用于以下3种研究。

1. 趋势分析

内容分析法可以利用同一对象不同时期内容资料量化结果的比较，分析某种思想内容的发展过程、发展规律及其发展趋势。因此，在前瞻性的教育科研中，内容分析法可以用于对教育及教育研究的趋势预测。

📝 **活动1**：在下列文献中选读2~3篇文献，体会内容分析法在趋势分析研究中的应用，在表7-2中完成阅读记录。

1. 谢燕洁. 基于"十三五"规划的我国公共图书馆信息资源建设趋势研究[J]. 数字图书馆

论坛，2020(04)：10-16.

2. 王允，黄秦安. 中国数学教师继续教育的发展轨迹与动态趋势——基于《数学教育学报》(1992—2018 年)的文献计量与内容分析[J]. 数学教育学报，2020，29(01)：81-85+97.

3. 章小童. 国内网络问答社区研究现状、热点及趋势分析——基于文献计量与内容归纳分析[J]. 情报科学，2020，38(01)：169-176.

4. 姜雪青，马勇军. 近 20 年我国教育研究范式的运用现状与发展趋势——基于国内五本教育核心期刊的内容分析[J]. 上海教育科研，2019(12)：13-17.

5. 潘黎，赵颖. 平衡、合作、问责和创新：21 世纪以来美国中学生涯技术教育变革趋势——基于政策文本的内容分析[J]. 教育研究与实验，2018(05)：79-83.

表7-2　文献阅读记录

文献名称	研究对象	研究过程	研究结论

2. 比较分析

内容分析法可以通过对同一中心问题但对象或来源不同的样本量化结果的对比，从而对不同地区、学校、团体、个人的教育思想、教育成果、工作方式进行比较。例如，比较不同国家或地区对各类教育问题观点上的异同；比较两个学术流派、学术刊物的学术观点的异同；比较不同学校、不同教师的教学方式和教学效果的差异；比较两种不同教学计划、教学大纲、教材的差别；比较两个不同学校、不同班级学生的学习成绩、学习态度、思想品德等方面的差别等。

活动 2： 在下列文献中选读 2～3 篇文献，体会内容分析法在比较分析方面的应用，在表 7-3 中完成阅读记录。

1. 陆孟君，王世存. 中英化学教育跨学科研究模式比较——基于中英 4 种化学教育期刊的内容分析[J]. 化学教育(中英文)，2020，41(01)：99-105.

2. 白梅，高嵩. 物理教材中参考系内容的分析比较[J]. 物理教学，2019，41(11)：9-12.

3. 刘久成. 小学数学"简易方程"内容量化分析——基于人教版三套教科书的比较[J]. 课程·教材·教法，2019，39(08)：72-78.

4. 王洪振，滕丽冲. 不同版本高中生物教材中实验内容的比较分析[J]. 教学与管理，2017(22)：57-59.

5. 贾玲，宫慧娜，陈影，雷江华. 我国特殊教育学教材的实证分析——基于 13 本教材的内容比较[J]. 中国特殊教育，2017(03)：14-20.

表7-3　文献阅读记录

文献名称	研究对象	研究过程	研究结论

3. 意向分析

内容分析法可以通过对某一对象在不同问题上，或在不同场合上所显示出来的内容资料的分析，把这些不同样本的量化结果加以比较，便可分析这一对象的意向。例如，通过某个优秀教师的教学实况录像分析他(她)的教学风格、总结他(她)的教学经验；分析不同类型的教师、学生的心理状态、潜在动机、兴趣、态度以及价值观；通过对某学者学术报告实况录像的内容分析，研究该学者的学术思想、意图和动机等；分析某教育者的教学目的、意向、动机并检验是否能达到预期的效果；分析某一时期，各种不同对象在教育问题上的注意力和议论焦点等。

活动3：组内讨论，尝试在自己所在的学科内，拟定适合表 7-4 中研究用途的研究课题名称。

表7-4　适合使用内容分析法的研究课题

研究用途	研究课题名称
趋势分析	
比较分析	
意向分析	

主题5　内容分析法的步骤

内容分析法的一般过程包括确定研究课题、限定总体和选择样本、选择分析单元、设计分析类目、评判记录、信度分析、分析数据和得出结论八部分，具体如图 7-1 所示。

1. 确定研究课题

确定研究课题让科学研究在本质上区别于一般的实践。内容分析法虽然是基于数据统计的研究，但是要避免为统计而统计的做法。首先明确研究课题和研究假设有助于深入论证研究价值，获取有价值的统计数据。

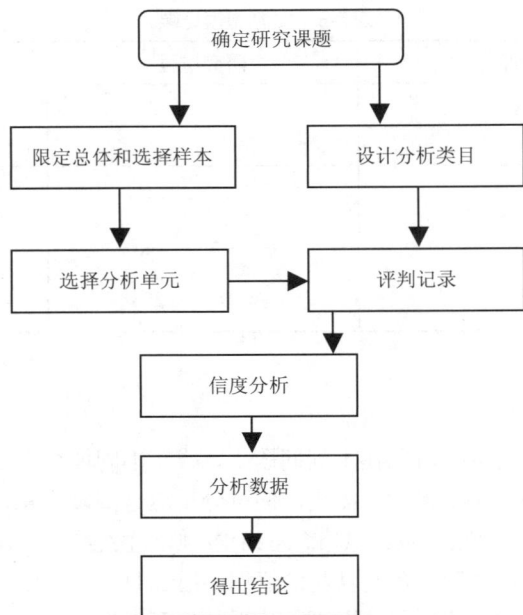

图7-1 内容分析法的一般过程

2. 限定研究总体与选择样本

对于内容分析法而言，确定研究总体即确定分析资料的来源。研究总体的确定直接依赖于研究目标。例如，研究目标是分析近 5 年以来慕课研究的热点、观点倾向等方面的变化趋势，研究的总体就可以限定为近 5 年内国内外该方面发表的所有研究论文。如果研究目标确定为分析近 5 年以来我国慕课研究的热点、观点倾向等方面的变化趋势，研究的总体就可以限定为近 5 年内该方面发表的所有中文研究论文。

在确定总体时，必须注意总体的完整性和特殊性。完整性是指研究总体要包含所有相关的资料。特殊性是指研究总体要选择与研究假设有关的特定资料。

选择样本就是选取进行内容分析的内容抽样。如果总体太大，材料过多，可以采用随机抽样的方法，从总体中抽取样本进行内容分析。例如，要对近 10 年来的中学物理教学研究的趋势进行总结，就可以采用抽样方式从总体中抽取有代表性的内容进行维度分析。

📖 **智慧库**

选择样本通常有3种方式。

1. 来源抽样

来源抽样是对资料来源的抽样，如选择什么样的报纸、杂志、教育电视节目、书籍、演讲等。

2. 日期抽样

日期抽样就是选择某一时间段的资料进行分析，例如要研究建构主义学习理论的思想发展规律，需要对近几十年有关的期刊论文论著进行内容分析。在按日期抽样时，必须注意避开某种资料的周期性特征。如，报纸尽量避开七或7的倍数，否则就有可能导致所有样本都集中在每一周中同一个"星期几"。

3. 单元抽样

单元抽样，即确定抽取资料的单元，如整份、一篇、一页、一段等。

3. 选择分析单元

分析单元是实际需要统计的东西，也是判定分析时的最小单位。例如，比较两种学术刊物的质量时，刊物的具体栏目及其内容是分析单元。分析单元越小，所收集的信息就越具体，统计结果也就越精确。通常，选择的分析单元可以是个人(如作者)、群体(如班级、学校)和各种材料(例如，书籍、期刊、文章)等，也可以是上述各类中的一部分(例如，人的面部表情、行为动作，书籍中的章节，文章的段落与句子数，电视节目的镜头、场景)，有时也可以是时间间隔。

选择分析单元与具体的研究目标、研究总体密切相关，并以它们作为确定和选择的基础。

4. 设计分析类目

内容分析工作，就是要按预先制定的类目表格，按分析单元进行系统判断，记录类目所表现的客观事实。分析的类目，又称为分析的维度、类别，是根据研究需要而设计的将资料内容进行分类的项目和标准。分析类目(维度)是一个层层隶属的体系，对比较大的维度需要进一步分解成若干子维度。

类目的形成通常有两种方法。一是根据传统的理论或以往的经验，由某个问题已有的研究成果发展而成。具体的做法是：先让两个人根据统一标准，独立编录同样用途的维度、类别，然后计算两者之间的信度，并据此共同讨论标准，再进行编录，直到对分析维度的系统有基本一致的理解为止。二是由研究者根据假设自行设计而成。具体的操作方法是：先熟悉、分析有关材料，并在此基础上制定初步的分析维度，然后对其进行试用，了解其可行性、适用性和合理性，之后再进行修订、试用，直至制定出客观性比较满意的分析维度为止。

📖 智慧库

为保证内容分析工作的客观性，确定分析类目时需要注意以下几点。

(1) 类目必须是在进行内容分析判断之前预先制定的，不能一边分析，一边适应性地修改补充。

(2) 类目的意义要有明确的限定范围，确保具体类目彼此不能重叠，避免分析单元既能放入这一类目又能放入那一类目的情况。

(3) 类目设计要确保每一个分析单元都有去处，不能出现某些分析单元无处放置的现象。

5. 评判记录

内容分析的评判记录工作，就是按照预先制定的类目表格，按分析单元顺序，系统地判断并记录各类目出现的客观事实和频数，也就是把分析单元归入类目表格的过程。评判记录是内容分析中最费时又枯燥的阶段。做评判记录工作的人叫编码员。为确保内容分析的客观性，一项内容分析不能只有一个编码员，当然也不宜太多，一般选择 2~6 名编码员为宜。

📖 **智慧库**

做评判记录时需要注意以下几点。

(1) 评判只能记录某类目的有或无、长或短、大或小等明显的客观事实，避免使用主观的、价值判断型的词语，如好与坏、善与恶等，对内容做出评判。

(2) 对于分析类目事实的出现频数，只需按分析单元，依顺序在有关类目栏目中以"√"进行记录即可。

(3) 对于具有评论成分的内容分析，通常对含赞扬性、肯定性的内容用"+"符号记录，对含有批评性、否定性的内容用"-"符号记录。

6. 信度分析

内容分析的信度分析是指两个或两个以上的研究者按照相同的分析类目，对同一材料进行评判所得结果的一致性程度。一致性越高，内容分析的可信度越高；一致性越低，则内容分析的可信度越低。因此，信度是保证内容分析结果可靠性、客观性的重要指标。

内容分析的信度公式为

$$R = \frac{n \times \bar{K}}{1 + (n-1) \times \bar{K}}$$

其中 R 为信度，n 为编码员人数，$\bar{K}$ 为平均相互同意度，其值为

$$\bar{K} = \frac{2M}{N_1 + N_2}$$

其中 M 为两者都完全同意的栏目，N_1 为第一编码员所分析的栏目数，N_2 为第二编码员所分析的栏目数。

7. 分析数据

百分比、平均数、中位数等描述性的统计方法都可适用于内容分析。如果要进行假设检验，如果数据是定性的(qualitative data)或定序的(ordinal data)，就可以用卡方检验。如果数据是定距的(interval data)或定比的(ratio data)，则可用 T 检验、方差分析等。

📖 **智慧库**

定性数据(qualitative data)说明的是事物的品质特征，是不能用数值表示的，通常表现为类别。如出生地、党派、专业等。

定序数据(ordinal data)指将统计数据按客观事物的某种无须确认的顺序进行排列，它是在分类基础之上的排序。如社会阶层、虔诚度等。

定距数据(interval data)是对事物类别和次序之间的差距的确认，这是在排序基础上进行的。如智力测量。

定比数据(ratio data)就是有固定起点的定距计量，即建立在真实起点基础上的测量。如年龄、居住时间、工龄等。

8. 得出结论

进行任何研究的目的都是为了寻找研究结果。如果是对某种假设进行检验，那么研究结果是显而易见的；如果研究是特征分析、发展研究或比较研究，则需要根据数据分析结果归纳、明晰研究结论。

主题6　内容分析法案例

智慧学习环境的研究现状和趋势
——近十年国际期刊论文的内容分析

(李葆萍[1,2]，江绍祥[3]，江丰光[1,2]，陈桄[1,2])

(1. 北京师范大学　教育学部，北京 100875; 2. 北京师范大学　教育信息技术协同创新中心，
北京 100875; 3. 香港教育学院　数学与资讯科技学系，香港)

摘要： 本文从多个权威的国际电子期刊数据库搜索到102篇有关智慧学习环境的论文，并采用内容分析法，对近十年来智慧学习环境国际研究现状进行梳理，探讨其未来研究的发展趋势。研究发现，智慧学习环境已成为全球关注的研究领域，研究主题有鲜明的地域特色；智能学习环境的结构功能、适应性学习支持的策略及算法、智慧学习环境的教学策略和案例等是最受关注的研究主题；伴随着新技术的教育应用，未来教室环境、新技术支持下的创新教学，以及师生对学习环境的体验等逐渐成为研究热点；对智慧学习环境在教学性能、学习绩效提升、用户态度和学习体验等获得趋于正面的研究结论。研究还发现，自2008年始，伴随着便携式移动手持设备的普及，可穿戴电脑技术及传感技术等创新技术在教育中的应用，智慧学习环境中有关学习活动类型的研究趋于多样化和创新性，学习空间的研究趋于开放性和虚拟性，学习交互类型研究趋于多通道化和多层次性，学习体验研究趋于直观化和丰富性，学习支持研究趋于个性化和自适应性。这些变化受到智慧学习环境技术丰富特性的驱动。在新技术支持下，全新的学习空间设计、创新的教学形态、真实的学习体验、智慧化的学习支持等将成为未来智慧学习环境的研究重点。

关键词： 智慧学习环境；内容分析；智能技术；研究现状和趋势

一、研究背景

弗雷泽(Fraser)和沃尔伯格(Walberg)认为"学习环境"是具有社会心理背景的学习发生的场所，在正式教育中学习环境可以用学校或者教室的基调、文化、氛围或者气氛来描述(Fraser & Wallberg，1991；Logen & Grump，2006)。学习环境既包括物理设施，如教室空间、课桌椅、教学装备等，同时也包括元素间的相互关系，即物理特性和关系特性是学习环境需具备的两个维度。学习环境的发展和教学功能的进化与社会技术发展水平直接相关。例如，幻灯、投影、电视等进入教室后，使得班级授课教学模式得到加强并提升了教学效率。20世纪80—90年代，计算机逐渐普及，学习环境中的各个元素，如教师、学生、课程、物理环境等开始与计算机软硬件系统之间产生交互作用，因此，计算机增加了传统学习环境元素间相互关系的复杂性，卡

特(Carter,1990)因此断言新的技术会建构出新的学习环境。

以计算机为代表的新技术进入教室学习环境首先带来了教室外观的变化。现代化教室大多配备中央控制台，能控制计算机、投影仪、实物投影、音响设备、交互式白板等。其次，技术引发了学习模式的变化。计算机推动以学习者为中心的教学模式的发展，在计算机为核心的技术支持下，自主探究学习、小组协作学习、基于移动设备的学习、泛在学习、开放课程等新的学习模式层出不穷，充分展现了技术改变学习环境进而创新学习模式的潜力。(Ahmed & Parsons，2013；Lin，etal.，2010；Hwang，etal.，2008)

社会认知理论认为学习环境与学生的学习技能间存在密切关联。进入21世纪，国际社会普遍认为学生除掌握传统的阅读、写作、计算能力外还应具备批判性思维、协同与沟通交流和创造、创新能力。在这一目标引导下，学生的学习过程必然从以接受和记忆知识为主的被动学习转向以探究和生成知识为主的主动学习。为适应学习方式的转变和促进学生高级认知和学习技能的获得，需要重新设计和调整学习环境，智慧学习环境则被认为是可以有效支持学生21世纪学习技能获得的学习环境。

最初的智慧学习环境指配备交互式电子白板，能支持师生间实时交互和信息展示的教室环境。随着无线通信技术、便携式个人电脑、传感器技术等的发展，智慧学习环境被看作是技术丰富的学习环境，它整合了多种技术和设备，能有效地感知外在学习环境，并用来支持学习者在真实和虚拟学习环境中开展深层次的学习活动，获得真实的学习体验。

典型的智慧学习环境设计有明尼苏达大学技术增强学习空间项目设计的"积极学习教室"(Active Learning Classrooms，ALCs)，ALCs装备360°玻璃显示墙和圆形的课桌，每个课桌上有3台连接大LCD屏幕的计算机支持9名学生协作完成任务(Whiteside, et al.，2010)。斯坦福大学开发的iRoom包含无线鼠标和桌面键盘、3个触摸感应的智能板和一个非触摸的桌面显示器，以及一个自定义内置的OpenGL图形高分辨率墙壁(Johanson& Winograd, 2002)。

为了理解当前国际研究者对智慧学习环境的共识，本研究对近十年国际上有关智慧学习环境的研究进行内容分析，以期揭示智慧学习环境的研究现状和未来发展趋势，为我国智慧学习环境的理论研究和实践探索提供参考。

二、内容分析的方法和过程

内容分析法亦称为信息分析法或文献分析法，在许多研究领域，研究者常通过文献获得资料，以归纳和预测某个领域或主题的研究现状及发展趋势。此方法主要用于解释某特定时间某现象的状态，或某段期间该现象的发展情形。在教育领域，该方法常用于把当时与其他时期的教育事件的相似性与差异性进行质的比较分析，以标示一致的趋势、一系列独特的情境，或展开新的方向。内容分析法的使用时机有以下三点：①使用在"特定文献"的文字内容分析；②由于研究对象或信息的特性适合或不得不采用内容分析法时；③使用大量的文献或资料时(王文科，1986)。本研究亦选择该研究方法对智慧学习环境的研究现状及趋势开展研究。

1. 关键词和论文选择

本研究以"smart/intelligent/future classroom""smart/intelligent learning environment""smart/intelligent learning space"和"technology enhanced/rich classroom"为关键词在ISI web of science、EBSCO-host、ERIC、ProQuest、Scopus Database等数据库中进行搜索。查询结果限定在有全文的期刊论文中，最后获得2001年至2013年共110篇期刊论文，其中有5篇论文是小于3页的评述性文章和书评，3篇论文被教育技术领域两名教授认为与智慧学习环境不相关，最终本研究选择102篇论文进行内容分析。

2. 内容分析编码

(1) 论文基本信息：包括标题、发表时间、所刊发期刊、作者、研究机构、国家和地区等六类。

(2) 研究内容分析：包括研究方法(案例研究、实验或准实验研究、基于开发的研究)、研究对象(大学、中学、小学、学前教育)、研究学科(自然科学、数学、计算机、语言艺术和其他)、研究主题、研究结论、硬件技术、软件技术、学习活动类型、交互及反馈类型等九类。

论文经两名教育技术学博士独立编码，编码结果不一致，需经全体研究者讨论达成共识以保证编码的客观性和一致性。例如，机器人技术在技术分析中的归类，经讨论最终以其在论文中的应用类型作为划分标准，因此都被纳入交互工具和协作工具。

三、内容分析结果

1. 论文基本信息

(1) 出版时间。

论文的出版时间分布见图7-2。从2007年开始智慧学习环境方面的论文数量明显增加，2009、2011和2013年均超过15篇。

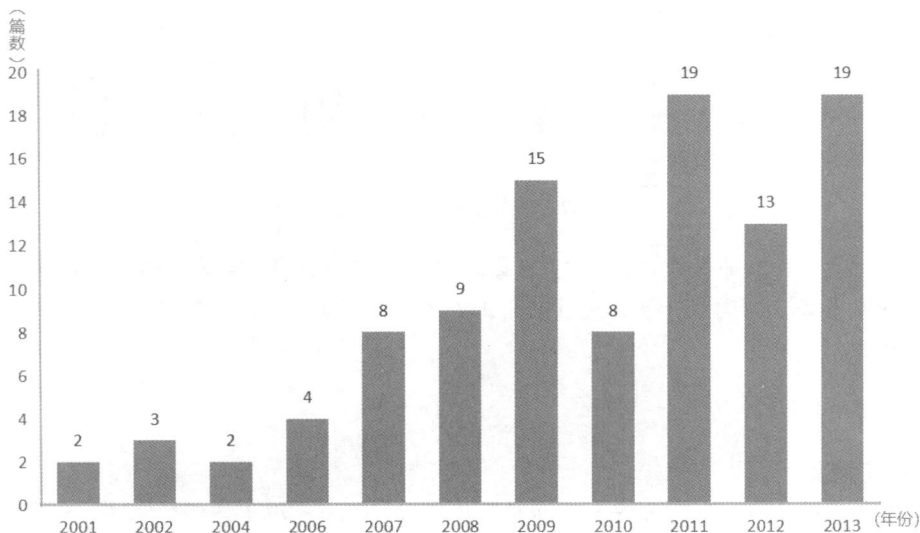

图7-2　论文出版时间分布

(2) 出版期刊。

论文发表期刊及数量统计显示，《计算机与教育》(Computers & Education)共刊发45篇论文，其次是《教育技术与社会》(EducationalTechnology & Society)发表6篇，《教育中的人工智能国际期刊》(International Journal of Artificial Intel-ligence in Education)和《教育科学》(Instructional Science)分别刊发5篇，《计算机与人类行为》(Computer in Human Behavior)和《教育心理杂志》(Journal of Educational Psychology)分别刊发4篇，《交互学习环境》(Interactive Learning Environments)刊发3篇，《教育信息学》(Informatics in Education)和《学习环境研究》(Learning Environment Research)分别刊发两篇，其他26篇论文分别在26种期刊上刊发，此外76篇论文发表在SSCI索引期刊，26篇论文发表在非SSCI索引期刊。

(3) 研究机构及研究区域。

本研究将第一作者所在研究机构分为信息管理科学、计算机科学、教育与心理学、数学、工程技术及其他学科(包括社会学、工商学)和未注明(仅注学校名称)(见图7-3)。计算机科学、教育学(包括教育技术、学科教学论、教育基本理论)和信息管理科学3个领域的学者是智慧学习环境的主要研究群体。工程技术和数学及工商管理等少数学科的学者也关注该领域。

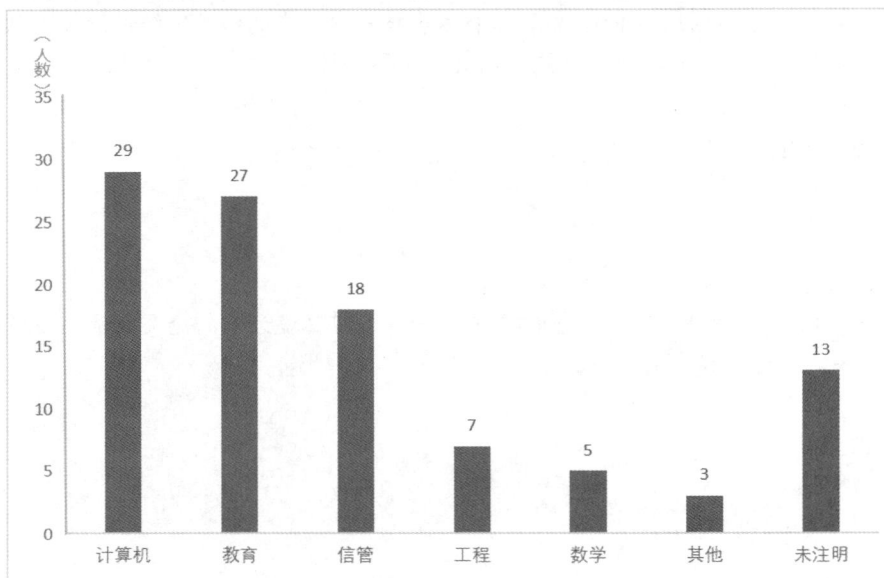

图7-3 作者研究机构分布

研究者所在国家和地区众多。美国(25篇)和我国台湾地区(15篇)居前两位，英国(7篇)、西班牙(6篇)和希腊等欧洲国家开展了大量研究工作，澳大利亚、巴西、智利、埃及、摩洛哥等国家也有研究成果发表。

2. 研究内容

(1) 研究概要。

75篇论文使用了科学研究方法开展研究，其中19篇论文采用了案例研究法，53篇论文采用了实验研究或准实验研究方法，3篇论文采用了开发研究的范式，这表明国际同行重视对智慧学习环境进行实证研究。

64篇论文提到了研究对象或开展实验的学校环境，其中涉及高等教育领域的29篇，高中或者初中26篇，小学8篇，学前教育1篇。57篇论文提到了开展学习活动的学科。本研究将这些学科分为: ①自然科学类课程，包括科学、物理、化学、地理、生物; ②数学课程，包括数学、几何；③计算机类课程(16篇)，包括计算机基础、计算机编程和信息系统；④语言与艺术课程(6篇)，包括外语学习、音乐、舞蹈课程；⑤其他课程(6篇)；如电子商务、教学媒体、医学等。

(2) 研究主题。

参照2014全球华人计算机应用大会(GCCCE2014, http://gccce2014.ecnu.edu.cn)及2014国际智能学习环境大会(ICSLE2014,http://icsle2014.ied.edu.hk)的讨论主题。本研究将论文研究主题分为12类(见表7-5)。智慧学习环境的结构研究、适应性策略算法研究和教学策略研究居前三位。智慧学习环境中的应用案例、教学效果研究、功能开发、学生模型构建、创新性教学及未来教室设计等获较多关注。此外，部分研究从用户对学习环境的体验和感知角度进行研究和评价。

表7-5　主题编码及统计

编码	主题内容	数量
1	智慧学习环境的结构	17
2	适应性学习策略及算法	13
3	智慧学习环境的教学策略	13
4	智慧学习环境的应用案例	12
5	智慧学习环境的教学效果	8
6	智慧学习环境的功能开发	8
7	学生用户模型	7
8	新技术创新教学	7
9	未来教室环境设计	6
10	智慧学习环境的用户体验	6
11	智慧学习环境的评估	3
12	其他综述类研究	2
共计		102

(3) 研究结论分析。

本研究对有明确研究结论的论文进行了分类和统计(见表7-6)。智慧学习环境的结构和开发方法方面的论文认为智慧学习环境基本结构包括：①数据库等基础数据存储模块；②根据不同开发功能设计的计算模型或者代理模块；③用户数据采集模块；④课程内容模块；⑤智能决策模块；⑥用户交互模块等。有研究还证明了迭代开发模型、贝叶斯算法、判定树等技术在智慧学习环境开发中的有效性。

智慧学习环境功效方面的研究通常会选择相应的被试进行实验设计，测量系统或环境来解决默认目标问题的效果和效率。论文中使用的智慧学习系统均被证明取得比较好的功效，如"能够感知学生的情绪并提供相应的回应""能够动态地预测学习路径""能够提供给学生学习路径的支持""当导师系统教学策略比较缺乏时依然能够帮助学生学习"。论文中的系统功能涵盖了"构建学生模型""提供适应性的学习内容""改善学习技能""支持协作学习等"(Jaques & Vicari , 2007 ; Latham, et al., 2012; Dogan & Camurcu, 2007; Zhang, et al., 2009; Huang, et al., 2011)。

智慧学习环境对师生的影响趋于正面，主要包括"对学生产生了正面的影响，特别是在情感领域包括学习参与度、学习动机和学习交互""加强学生与课程间的交互行为""改善了编程质量，减少了教师的工作负担，提升了学生学习程序兴趣和其自我学习能力""帮助教师重新组织、改变和调整课程的概念和考试的问题""激发学生学习动机，培养学生的协作能力""能正面影响学习者的学习体验，激发他们的学习动机并将其转化为创造力"等。"交互""动机""参与度""自主学习""情感体验""创新能力"是常提到的关键词，显示了智慧学习环境对学习者的价值 (Hwang, et al., 2010; Wang, et al., 2011; Mitnik, et al. , 2009: Kwok, et al., 2011)。

智慧学习环境对学习绩效的影响主要是认为智慧学习环境改善了学生的学习绩效。如"总平均成绩提高了13%""适应性脚手架策略训练学生更快地完成任务""使用机器人学习的学生的图形解释能力有显著提高""系统帮助89%以上的学生更正他们的错误""新SQL导师系统改善了学生在SQL测试的成绩""学习系统改善学生学习信心并取得好的成绩"(Latham, et al., 2012; Blake&Butcher-Green, 2009; Kaburlasos, et al. , 2008)。同样也有部分负面结论，如麦克拉伦等发现"其研究结果不能很好地支持其系统在改善学生学习方面的积极作用，特别是对于那些本身知识水平较差的学生" (McLaren，DeLeeuw & Mayer, 2011)。

表7-6　研究结论

结论	数量
智慧学习环境的结构和开发方法	16
智慧学习环境的功能和绩效	20
智慧学习环境对师生的影响	15
智慧学习环境对学习绩效的影响	21
师生对智慧学习环境的态度和用户体验	15
其他，如智慧学习环境的评价、学习生态等	9
共计	96

用户对智慧学习环境的态度和体验方面的结论趋于正面，如"在课程中，学生对系统持有正面的态度""学生在课堂中愿意使用更多技术支持，愿意在课堂中得到个别化的关注" (Yang, et al., 2013; Ozyurt, et al., 2013)。还有研究发现学生对学习环境引导他们完成任务的满意度不高，但他们对于协作学习和创新教学方法态度变得更加开放(Strayer, 2012)。这些都表明用户对学习环境的感受复杂，智慧环境的设计和应用应考虑更多的用户体验因素。

其他研究结论涉及智慧学习环境教学与教育系统的关系；教师整合信息技术的因素；学生21世纪学习技能与智慧学习环境；智慧学习环境使用中存在的问题；智慧学习环境教育应用理论基础和TROFLEI评价指标的验证等。

(4) 智慧学习环境技术。

智能教室属于数字化教室的高级阶段，而信息技术是其构成中不可或缺的元素，因此本研究统计了论文中对信息技术的描述。研究者将这些技术区分为硬件设备和软件工具两大类，硬件设备包括构成智慧学习环境的基础设施和学生使用的学习设备等；软件工具指支持教学活动的平台、学科工具和开发工具。

根据技术的教学功能，本研究将其分为"通用学习支持技术""交互支持技术""协作支持工具""信息呈现支持技术""专用学科工具""智能代理与决策技术"和"基础设施"7大类。有些研究涉及多种信息技术的应用，本文分别予以统计(见表7-7)。

表7-7未统计常规计算机设备。可以看出，各类PDA、支持无线接入和移动通信的学习设备、交互支持设备和协作支持设备是智慧学习环境使用频率最高的。专业学科设备和智能代理决策设备则比较缺乏。软件工具中学习支持和交互支持类软件占61%，其次是智能代理和决策技术及专业学科工具。

表7-7 智慧学习环境信息技术使用统计

技术分类	硬件设备样例	硬件使用频率	软件工具样例	软件使用频率
通用学习支持技术	(1) 电子书 (2) 平板电脑 (3) 支持 WiFi 功能的便携电脑 (4) 智能手机等移动设备 (5) 与PDA无线网络连接机器人	10	(1) 智能学习系统：如 Oscar、ICCAT、AutoLEP、APTA 等 (2) 3D 虚拟游戏平台，如 EduBingo game 等 (3) 虚拟教学辅助系统 (4) 开源学习平台，如 Moodel 等	21
交互技术支持	(1) 检测基于视觉的运动并根据姿势进行交互的摄像设备 (2) 眼动仪 (3) 视频会议和广播设备 (4) RFID 标签和能够读标签的移动设备 (5) 传感器 (6) 穿戴式电脑 (7) 机器人交互工具 (8) 3D 体感交互设备	10	(1) 图形化用户界面 (2) 3D 虚拟现实 (3) 虚拟角色扮演 (4) 自然语言处理对话技术 (5) 语义网络技术 (6) 具备动作捕捉能力的交互平台	30
协作支持技术	(1) 支持协作活动的电脑 (2) 计算机实验室 (3) 机器人协作工具 (4) 共享式白板	7	(1) 讨论区和 E-mail (2) 支持公共协作使用白板软件 (3) 在线多用户，多角色扮演软件	3
内容呈现支持技术	(1) 教室配备多个屏幕 (2) 移动远程呈现设备 (3) 大屏幕显示设备 (4) 3D 投影仪 (5) 实物投影仪	5	多媒体内容呈现工具	1
专业学科工具	绘图仪	1	(1) 概念图 (2) 文档处理工具 (3) 知识发现和探索工具 (4) 题库 (5) 云服务如 Google's Doc 等 (6) 建模工具 (7) 教授音乐技能的教学软件	9

(续表)

技术分类	硬件设备样例	硬件使用频率	软件工具样例	软件使用频率
智能代理与决策技术			(1) 能够提供适应性学习脚手架的智能代理 (2) 自适应内容推送智能代理 (3) 教师代理、学生代理、小组代理技术 (4) 数据挖掘技术 (5) 决策树技术 (6) 神经网络技术	19
基础设施	(1) 计算机网络 (2) 无线通信设备 (3) 不间断电源	5		
共计		38		83

(5) 智慧学习环境教学活动。

54篇论文描述了智慧环境下的学习活动,从中可分析智慧学习环境支持下的学习方式(见图7-4)。个别化学习占50%,协作式学习占12%,测验、游戏式学习、探究性学习以及移动学习、社会化学习也占一定比例。

57篇论文描述了学习中的交互活动,根据交互的对象,本研究将智慧学习环境中的交互活动分为"学生与智能学习系统交互""同伴交互""师生交互""学生与虚拟角色交互""社会性交互"五类。其中,涉及学生和智能系统之间交互的有37篇(占60%),学生之间交互9篇,师生交互4篇,学生在虚拟环境中的交互4篇,社会性交互3篇。

涉及交互的论文中,30篇论文描述了对学生学习的反馈。本研究根据反馈的内容,把对学习者的反馈分为三类:一是针对学习者答案的"对错"或最终成绩进行的简单回馈,共5篇;二是根据学生学习结果提供补救性知识或技能的反馈,共9篇;三是根据学生的学习过程数据(学习行为、绩效、情绪状态等)提供个性化学习反馈,用来调整学习者的学习路径、学习支架、内容呈现方式、学习内容的难度等,共16篇。

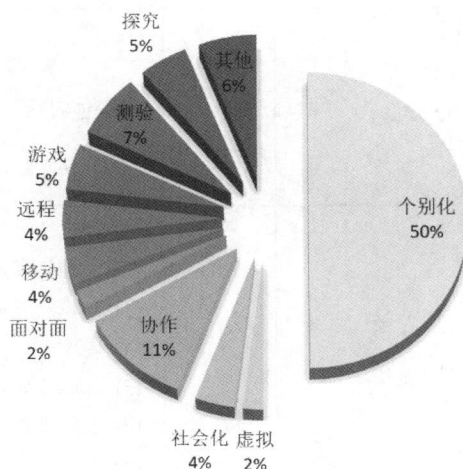

图7-4 学习互动类型统计

四、研究发现

1. 智慧学习环境的研究现状

根据对国际权威期刊内容分析的结果，我们可以勾勒出当前世界各国对智慧学习环境研究的基本脉络。自2007年以来，智慧学习环境已成为世界关注的研究主题。该领域吸引了计算机科学、教育学和信息管理科学等的关注，研究成果多在教育技术学、人工智能和学习环境方向的高水平期刊发表。

智慧学习环境研究集中在大学和中学阶段，研究学科集中在自然科学类学科、数学和计算机学科。研究认为中学以上学生能较好地适应新型学习环境，自然科学类课程其知识逻辑体系更容易外显化，这两个因素都比较有利于对智慧学习环境进行初期探索性研究。

研究主题分析结果显示，智慧学习环境的结构和功能研究、适应性学习策略和算法研究、智慧学习环境的教学策略和教学案例设计研究最受研究者关注。研究主题选择还与研究者学科背景及地域分布相关(见图7-5)。我们选择研究者最集中的3个学科(信息科学、计算机管理、教育学)与研究主题之间作交叉表分析，结果显示信息管理科学学科的研究者对系统应用和学生模型构建关注最多；计算机科学学科对系统结构、适应性策略、教学策略与创新教学的研究均有一定关注；教育学学科研究范围涵盖所有主题，相对集中在教学策略、应用案例研究和用户态度等方面。

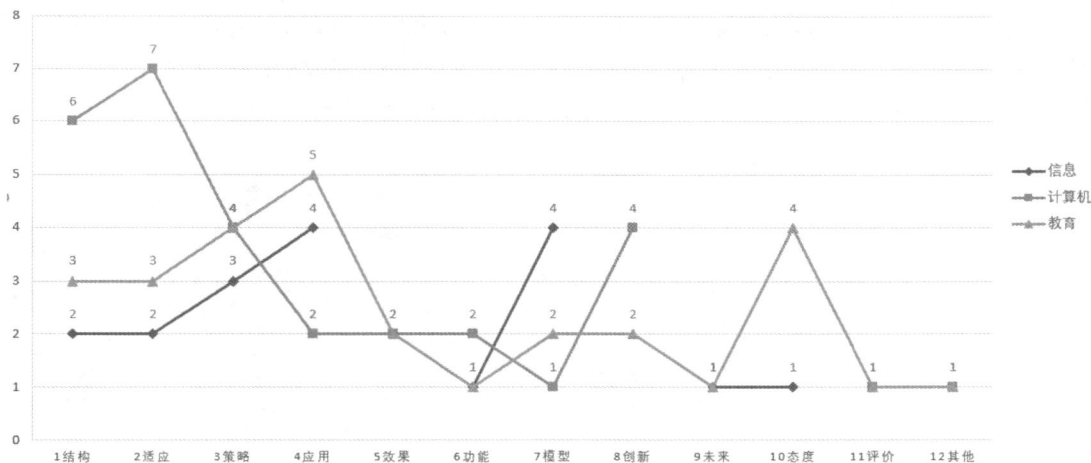

图7-5　作者机构和研究主题交叉表

研究区域和研究主题交叉表分析如图7-6所示，智能学习环境应用、效果、教学策略、创新教学模式、学生模型以及用户态度等研究，亚洲地区在数量上占优势，技术构架、功能设计、适应性策略、未来学习环境设计等欧美地区占绝对优势。这表明欧美地区在智慧学习环境研究上存在技术与功能导向，而亚洲地区存在应用导向的研究偏好，这种现象与不同国家和地区的信息科学技术发展水平和使用文化相关。

研究结论分析显示，研究者对智慧学习环境的基本功能和结构方面达成了共识。有关智慧学习环境的功能和绩效，智慧学习环境对师生教学活动的影响，以及用户对智慧学习环境的态度和体验等研究结论多数趋于正面，少数研究对智慧学习环境在改善学生学习绩效方面提出趋于负面的结论。这表明不同研究者对新型学习环境有不同的理解。

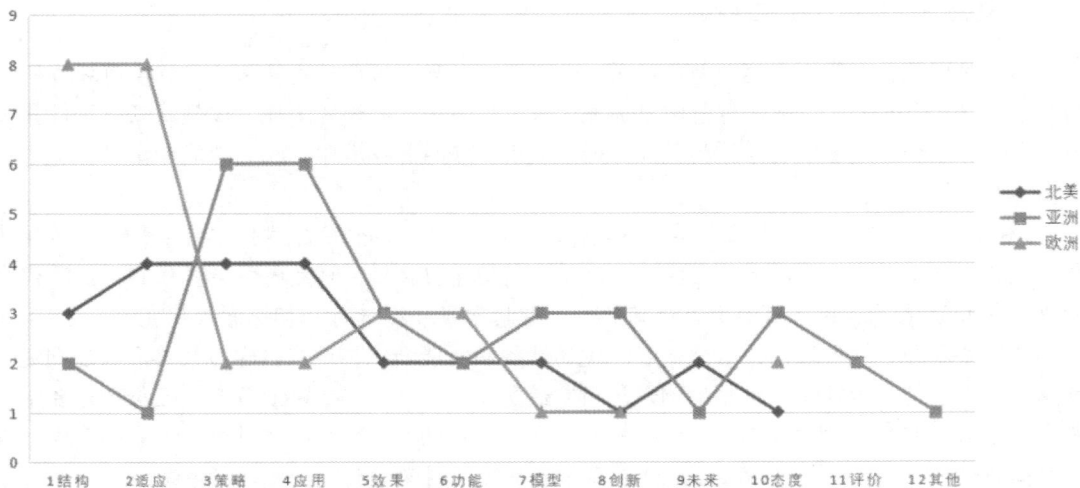

图7-6　研究区域和元件主题交叉表

2. 智慧学习环境的研究趋势

本研究以时间发展为脉络分析了智慧学习环境中的学习活动、学习交互及反馈方式(见图7-7)自2008年以来，伴随着创新交互设备和环境感知智能技术的支持，越来越多的创新学习活动研究不断涌现。这说明智慧学习环境中的学习活动设计趋于多样化，学习空间延伸至虚拟空间、互联网乃至校外，从而使学习活动更具多样性，学习空间更具开放性。

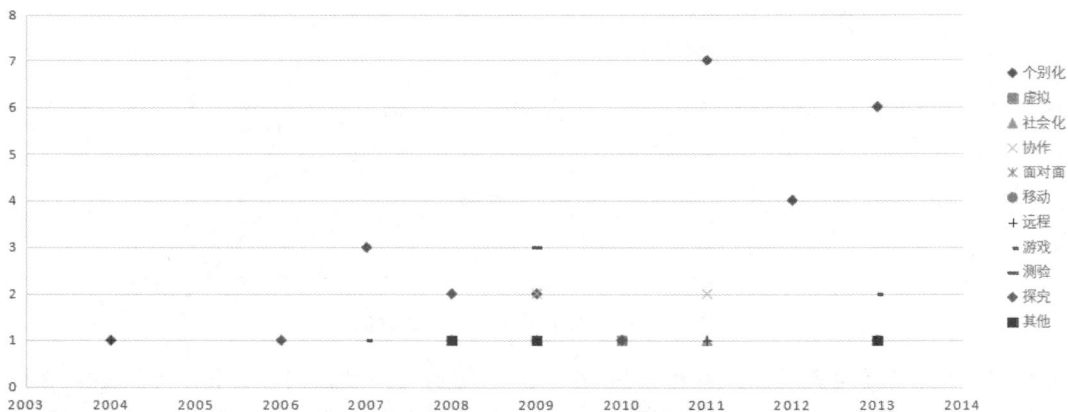

图7-7　学习活动和发表时间交叉表

学习交互类型与发表时间交叉表分析结果如图7-8所示。有关技术为媒介的新的交互方式研究2008年开始出现，增加了学生学习互动的新途径，如通过传感器、RFID标签和无线接入个人学习设备与真实学习对象进行交互，与虚拟导师和同伴交互，通过网络与校外专家、同伴交互等(Hwang, et al., 2010)，纽豪斯(Newhouae, 2001)认为技术对于改变学习环境中的交互方式起着至关重要的作用。本研究中学习交互的分析结果印证了他的观点,智慧学习环境正向多层次、多通道地拓展学生学习交互活动的方向发展,并在丰富的交互活动中关注学生所能获得的真实的学习体验。

关于智慧学习环境中各类学习反馈类型来源如表7-8所示,通过智能学习系统提供给学生的适应性反馈有13例,占81%。适应性学习反馈指对学习者的学习路径、辅助学习支架、学习内容呈现方式、学习内容的难度等提供的个性化反馈,它需要建立在对学习者学习过程、学习特征、学习结果等大量数据的采集、分析、建模、决策的基础上。这表明智慧学习环境研究关注到了大规模学习数据分析领域。

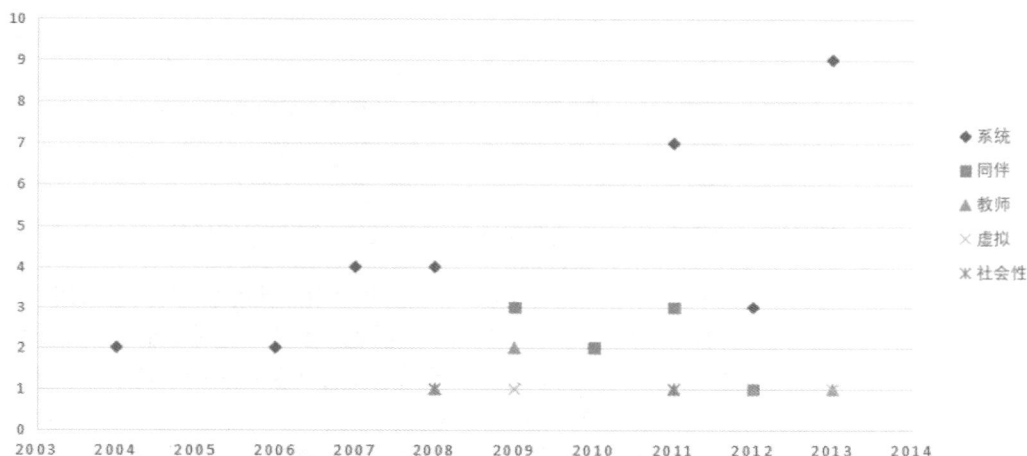

图7-8 交互方式和发表时间交叉表

表7-8 反馈类别及反馈来源数统计

反馈类别	适应性反馈	补救性反馈	简单反馈
智能系统	13	5	2
同伴	2	2	1
教师	1	2	2
合计	16	9	5

3. "技术丰富"是引导智慧学习环境研究走向的驱动力

通过内容分析,本研究发现我国智慧学习环境研究与信息技术发展水平和发展趋势密切相关。技术丰富是智慧学习环境的技术特征和构建基础,在技术丰富的驱动下,智慧学习环境的研究不断深入。为了印证这一观点,本研究将研究主题和发表时间做交叉表分析(见图7-9)。智慧学习环境研究主题从2006—2007年开始呈现多样化特征,表现在:一方面新的研究主题和方向逐渐出现并持续增长,如2006年出现适应性学习策略和算法研究,2009年出现未来教室研究和新技术创新教学研究等;另一方面传统的研究主题伴随着新教学模式出现,在数量上显著增长,如教学策略研究从2001年出现,但数量不多,2011年后明显增长。2006—2007年正值WiFi技术、触控技术、社交网站等崛起之时,它们为智慧学习注入了发展动力。

研究认为智慧学习环境的技术丰富特性和当前研究契合性体现在以下几方面。

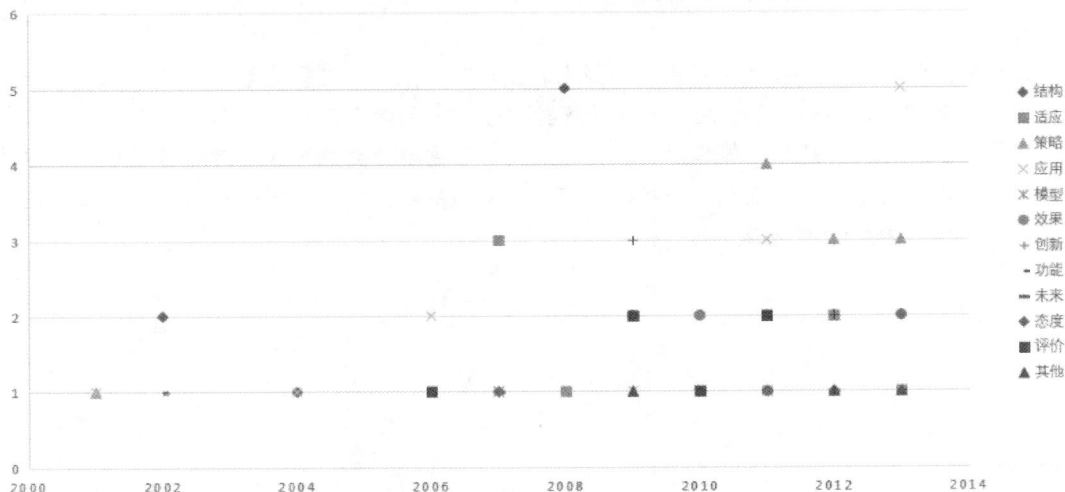

图7-9　发表时间和研究主题交叉表

(1) 种类多样的技术支持丰富学习活动的研究。除常规技术外，共有121种实际使用的技术出现在选定的论文中，显示技术使用种类丰富。这些技术均能支持学生个别化学习、小组学习、远程学习、课外学习等，且对课堂中人际交互、信息呈现、智能化学习帮助也能提供便利的支持，全方位涵盖了师生、课堂内外各种技术需求。

(2) 高交互技术支持用户学习体验的研究。如多数量、大屏幕的显示屏能够提供高质量的信息显示，还能同时展示多个信息来源的内容，增加了信息传递的通道；3D虚拟现实技术和可穿戴设备技术的使用能够增强用户对信息呈现的感知和增强其对外在学习对象的交互和操控能力。交互通道的扩展意味着学生学习空间研究从传统的物理空间扩展至数字化虚拟空间，从教室内部扩展到教室外部；学习关系研究从传统的校内师生关系和同伴关系延伸到校外各类社会性资源和整体学习脉络(learning context)中；学习体验研究从简单模拟和仿真式替代体验向更加丰富、互动性的真实体验发展。

(3) 强大的技术数据处理能力支持智能化学习研究。智慧学习环境中的技术有主动感知环境，并通过收集环境数据和跟踪学习者学习过程数据，综合进行教学决策的能力。例如，RFID标签、传感器、眼动仪等设备不仅能采集学习环境的温度、湿度、重力、地理位置等信息，还能采集学习者生理指标、情绪状态、学习特征等数据，进而在数据挖掘、数据建模、自然语言处理等技术的支持下根据大数据做出教学决策，并给予学习者拟人化的反馈结果及适应性的学习支持，凸显智能化学习特征。目前，很多与未来教室、适应性学习策略及算法，以及学生模型建构等相关的研究都和智慧学习环境中的数据分析处理技术密切相关。

参考文献

[1] Ahmed S，Parsons D. (2013). Abductive science inquiry using mobile devices in the classroom[J]. Computers&Education, 2013(63): 62-72.

[2] Blake M B，& Butcher-Green, J D. (2009). Agent-customized training for human learning performance enhancement[J]. Computers & Education, 2009(53)： 966-976.

[3] Carter D S G. (1990). Knowledge transmitter, social scientist or reflective thinker: Three images of the practitioner in Western Australian high schools[J]. Theory and Research in Social Education, XVIII ; 274-317.

[4] Dogan, B.，& Camurcu, A. Y. (2007). Association rule mining from　an intelligent tutor[J]. Educational technology systems, 36(4):433-447.

[5] Fraser, B. J.，& Walberg, H. J. (Eds.).(1991). Educa-tional environments[M]，Oxford; Pergamon Press.

[6] Huang, C. J.，Wang, Y. W.，Huang, T. H.，Chen, Y. C.，Chen, H. M.，&Chang, S. C. (2011).Performance evaluation of an online argumentation learning assistance agent [J]. Computers & Education, (57): 1270-1280.

[7] Hwang, G. J.，chu, H. C.，Shih, J. L.，Huang, S. H.，& Tsai, C. C. (2010).　A decision-tree-oriente guidance mechanism for-ducting nature-observation activities in a context-aware ubiquitous learning environment[J]. Educational Technology & Society, 13(2): 534.

[8] Hwang, W. Y.，Shadiev , R.，Kuo, C. T.，&Chen , N-S.(2008). Effects of Speech-to-Text Recognition Application on Learning Performance in Synchronous Cyber Classrooms[J]. Educational Technology & Society, 15(1): 367-380

[9] Jaques, P. A.，&Vicari , R. M. (2007) . A BDI approach to infer students emotions in an intelligent learning environment[J]. Computer & Education , (49): 360-384.

[10] Johanson, B.，Fox, A.，&Winograd,T. (2002). The Interac-five Workspaces Project; Experiences with Ubiquitous Computing Rooms[J]. IEEE Pervasive Computing, (2): 67-75.

[11] Kaburlasos, V. G，Marinagi, C. C.，& Tsoukalas,　V. T. (2008). Personalized multi-student improvement based on Bayesian cybernetics [J].Computers & Education , (51): 1430-1449.

[12] Karatas, S. (2008). Interaction in the Internet-based　distance leanring researches: Results of a trend analysis [J]. The Turkish OnIine Joumal of Educational Technology, 7(2)，article 2.

[13] Kwok, C. W.，Cheng, S. H. , Ip, H. S.，&Kong, S. L. (2011)Design of affectively evocative smart ambient media for learning[J]. Computers & Education, (56); 101-111.

[14] Latham, A.，Crockett, K.，McIxan, D.，& Edmonds, B. (2012). A conversational intelligent tutoring system to automatically predict learning styles[J]. Computers & Education, (59): 95-109.

[15] Lin, Y.T.，Huang, Y. M.，& Cheng, S. C. (2010)An automatic group composition system for composing collaborative learning groups using enhanced particle swarm optimization[J]. Computers & Education，(55): 1483-1493.

[16] Logan , K. A.，& Cramp, B.　J.(2006). Measuring the computer classroom environment: lesson learned from using a new instrument [J]. Learning Environments Research, (9): 67-93.

[17] McLaren , B. M.，DeLeeuw, K.E，Mayer, R. E. (2011). Polite web-based intelligent tutors: Can they improve learning in classrooms [J]. Computers & Education , (56): 574-584.

[18] Mitnik , R.，Recabarren, M.，Nussbaum, M.，& Soto, A(2009). Collaborative robotic instruction; A graph teaching experience[J]. Computers & Education , (53): 330-342.

[19] Newhouse, C. P. (2001). Devleopment for computer-supported learning environments[J]. learning Environments Research, 4(2): 115-138.

[20] Qzyurt , Q. , Qzyurt , H.，Baki, A.，& Guven , B. (2013). Integration into mathematics classrooms of an adaptive and intelligent individualized e-learning environment: Implementation and evaluation of UZWEBMAT [J]. Computers in Human Behavior, (29): 726-738.

[21] Strayer, J. F. (2012). How learning in an inverted classroom influences cooperation, innovation and task orientation[J].Learning ment Research,(15); 171-193.

[22] Wang, T.，Su, X.，Ma, P.，Wang, Y.，& Wang, K.(2011).Ability-training-oriented automated assessment in introductory programming course[J]. Computers & Education, (56); 220-226.

[23] 王文科，教育研究法[M]. 台北：五南图书出版有限公司：453-463.

[24] Whiteside, A，Brooks, D. C. ，& Walker, J. D. (2010). Making the Case for Space; Three Years of Empirical Research on Learning Enviromnents[J/OL]. EDUCAUSE Quarterly, (33).

[25] Yang, Y.，Leung, H.，Yue, L，& Deng, L. (2013). Generating a two-phase lesson for guiding beginners to learn basic dance movements[J]. Computers & Education , (61); 1-20.

[26] Zhang, L.，Gillies, M.，Dhaliwal, K.，Gower, A.，Robertson, D.，& Crabtree, B. (2009). E-Drama; facilitating online role-play using an AI actor and emotionally expressive characters [J].International Journal of Artificial Intelligence in Education , (19): 5-38

[27] Zhao Jiangtao. (2008). Research university faculty perceplions of smart classroom technologies [M]. Beijing:Intellectual Property Publishing House:5-14.

(本文原载于《开放教育研究》2014 年第 5 期)

思考与练习

1. 什么是内容分析法？

2. 内容分析法有哪些特征？

3. 内容分析法可分为哪些类型？

4. 内容分析法有哪些研究用途？

5. 如果把内容分析法和文献分析法进行比较，你认为二者之间的区别主要有哪些？

6. 试设计一个关于合作学习研究的内容分析类目表格，要求至少选择两份期刊，对这两份期刊两年内发表的论文进行内容分析，研究我国关于合作学习研究的发展趋势。

单元八

行动研究法

主题1　认识行动研究法

✎ **活动 1：** 阅读下列资料，了解行动研究法的由来。

行动研究法是 20 世纪 30 年代出现在美国社会科学研究中的一个专业术语，50 年代被应用到教育研究中，70 年代后得到广泛应用。

行动研究法的诞生与教育研究的分类方式密切相关。教育研究可以从许多不同的角度进行分类，不同的分类标准往往会产生不同的分类结果。如果按照教育研究的目的及研究者的身份分类，可以把教育研究分为两大类。一类是以科学的方法研究别人的问题，研究者通常是大学教师、研究机构科研人员等专业研究者。其研究的目的主要在于建立较普遍的原理、原则等。另一类是以科学的方法研究自己的问题，研究者通常是学校教育实际工作者，包括教师和行政人员。其研究的目的是探索适合自己工作环境的某种应用，而不是建立和发展某种理论。西方社会科学工作者分别把这两类不同性质的研究活动用"研究"和"行动"两个概念来表述。

20 世纪 30 年代，美国印第安人事局局长约翰·考利尔(John Collier)实施了一项保护印第安土著文化，支持印第安人区域自治的政策。为了保证这一政策的顺利实施，他成立了一个"种族事务研究所"(Institute of Ethnic Affairs)，安排专业人士和非专业人士结合在一起研究改善印第安人和非印第安人关系的方案。研究所使用的就是他称之为"行动导向的研究"(action-oriented research)的研究方法。在这一过程中他得到启发，认为专家研究的结果还须依靠实际工作者执行和评价，还不如让实际工作者根据自身的需要，对自身工作进行研究。就这样，他把"行动"和"研究"两者结合起来表述为"行动研究"(action research)。这是行动研究一词最早的用法。

德裔美国社会心理学家库尔特·勒温(Kurt Lewin)是行动研究的又一创始人。他不但将行动研究引入社会科学研究领域，还对行动研究的特征进行了阐述。二战结束时，勒温针对美国由于战争消耗而导致物质匮乏所产生的社会问题，开展了一系列的社会心理学研究，还将行动研究策略直接应用到了研究中，于 1946 年发表了《行动研究与少数民族问题》（"Action Research and Minority Problems"）一文。在这篇论文中，勒温认为"将科学研究者与实际工作者的智慧、能力结合起来，以解决某一实际问题的方法"就是行动研究。他还阐述了行动研究的特征，比如研究人员和实际工作者共同参与、研究过程的反复循环等，提出了"没有无行动的研究，也没有无研究的行动"的论断。1948 年，勒温写了一篇题为《解决社会冲突》("Resolving Social Conflicts")的论文，收录在他的《团体动力学文选》中。在这篇论文中他指出行动研究的另一特征，即为了改变(行为)而做的基于小组的、参与式研究(group-based, participative approach to change)。

哥伦比亚大学师范学院院长柯雷(Stephen M. Corey)是行动研究在教育研究领域中引入、推广、应用的首倡者。他在《改进学校措施的行动研究》(1953)一书中提出"所有教育上的研究工作，经由应用研究结果的人来担任，其研究结果才不致白费。同时只有教师、学生、辅导人员、行政人员及家长、支持者们才能不断地检讨学校的各项工作，学校才能适应现代生活的要求。所以，学校的所有这些人员必须个别或集体采取积极态度，运用其创造思考，指出应该改变之处和如何改变的措施，并勇敢地加以试验；并且讲究方法，有系统地收集证据，以决定新措施的价值，这种方法就叫行动研究"。他不仅将行动研究引入行政管理、课程、教学等各个方面实际问题的解决中，还详细介绍了行动研究的理论基础、特点、实施原则、实施程序和注意事项。

📖 智慧库

行动研究法既是一种方法技术，也是一种新的科研理念和研究类型。通俗地说，行动研究法就是从实际工作需要中寻找课题，针对实际问题提出改进计划，在实际工作过程中进行研究，由实际工作者与研究者共同参与，使研究成果为研究实际工作者理解、掌握和应用，从而达到解决实际问题、改变社会行为的目的的研究方法。

20 世纪 50 年代末期，教育行动研究开始逐渐衰退，因为在对具体教育问题的研究中，研究人员倾向于将研究者和实际工作者的责任区分开来。尤其是 20 世纪 60 年代中期创立的"研究—开发—推广"(即 RDD)模式，使理论与实际脱离，导致了行动研究之研究及其在教育中应用的停滞不前。

20 世纪 60 年代末和 70 年代初，行动研究再度兴起。致使行动研究再度兴起的反向动力是"R.D.D."模式及由此模式开发的"新三艺课程"在欧美推广遭到了挫折。其原因是这种模式虽然有著名专家的指导和设备优良的实验室及基地等，但是远离了学校生活和课堂教育实际。此外，在该模式中，研究的中心是研究者的计划和设想，这些设想常常由于不是来自学校实际，难免会和实际情况发生冲突。实际工作者在 RDD 模式中一般只是理论设想的执行者和验证者。在对这种脱离实际、忽视教师作用的研究方法的批评中，引发了学者们要求改进和发展研究方法、切实解决实际问题的愿望。行动研究再度兴起的正向动力来自英国。1973 年至 1976 年间，由约翰·埃利奥特(John Elliott)和克莱姆·阿德尔曼(Clem Adelman)主持的"福特教学计划"(ford teaching project)，致力于倡导合作行动研究，提出了"教师即研究者"(teacher as researcher)的口号。最初这一计划只是以东英吉利大学教育应用研究中心为基础，但所有参与这一研究的人员都投入到了教和学领域的调查、讨论等实践中。他们认为教育应用研究中心的每一个成员都既是一个研究者，同时也是一个"扩展的教师"。这种理论和实践相结合的研究推动了行动研究的发展。

因此，行动研究的再度兴起是教育理论和教育实践相结合的需要；也是研究机构及其成员和学校教师对各自角色、担负的责任重新认识的结果；更是行动研究本身被作为一种通过连续不断的反馈，为教育实践发展提供简便易行的方法而受到人们日益重视的结果。

✍ **活动2：** 阅读下列文献，思考国内外在教育行动研究方面的异同。

卢立涛，井祥贵. 教育行动研究在中国：审视与反思[J]. 教育学报，2012，8(01)：49-53.

主题2　行动研究法的特点

✍ **活动1：** 阅读下列材料，简要总结行动研究法的特点，并以快速、高效的方法记录在表 8-1 中。

表8-1　行动研究法的特点

行动研究法的特点主要有：

行动研究是以解决某一实际问题为导向的研究方法，也是以实践经验为基础，在动态环境下立即或短时间内显示作用和效能的研究方法。行动研究与其他研究方法在研究目的、研究对象、研究环境、研究人员、研究过程、研究结果等方面都有所不同。

1. 从研究目的看，行动研究是以解决实践中遇到的问题为主

行动研究为行动而研究，以解决实际问题为主要任务，为事件本身的改善而展开研究。传统意义上的研究目的在于发现普遍规律，是"为理论而研究"。这种研究目的一方面使站在教育第一线、对教育最有发言权的广大教师望而却步；另一方面又使美好的教育理论仅仅停留于文字记载。行动研究打破了传统研究在研究目的上的局限性，它的根本目的不是理论上的创新和发展，而是以提高行动质量、改进实际工作、解决现实问题为首要目标。改进现有工作是行动研究的主要功能，它既能解决教育实践中产生的问题，也能提高教师的教育教学质量和研究水平。

当然，行动研究把解决问题放在第一位，并不等于行动研究无助于或不关心"一般知识"

和"理论"的发现与产生。行动研究只是更强调从具体、特殊到一般和普遍；更强调已有的理论和知识；更强调渗透在行动计划中的经验和理论都必须接受实践的检验、修正、补充；更强调知识和理论来源于实践；更强调实践对知识和理论检验的有效性和价值性。

2. 从研究的对象看，行动研究是对行动进行研究

行动研究重点关注社会实践中的独特问题、特殊事件，对这些事件在社会情境中的独特表现、相关原因进行分析、阐述，揭示丰富多样的个性，是为了让实践者了解到他/她的行动意味着什么，可能会碰到哪些问题。因此，行动研究随时会受到研究所在环境中各种因素的影响，需要根据实际情况的变化不断修改调整研究方法，甚至更改研究的课题，具有一定的灵活性和开放性。

在教育研究中，行动研究关注的是学生行动的改进，但它是通过改进教师或学校其他教育人员的行动的方式来实现学生行动的改进。它主要通过分析问题，提出解决问题的策略，最后解决问题的路径进行研究，这也是其他研究方法难以达到的。一般的研究方法往往只针对某一方面，有的只调查分析现状，有的关注解决问题的策略，再或者就是这两者的结合，但对谁去解决问题、能否解决问题的关注度较少。与此相比，行动研究则更为全面，它把研究问题和解决问题统一起来。

3. 从研究环境看，行动研究的场所是当事人实践工作的情景

行动研究是"在行动中研究"，旨在解决研究者所处工作情景中所遇到的问题，它以行动者的实践情景即工作的实际环境为依据进行研究。教师利用行动研究，在自身教育教学行动中发现问题，分析和研究问题，解决问题，从而改进自身工作。

由于行动研究在自然的工作情境中进行，无须预先提出假设，也不必控制研究变量、研究结论即问题的解决方法。在研究中，实践者既是研究者，也是研究的应用者，研究即是实践所用，因此行动研究在自然的情境中更强调研究的使用价值，强调研究结果的即时应用。

4. 从研究人员看，行动研究是行动者进行研究

行动研究的研究者就是实践工作者，实践工作者既可以是研究的主体，也可以是研究的客体。行动研究强调实践工作者要实际参与研究工作，亲身投入研究过程。

在教育研究中，开展行动研究的主体是学校的教育行动者——学校教育工作者。他们一边工作，一边研究，研究的结果又用于改进自己的工作，能够确保把探索过程和结果结合起来，研究结果和运用研究结果结合起来。研究结果产生者和应用者集于一身，这是行动研究法独有的特点。

5. 从研究范围看，行动研究是研究者行动所涉及的范围

在教育研究中，研究者研究的是自己工作中涉及的人和事物。其研究结果——问题的解决及由此得到的经验仅限于在自己特定的工作范围内有效，不宜推广应用。

6. 从研究进程和方法看，行动研究兼用量与质的研究方法，偏向质性研究

行动研究虽然不排除量的研究，但多数以质的研究方法为主，在资料的验证上常采用多种

方法搜集资料。研究过程中要通过研究者行动上的干预来达到对对象的改变。行动干预的进程和方法没有一个严格的程序，也无法预先完整地设定。它具有弹性和动态性，由研究者根据实际情况边实践边修改。因此，行动研究要求研究者要有对实践问题的敏感能力、适时调节研究方法或侧重点的应变能力。

7. 从研究结果看，行动研究是行动的改进和发展

行动研究鼓励实践工作者扮演研究者角色，通过反省、批判、探索，解决工作情景中的事件问题。就动机而言，实践工作者所进行的行动研究，还在于本身愿意投入实践情景品质的改善以及具有解决问题的意愿。行动研究者所进行的研究其实是一种促进个人专业发展的研究。

在学校中，教师进行行动研究的结果一是学生行动的改进和发展：学习行为、品德行为、社会性行为；二是教师行动的改进和发展：教师获得专业知识和能力的提高。正因为如此，近年来行动研究作为一种教师"专业发展"的途径越来越受到人们的重视。

📖 智慧库

行动研究法的主要特征

1. "为行动而研究"(research for action)

"为行动而研究"指出了行动研究的目的不是为建构学术理论，而是为解决实践工作者实际工作中的实际问题。

2. "在行动中研究"(research in action)

"在行动中研究"指出了研究的情景和方式。行动研究的环境就是实践工作者所熟悉的工作环境，并非经过特别安排的或控制的场景。行动研究的研究过程既是实践工作者解决问题的过程，也是实践工作者学会反省问题、提高问题探究与问题解决能力的过程。

3. "由行动者研究"(research by actors)

"由行动者研究"指出了研究的主体是实践工作者，而不是外来的专家学者。专家学者即使参与研究，扮演的也是研究指导者与咨询服务提供者的角色。其本质是协作者，而不是研究的主体。

📝 **活动 2：** 阅读下列文献，分析该研究中，行动研究法的特点，填写完成表8-2。

1. 吴佳莉，张杨. 运用音乐活动改善新入园幼儿分离焦虑的行动研究[J]. 中国特殊教育，2019(08)：94-96+93.

2. 周一书. 续写训练提高大学英语写作教学成效的行动研究[J]. 外语教育研究前沿，2019，2(01)：59-65+89.

表8-2　文献阅读记录

文献序号	研究目的	研究对象	研究环境	研究人员	研究范围	研究结果
1						
2						

主题3　行动研究的理论基础

📝 **活动1：** 阅读下列文字，理解实验主义、批判理论和范式论的主要观点。

1. 实验主义

实验主义(experimentalism)是美国著名教育家杜威(J. Dewey)创立的，他提出知识起源于实用，认为知识绝不是思索的、静止的东西，而是实际、活动的。他曾说"人们如果想发现什么东西，就必须对事物做一点什么事；他们必须改变环境。这是实验室方法给我们的教训，一切教育都必须学习这个教训。"

就研究与实践的关系，杜威做了多侧面的论述，这与他哲学上的认识论和真理观密切相关。首先，"教育的实践提供构成所要探究问题的资源和题材。它们是待研究的基本问题的唯一资源"。其次，"教育的实践也是对一切研究结论价值的最终检查"。总之，"实践是第一位的，也是最终的；实践是开始，也是结局"。由此可以看出，杜威十分重视教育科学的现实问题，又从理论的学习和运用的侧面提出其与实践的关系。他说："教育理论和它在实践中贯彻之间的距离总是那么巨大，对于孤立地陈述纯理论原则的价值，自然令人怀疑。"因此，他不但主张"教育学系的讲课应该在一所学校得到补充和检验，这所学校与理论的关系，大体上正如物理、化学、生理学等实验室与大学中这些学科的教学关系"，而且创办了实验学校。芝加哥大学许多研究人员和教育系大部分师生共同参与了这项长达8年的实验研究。在他的实验学校中，教师不只是实验的执行者，而且是实验的参与者，需要加入与工作和实验相关的研究室。杜威要求教师"不仅在使原则适应实际的情况方面有大的自由，而且如果可能的话，将赋予他们更多的责任"。教师在实际应用中应对原则进行发展和修改，在教材的选择上要拥有自主权，在方法的发现上必须做探索，并通过聚会的组织方式对实践中遇到的问题做出分析和讨论。综上所述，可以认为杜威是第一个提出教师应不仅是一个实践者，而且是一个研究者的人。

行动研究旨在解决当前问题，以实用为导向，因此，行动研究与杜威的实验主义的研究相符，都是着重行动，强调过程的发展性，研究计划可不断地检讨与修正，这些都与实验主义的主张一脉相承。

2. 批判理论

行动研究的发展受到法兰克福学派第二代主要代表人物哈贝马斯(Jürgen Habermas)的批判理论的影响。批判是对事物或现象的揭露或否定，以使事物呈现真实的面貌而能掌握其本质或真相。批判理论从德国观念论继承了人与社会的观念及批判的精神；从黑格尔的辩证法中继承了广泛综合的精神以及对社会变迁和对历史的深切期待；从马克思对资本主义的道德批判中继承了道德批判的精神；从弗洛伊德的心理分析中继承了其方法论的精神，试图以解放的认知兴趣为主导，建立社会理论。

批判理论家一方面强调意识形态的批判，建立社会批判理论，另一方面对现实社会加以批判，促使社会迈向更合理的境界。换言之，批判理论是从具体的生活世界中，把方法和现象联结起来。主体在和客体的互动关系中不仅仅只是了解和认识客体，而是通过主体与客体之间的对话和互动来超越被研究者对"现实"的无知与误解，唤醒他们在历史过程中被压迫的真实意义，逐步解除那些给他们带来痛苦和挣扎的偏见，提出新的问题和看问题的角度。由于主客体双方都有可能受到社会不公正意识形态的压抑，研究应该是一个主客体共同演化成长、摆脱虚假意识、达到知识领悟的过程。主体在这一过程中也达到发展和进步，从而对研究对象乃至自身获得更真切的理解。因此，研究者不仅仅只是尊重被研究者的意见，而且应该让被研究者参与到研究之中，为双方自身的解放乃至社会的全面进步而努力。可以说行动研究是以批判理论的方法为依托，强调研究是一种方法，也是一种行动，介入现象中发现、解决问题，并在批判和反省中，促使研究结果导致问题的解决。

3. 范式论

范式论(paradigmatic epistemology)是美国科学史家库恩(T. S. Kuhn)提出的，依据他的看法，科学研究的范式是一个科学社群在某一段时间内共同接受与认定的一套假设，这一套假设是这个社群的人们认定问题、解决问题、沟通讨论验证共同关心的课题的准则。库恩指出，同一科学社群的成员在同一范式下进行研究讨论，解决问题。当科学社群面临该范式无法处理的问题时，科学社群就进入范式危机，需要一个新的科学范式，而发展形成新范式就是科学的革命。他还认为，科学范式(科学家们共同认可的架构，用以了解及探讨科学世界)和科学社群(一群具有共同特点的科学家)是相互依赖的，二者无法单独存在。此观念应用在教育科学的研究上，即指教育研究范式与教育群体相结合，可以促进教育理论与实际的进步。如果所有从事教育工作的人，能持有共同的价值、信念、规范和语言来进行教育科学的研究，则这种合作的过程，一方面可以将教育理论与实际结合起来；另一方面，也可以较有效地解决教育问题，促使教育的品质提升。行动研究的基本观念，就是研究者与教育工作者相结合，针对教育情境中的问题，在某个教育范式的架构上，共同进行有系统的研究，以有效地解决实际问题，进而提升学校教育的效率与品质。由此可见，库恩的范式论也是行动研究法的重要理论基础。

活动2： 从下列文献中选读两篇文章，组内讨论对行动研究的认识。

1. 施铁如. 教育行动研究的方法论分析[J]. 教育研究与实验，2005(02)
2. 刘良华. 重申"行动研究"[J]. 比较教育研究，2005(05)
3. 陈柏华(编译). 论课程行动研究——兼论头脑风暴法和中立主席法[J]. 外国教育研究，2001(04)
4. 高振宇. 行动研究与课程改革——加拿大阿尔伯塔大学泰瑞斯·卡森教授访谈录[J]. 全球教育展望，2011(06)
5. 赵明仁，王嘉毅. 教育行动研究的类型分析[J]. 高等教育研究，2009(02)

主题4 行动研究与实验研究的区别

由行动研究的特点可以看出，行动研究与实验研究有明显的差别，如表8-3所示。

实验研究侧重于认识，是通过科学的方法，达到检验假设、发展理论的目的。通过对实践的主动的、有控制的变革来达到认识的目的，属于正规性的科学研究。

行动研究侧重于实践，常常被看作"非正规性"的科学研究。教育行动研究以教师为主体，强调某一特定教学问题的解决。

表8-3 行动研究与实验研究的区别

项目	实验研究	行动研究
哲学基础	"正统的科学的世界观"(orthodox scientific worldview)，其核心思想是世界是实体性、客观性和先验性的	"参与的世界观"(participative world view)，其核心内容是"人类经由参与，共同创造了人类的实在界"，赋予世界以关系性、主观性和经验性
研究目的	获得可供较大范围总体应用的概括性知识，发展和检验教育理论	提高行动质量、改进实际工作、解决实际问题
研究价值	获得可供较大范围内的总体应用的概括性知识，发展和检验教育教学理论	获得能够直接应用于当前教育情境的知识，促进教师的"专业发展"
问题来源	通过各种途径提出研究的问题，研究者必须了解问题，但通常并不涉及其中	从实际工作面临的困境中确定课题，与改进研究者本身的工作效果有直接联系
研究假设	需要提供可供操作化处理和检验的相当专门化的假设	对问题的特别说明常视为假设。就理想而言，行动研究的假设应接近于正式研究所要求的严谨程度
文献查阅	通常需要查阅和评述大量的第一手材料，以便研究者对这一课题的背景有一个全面的了解，在前人研究的基础上有新的发展	该教师阅览的可用的间接资料，使其对研究领域有一般性的了解。往往不对直接资料做完整而无遗漏的探讨
研究取样	研究者试图从总体中获得随机样本或其他类型的无偏见的样本	班级中的学生或教师都可以作为研究对象
实验设计	在开始研究之前，进行详细有计划的设计，注意提供比较的条件，控制无关变量，减少误差	在开始研究之前，按一般方式设计程序；研究期间，注意变化，了解其是否有利，并据此调整计划。对控制条件和降低误差不做过高要求
测量工具	努力选取最有效的测量工具，对可用的测量工具进行评价，并在研究之前对测量工具进行预测实验	不需要对测量工具进行严格的检验，参与者缺乏使用与评价教育教学测量工具的训练，但可通过咨询者的协助，做好研究工作

(续表)

项目	实验研究	行动研究
数据处理	要求复杂的分析，包括量化分析。由于将结果普遍化是研究的目标，通常要求进行统计检验，具有显著性	简单的分析通常就够用，强调分析实际意义，而不是统计意义的显著性
结果应用	研究结果是可以普遍应用的，但许多有用的发现无法直接应用于教育教学实际。研究工作者与教师之间有经验的差异，产生严重的沟通问题	研究结果可立即应用于参与教师的班级，并经常可带来持久性的改良

✎ **活动：** 由于行动研究将解决问题放在第一位，研究过程不会受到严格的控制，通常被认为是非正规研究方法，请结合前面的学习，分析比较行动研究法和正规研究方法的区别，填写在表 8-4 中。

表8-4　行动研究法和正规研究方法的区别

项目	正规的研究	行动研究
研究目的		
问题来源		
研究人员		
文献的研究		
样本的选取		
研究设计		
测量技术		
资料收集与分析		
结论应用		

主题5　行动研究的模式

✎ **活动 1：** 选择一种行动研究模式，把自己的理解写在下面，和同学分享自己对该模式的理解。

_____
_____
_____
_____
_____
_____
_____

行动研究的操作模式有很多，最著名的有勒温的螺旋循环模式、埃伯特模式、麦柯南模式、埃利奥特模式、德金模式等。

1. 勒温(K. Lewin)的螺旋循环模式

勒温作为行动研究的创始人，曾确立了行动研究步骤的一些基本思想。他认为，行动研究的开始是对问题的界定和分析；行动研究中应该有对计划及其实施情况的评价，并在此基础上加以改进。据此，他建立了行动研究螺旋循环操作模式，如图 8-1 所示。后来，勒温进一步把修改计划作为另一个循环的开始，从而把螺旋模式做了修正，如图 8-2 所示。这个修正图成为行动研究操作的基本框架。

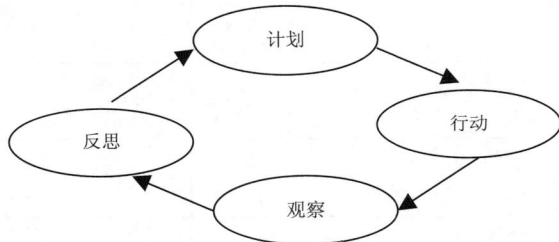

图8-1　行动研究螺旋循环操作模式

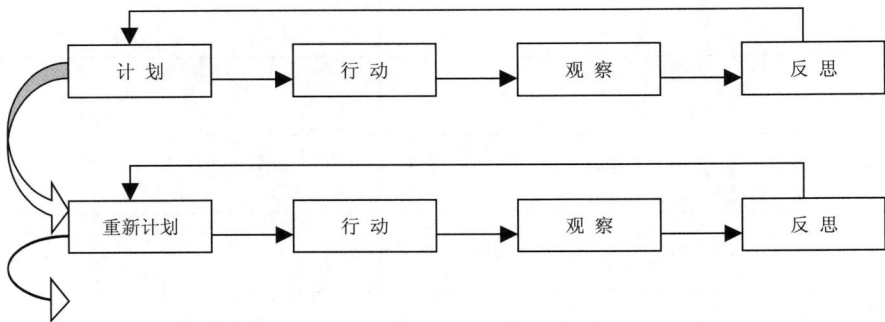

图8-2　行动研究螺旋循环操作模式修正图

2. 埃伯特(D. Ebbutt，1985)行动研究模式

埃伯特(D. Ebbutt，1985)行动研究模式结构如图 8-3 所示，该模式主要包括如下几个步骤。
(1) 一般概念的形成。
包括问题的形成、问题原因的诊断、问题情境脉络的分析等。
(2) 考察阶段。

即资料收集阶段，需要对资料收集做出计划，采用哪种方法收集资料？收集哪些资料？由哪些人负责此项工作？

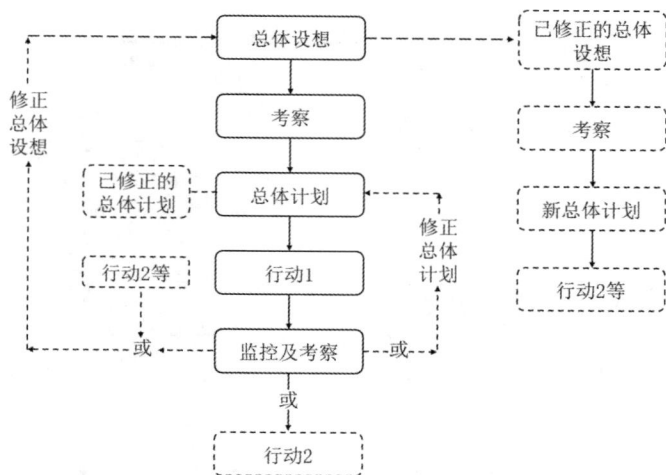
图8-3　埃伯特行动研究模式

(3) 拟订整体计划。

即拟订有效的行动方案，此方案会根据评价结果，适当加以调整。

(4) 采取行动。

即把方案付诸实施。

(5) 行动监控与自我评鉴。

方案实施的结果，如果依据原先概念无法获得答案，问题没有得到解决，则应该修正概念，亦即重新分析问题、重新诊断原因、重新收集资料、重新计划、重新行动。

(6) 修正概念、重新探测、重新计划、重新行动。

3. 麦柯南(McKernan)行动研究模式

麦柯南(McKernan)行动研究模式是一个事件进程模式，模式结果图如图 8-4 所示。按事件的发展过程，把行动研究设计成 7 个行动的循环。每一个循环都包括：确定问题、需求评价、提出设想、制订行动计划、实施计划、评价行动、做出决定(反思和对行为的反思)7 个基本环节，根据前一次行动的结果确定下一次行动循环需要研究的问题。

4. 埃利奥特(Elliott)行动研究模式

埃利奥特(Elliott)行动研究模式实际上也是一个事件进程模式。埃利奥特行动研究模式主要为提高具体情境中的行动质量。模式结构如图 8-5 所示。该模式也由多个循环构成。每个循环都包含确定初步设想、查找事实与分析，实施行动、监控实施情况及效果、解释实施行动失败的原因及影响 5 个环节。

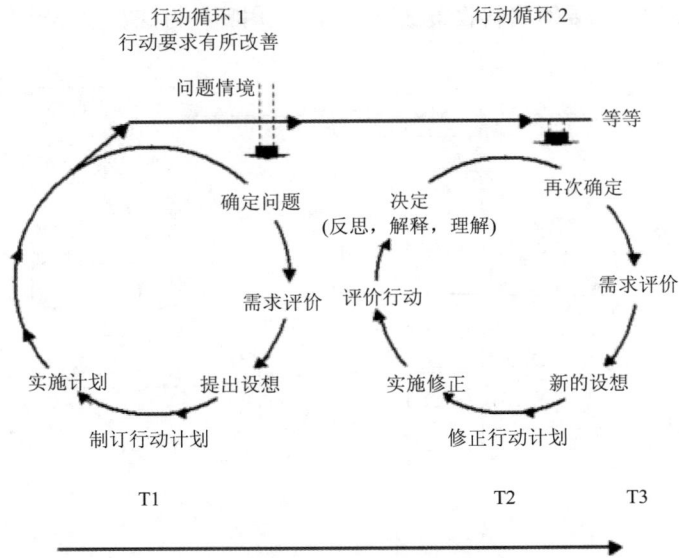

图8-4 麦柯南行动研究模式

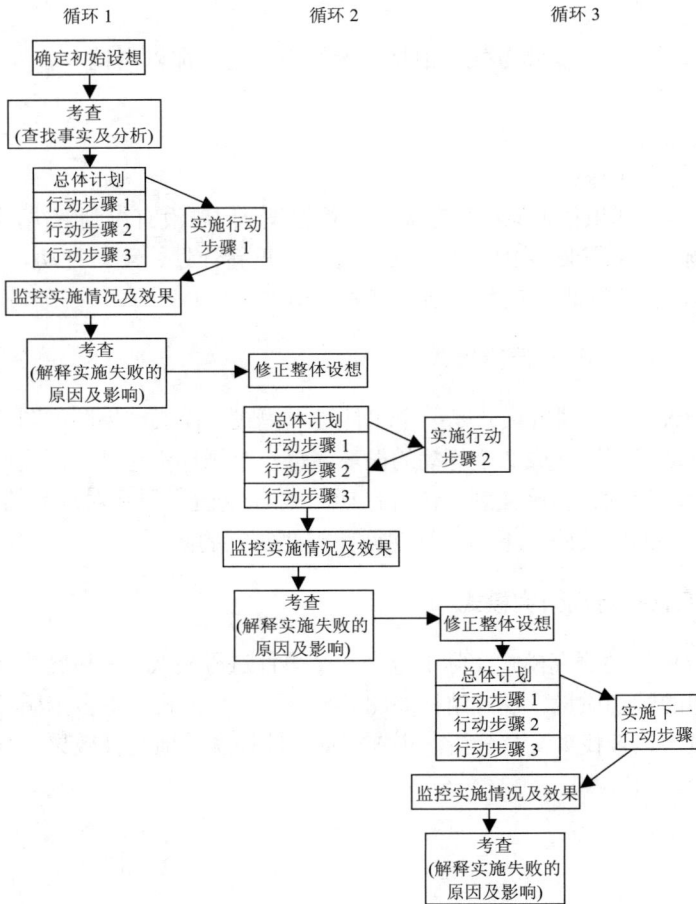

图8-5 埃利奥特行动研究模式

5. 德金(Deakin)行动研究模式

德金(Deakin)行动研究模式是目前行动研究广泛采用的操作模式。该模式是在勒温的螺旋循环模式基础上形成的，模式结构如图8-6所示。这个模式同样包含计划、行动、观察和反省4个环节。只是德金把这4个环节内容结合教育实际，并用实际例子做了说明，使行动研究模式内容更加形象、具体，更具有操作性。

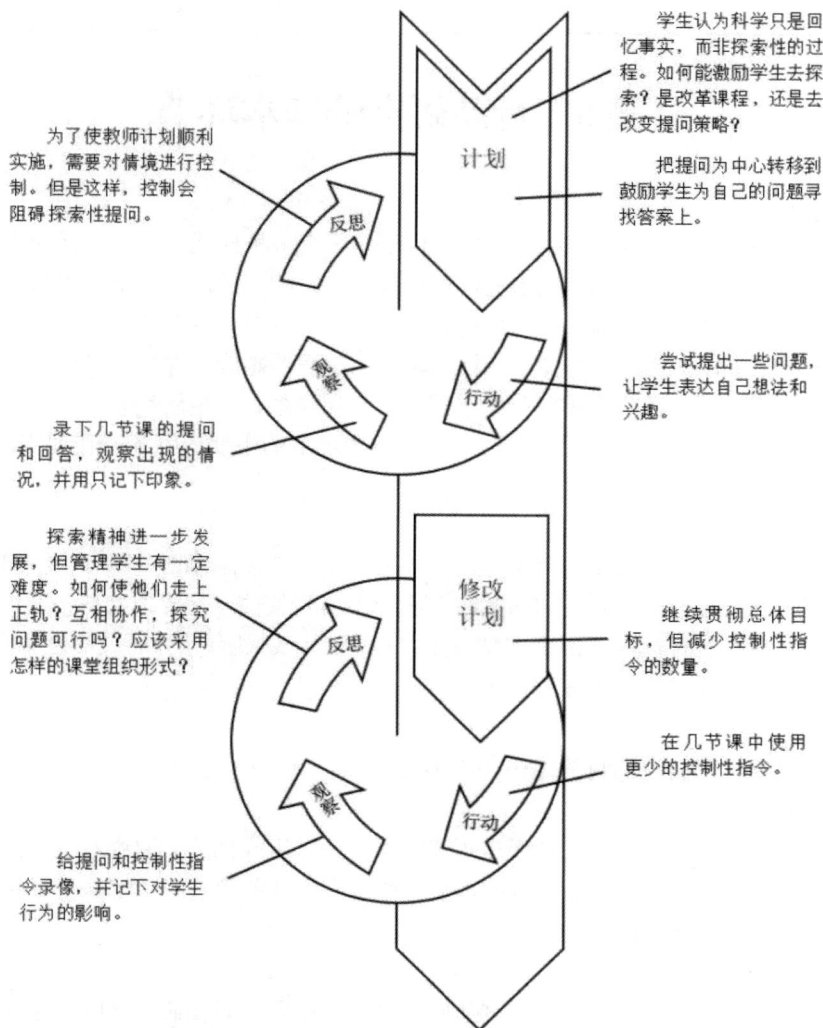

图8-6　德金行动研究模式

📝 **活动 2：** 阅读下列文献，分析该研究中研究者在计划、行动、观察和反思四个环节都做了什么工作。把分析结果填写在表 8-5 中。

周容. 基于德金行动研究模式的地理图组阅读的教学探索[J]. 地理教学，2016(09)：14-16.

表8-5 行动研究案例分析

研究过程	研究内容
计划	
行动	
观察	
反思	

主题6 行动研究的基本环节

☑ **活动1**: 阅读下列文字，理解行动研究的基本环节。

通过主题5的学习，大家可以明白，尽管行动研究有多种模式，在实施行动研究的具体步骤上也有一些差异，但基本思想和基本的操作过程基本是相同的。这些基本思想包括：行动研究的起点应该是对问题的界定与分析；行动研究应该包含有对计划及其实施情况的评价，并在这种评价的基础上加以改进；从总体上，行动研究的过程是螺旋式加深的发展过程。每一个螺旋发展圈又都包括计划、行动、观察和反思等4个互相联系、互相依赖的环节。下面以使用比较广泛的德金行动研究模式为例，说明行动研究每个环节的主要内容和操作要求。

1. 计划

"计划"是指在大量事实和调查研究的基础上，制订"总体计划"和每一步的具体行动计划。制订计划时既要考虑和包含已知的制约因素、矛盾和条件，又要把始料不及、尚未认识、在行动中才能发现的各种情况、因素容纳进去，以保证计划具有充分的灵活性和开放性。

行动研究计划一般包括以下6项内容。

(1) 研究目的。

陈述时可以以"此研究的目的是……"为开头。

(2) 界定变量。

对研究的关注点做出界定，这是聚焦研究问题的一个组成部分。通过对关注点的界定应该准确地阐明研究者对事实、背景和变量的理解。如研究者准备通过改变哪些变量实现研究假设中的结果等。

(3) 凝练研究问题。

提出研究问题是收集数据的基点。这些问题可以帮助研究者明确收集哪些数据，制订明晰的数据收集计划。

(4) 阐述变革行为或革新措施。

阐述研究者为改进现状准备采取的措施或行动。

(5) 确定行动研究小组成员。

确定行动研究小组成员，明确每个成员的职责和分工。

(6) 拟定时间进度表。

拟定时间表时，除了阐明各环节的任务外还需要确定有何人完成。如表8-6所示。

表8-6　行动研究进度安排表

阶段	起止日期	主要任务	观察	评价	负责人
完成总体计划					
第一行动步骤					
评价					
修改总体计划					
第二行动步骤					
……					

2. 行动

"行动"就是指计划的实施。它是行动者在获得了关于背景和行动本身的反馈信息，经过思考并有一定程度的理解后的有目的、负责任、按计划采取的实际步骤。这样的行动具有贯彻计划和逼近解决问题的性质。在行动中，实际工作者和研究者要一同行动，按计划、有控制地进行变革。重视实际情况的变化，随着对行动及背景认识的逐步加深，以及各方面参与者的监督观察和评价建议，不断调整行动。

3. 观察

"观察"是指对行动的背景资料、过程资料、结果资料的考察。背景资料是分析计划设想有效性的基础材料。过程资料是判断效果是否是由方案带来的和怎样带来的观察依据。结果资料是分析方案带来了什么样的效果的直接依据。这些材料对于行动效果分析是缺一不可的。"观察"是反思、修订计划和进行下一步的前提条件，行动研究中的观察既可以是行动者本人借助于各种有效手段对本人行动的记录观察，也可以是其他人的观察，而且多视角的观察更有利于全面而深刻地认识行动的过程。

由于教育活动常常会受到实际环境中多种因素的制约，而且许多因素无法事先确定、预测和控制，因此，观察在行动研究中的地位十分重要。在行动研究中，观察是反思、修正计划，确定下一步行动的前提条件。为了使观察更系统、全面和客观，研究人员可以灵活运用各种已知的观察技术和数据、资料，采集分析技术，实况详录与工作时间取样、事件取样，日记描述与轶事记录、清单，行动检核记录与行为编码记录，直接观察与间接的调查、访问、测验，文字描写与录音录像等现代化技术手段。

观察的主要内容如下。

(1) 行动的背景因素及其制约方式。

(2) 行动过程，包括什么人以什么方式参与了计划的实施，使用了哪些材料，安排了哪些主要活动，有无意外的变化、干扰，如何排除，等等。

(3) 行动的结果，包括预期的与非预期的，积极的和消极的结果。

4. 反思

反思是一个螺旋圈的终结，又是过渡到另一个螺旋圈的中介。反思环节主要包括如下内容。

(1) 整理和描述，即对观察到、感受到的与制订计划、实施计划有关的各种现象加以归纳整理，描述出循环过程和结果，勾画出多侧面的生动的行动过程。

(2) 评价解释，即对行动的过程和结果做出判断评价，对有关现象和原因做出分析解释，找出计划与结果的不一致性，形成基本设想、总体计划和下一步行动计划的修正方案。

(3) 撰写研究报告。行动研究报告不像其他研究报告，需要遵循固定的格式。行动研究报告可以根据研究需要，采取多种不同的写作形式。

☑ **活动2：**阅读下列文献，思考行动研究在教育研究中的应用状况。

1. 郑蕴铮，郑金洲. 教育行动研究：成效、问题与改进[J]. 教育发展研究，2020，(4)：18-23.
2. 王方林. 在行动研究中成长——中小学教师行动研究的标准及实施步骤[J]. 北京教育(普教版)，2019(4)：17-21.
3. 荆雁凌. 中小学教师怎样进行课题研究(八)——教育科研方法之教育行动研究法[J]. 教育理论与实践，2008(23)：39-41.

主题7 行动研究的操作步骤

☑ **活动1：**学习行动研究法的目的是利用该方法来解决教育教学实践中出现的问题。请阅读下列文字，掌握行动研究的基本操作步骤。

行动研究的具体操作步骤如图8-7所示。

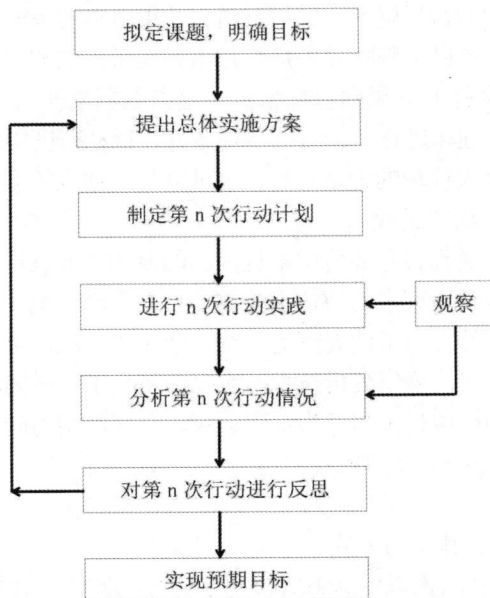

图8-7 行动研究的具体操作步骤

1. 拟定课题，明确目标

行动研究的问题与学术研究的问题略有不同。行动研究的问题是要在行动中发现、研究和解决的。例如，一项探讨如何利用语文多媒体教学软件《扩展阅读》在小学中进行有效阅读教学，提高阅读速度和理解能力的研究。课题的目的不是探讨阅读教学的一般规律，而是具体如何有效使用多媒体教学软件《扩展阅读》，发挥它的作用并提出有关可能遇到的问题的解决办法的建议。

2. 提出总体实施方案

总体实施方案包括预期目标、试图改变的因素、提供的理论指导、行动的步骤、实施周期、实施环境、确定研究的人员组成及其所扮演的角色。

3. 实施行动"计划"

实施阶段包括发现问题、提出假设、调查研究、重新确认问题、再次制订行动计划措施、根据实际情况调整计划、收集数据、反思与评价效果、撰写阶段性研究文本等步骤。

4. 反思行动研究

在反思行动研究阶段，研究者要在开展行动研究和改善行动过程的规范和指导的基础上，对照行动研究计划的目标，检查行动改进的成效与不足，总结行动研究的得失。

5. 撰写研究报告

行动研究完成后，行动研究者可以以短篇报告等形式对工作开展的情况进行文字性描述，简要介绍行动计划的完成情况，详尽地说明行动研究计划实施的结果。

由行动研究的操作流程可以看出，行动研究中所有的设想和计划都处于动态之中，随时都有可能被调整或修改。在教育行动研究中，研究者、行政人员和教师等会参与研究的全过程。

活动 2：与小组合作，选择一个教育研究课题，按照表 8-7 的样式，设计完成行动研究操作方案。

表8-7　行动研究实施操作方案

课题名称					
课题组成员	行动者		研究者		对象
研究目标					
研究内容					
行动排序	第一轮行动方案		第二轮行动方案		第三轮行动方案
计划	内容		内容		内容
	目标		目标		目标
	资源		资源		资源
	策略		策略		策略
	过程		过程		过程

(续表)

行动	对象		对象		对象	
	时间		时间		时间	
	地点		地点		地点	
观察	学习者行为		学习者行为		学习者行为	
	学习者态度		学习者态度		学习者态度	
	学习者作品		学习者作品		学习者作品	
	学习者问题		学习者问题		学习者问题	
	学习者评价		学习者评价		学习者评价	
反思	本次行动特征		本次行动特征		本次行动特征	
	成功 经验		成功 经验		成功 经验	
	存在 问题		存在 问题		存在 问题	
	改进 意见		改进 意见		改进 意见	

主题8　行动研究法案例

运用音乐活动改善新入园幼儿分离焦虑的行动研究

吴佳莉，张杨

(沈阳师范大学，学前与初等教育学院，沈阳，110034)

摘要： 分离焦虑是幼儿入园初期的普遍现象，积极的音乐元素可以帮助调节幼儿情绪，能显著降低被试者的焦虑值。本研究采用行动研究法，以某高校附属幼儿园两个新入园托班为样本，在自然情境中实施音乐干预，通过对教育学，心理学和音乐学等多学科知识的整合运用，生成活动过程：倾听音乐——身体律动——音乐游戏——舒缓放松活动——结束歌，逐步实现转移注意力——交往与合作——自信的确立——情绪的控制等目标，引导新入园幼儿获得新的情感体验，帮助幼儿快速度过焦虑期，适应新环境。

关键词： 幼儿；入园；分离焦虑；音乐干预；行动研究

一、问题提出

分离焦虑(dissociative anxiety)又称离别焦虑，是婴幼儿焦虑症的一种，即婴幼儿因与亲人分离而引起的焦虑、不安或不愉快的情绪反应，多发于学龄前期。通常在入园初期，从家庭到幼儿园，环境的改变使幼儿进入心理断乳期，产生焦虑，直接影响着幼儿的入园感受，如果处理不当，更会引起幼儿生理上的应激反应，诱发疾病，降低入园率，影响幼儿在学前阶段的教育质量，甚至终身的发展。

实践中，对于幼儿入园分离焦虑的干预方法以言语开导为主，而幼儿所处的生理阶段限制了他们的语言领悟能力和情绪控制能力。以往研究已经证实通过歌唱、和弦的运用、音高及速度的调整以及使用打击乐器等，能很好地帮助调节幼儿的情绪。[1]对音乐干预焦虑的元分析，论证了音乐干预能显著降低被试的焦虑值(d=0.7，95%CI(0.53，0.86))。[2]然而，在教育实践中，应当如何设计具体的教育活动，如何帮助一线教师运用音乐活动改善新入园幼儿的分离焦虑呢？本研究正是采用行动研究法，由幼儿园一线教师，S大学学前教育专业教师组成研究共同体，以改善幼儿分离焦虑为出发点，对幼儿进行为期一个月的音乐活动干预，借助音乐对幼儿情绪的积极影响，帮助幼儿快速度过焦虑期，适应新环境。

二、研究方法

"教育行动研究是在实际情景中，由实际工作者和专家共同合作，针对实际问题提出改进计划，通过在实践中实施、验证、修正而得到研究结果的一种研究方法。"[3]本研究是基于实践中对分离焦虑有效干预的不足，运用音乐活动改善新入园幼儿分离焦虑的研究。

从研究目的看，本研究不是为了理论上的产出和普遍规律的发现，而是为了行动的改进、实践的改进。本研究中行动的改进具有双重含义。一是幼儿焦虑行为的环节和改善；二是教师知识能力的提高。

从研究人员看，行动小组由高校学前教育专业教师与幼儿园教师构成，边工作，边研究，研究的结果应用于工作，把研究结果的探索和运用结合起来。

从研究环境和范围看，研究开展于自然情景，行动研究小组在行动中发现问题、分析问题和解决问题。因此，其问题解决及由此得到的经验只限于特定工作范围内，不一定能普遍应用。

从研究进程和方法看，通过研究者行动上的干预来达到对象的改变，具有弹性或动态性。因此，干预的进程和方法没有一个严格的程序，也无法预先完整地设定，由研究者根据实际情况边实践边修改。

(一) 研究对象

研究选取沈阳市某高校附属幼儿园新入园的两个托班的50名幼儿作为研究对象，即N=50，男孩28名，女孩22名，幼儿在入园前均未接受过托班训练。

(二) 干预工具

在干预工具中，音乐编写工具主要运用了西贝柳斯(sibelius)。音乐播放工具为一体机、多功能播放机。乐器主要运用了无音高乐器和有音高乐器。有音高乐器主要以钢琴、尤克里里、钟琴为主。无音高乐器的运用比较广泛，其中，皮革类包括了：邦戈鼓、手鼓等鼓类乐器；散响类包括了：棒铃、串铃、腕铃、手铃、沙蛋、沙锤、铃圈、铃鼓等；木质类包括了：响木、单响筒、双响筒、方梆子、蛙鸣筒等；金属类包括了：三角铁、碰钟等。

研究的曲库基于音乐治疗领域中针对焦虑情绪的特定曲目[4]，并从中遴选出舒缓和欢快两类，应用于不同的干预环节。曲库主要有三大来源，音乐来源一：音乐治疗师(music therapist)，如《Emotional Dimensions》《Watching The Sound》《Calctte》《Dance of Gossamer》《ブレインズ》《インテレクト》《Sear Of The Heart》《Whisper in the Wind》《缓解》等。音乐来源

二：专业音乐治疗曲目(Music Professional)，如：勃拉姆斯《第五匈牙利舞曲》；肖邦《第一谐谐曲》；普罗科菲耶夫《彼得与狼》；舒伯特《小夜曲》等。音乐来源三：音乐治疗师/接受治疗者(Music Therapist/Patient)在老师的引导下根据幼儿偏爱选择曲目，如：根据Mozart Sonata K.265/300e改编的儿歌《闪烁小星星》；舒伯特《鳟鱼》；《小飞机大翅膀》；《最美的光(励志儿歌)》；《虫儿飞》；《数星星》；《王老先生有块地》；《师生问好歌》等。

三、行动研究的方案

一般来说，幼儿入园分离焦虑高发于新入园的第一个月，且在早上与家长分离时最为严重。因此，干预活动安排在幼儿入园初期的四周，每轮方案持续一周，干预时间为每天早晨的7点30分到8点，也就是幼儿入园到早饭开始这段时间。

(一) 四轮行动方案的设计与实施

行动研究法是研究教育上实际问题并解决实际问题的方法，其可以一面研究一面改进，并可以随时修正。第一轮的行动方案是预先拟定的，后三轮的方案则是根据前一轮研究过程中遇到的问题而制定。四轮行动方案的设计与实施如表8-8所示。

表8-8　四轮行动方案的设计与实施

次序	计划	行动	出现问题	解决问题
第一轮 转移注意力	通过音乐活动吸引幼儿的注意力，减少哭闹	1.问好《师生问好歌》 2.倾听音乐故事《鳟鱼》 3.感知音乐元素《闪烁小星星》 4.平复情绪《Watching The Sound》	音乐活动最先吸引了焦虑程度较低的幼儿，尽管师幼互动又吸引了新的幼儿加入，但有限的师幼合作无法调动全体幼儿的参与	需要在幼儿中开展音乐合作活动，促进幼幼交流与互动，建立新的依恋关系
第二轮 交往与合作	通过音乐合作活动进一步促进幼儿们互动和交流	1.律动活动《蓝精灵》 2.问好《问好歌》 3.音乐游戏《开汽车》 4.结束歌曲教师弹唱	音乐合作活动使更多幼儿参与活动，但在活动中发现部分幼儿仍然被动参与，仍有焦虑表现	需要开展角色扮演等活动，以此减轻由不自信和不敢表达带来的焦虑情绪
第三轮 自信的确立	通过音乐角色扮演等活动鼓励幼儿勇敢表达自己	1.童谣游戏《小手小手拍拍》 2.角色扮演游戏《小鸭子》 3.结束歌《goodbye so long farewell》	角色扮演大大提高了幼儿参与游戏的主动性，得到了释放，但不利于后续教学环节	需要安排幼儿在释放消极情绪后，帮助幼儿提高行为的控制力，增强积极乐观的情绪
第四轮 情绪的控制	帮助幼儿在释放消极情绪后，实现情绪的控制	1.问好《欢迎来到幼儿园》 2.身体律动《开始与停止》 3.器乐合奏《大声与小声》 4.结束《小朋友再见》	大部分幼儿的分离焦虑基本消失和改善，个别幼儿仍存在焦虑情况	需要对个别焦虑严重的幼儿进行帮助

(二) 具体活动过程

美国著名音乐治疗师肯尼思·布鲁夏在音乐干预理论方面提出了表达—沟通—反应的路径。[5]表达，指帮助幼儿对自己的内部体验进行外化、表达和宣泄；沟通，指帮助幼儿与其他人分享、交换思想和情感；反应，指帮助幼儿对周围的环境，包括人物和事物给予适当的回应。研究以音乐游戏为主线，结合歌唱活动、律动、打击乐器等不同的方式方法，围绕干预目标开展的活动过程为：倾听音乐——身体律动——音乐游戏——舒缓放松活动——结束歌。

其中，倾听音乐包含对音乐故事的倾听，是幼儿对音乐的初步感知，通过音乐中歌声、旋律、歌词、配器和故事的吸引，分散幼儿在分离焦虑时的注意力，消减不良情绪。身体律动，从晃动、摇摆身体、拍手和行走入手，结合达尔克罗兹音乐教学法中的体态律动教学，[6]配合音乐作品，通过简单的肢体动作把听到的音乐表现出来，转移其注意力。音乐游戏是一项综合的音乐活动，它所体现的趣味性不仅能够吸引幼儿的注意力，调动幼儿参与的积极性，更能把歌唱、律动和舞蹈等融为一体，实现干预目标。[7]如，音乐游戏《开汽车》，它通过倾听音乐的开始和停止，根据音乐节奏的快慢进行开汽车的游戏，每次开始和停止都有新的幼儿加入到开汽车的行列，接成一个长龙，幼儿一起完成开始和停止的游戏，培养合作意识，促进交往互动。舒缓放松活动可根据上一音乐游戏的内容延伸，如：教师可将幼儿比作"小汽车"，让"小汽车"们开到自己的车库中去，熄火休息，提示幼儿适当地闭上眼睛休息，干预者和每一位幼儿说再见，活动结束，渐入正常的幼儿园一日生活。

随着音乐活动的进行，从与教师和家长的访谈中了解到，幼儿每日焦虑行为发生频率与时间均有所减少。"我们班的孩子在入园时开展了这个音乐活动，哭闹相比以往的确减少了，我们也轻松了很多。"(某受访教师)。在音乐活动的帮助下，幼儿能够较快走出焦虑期。"早晨送孩子来时，看见老师在用乐器和孩子玩，感觉宝宝适应得挺快的。"(某受访家长)。同时，音乐合作游戏和表演游戏增强了幼儿的合作意识与自信心，帮助幼儿更好地融入集体生活。"小朋友很喜欢这几周的音乐活动，每周他们的适应性都在不断提高，他们在活动中学会了自我表达与合作，这是非常好的，焦虑的情况得到显著改善。"(某受访教师)。

四、反思与教育建议

在运用音乐活动改善新入园幼儿分离焦虑的行动中，研究者们遇到了一些问题值得思考和改进，以获得更好的效果。

(一) 身体律动比语言类音乐活动更适合在托班实施

由于托班幼儿年龄较小，对于词汇及语句的掌握有限，因此，在实施音乐干预时，尽量避免开展语言类音乐活动，比如字词的节奏接龙、节奏小品的朗诵，等等。相比较而言，身体律动与打击乐器更适合托班幼儿，除了能够锻炼幼儿身体协调性及小肌肉群的发展之外，还可以通过律动中的踩脚、击掌、拍腿等动作发泄不良情绪。

(二) 皮革类、金属类乐器更容易吸引幼儿的注意力

皮革类、金属类乐器比木质类乐器更受幼儿欢迎。在干预中，研究者们分别准备了串铃、

沙锤、三角铁、木鱼、铃鼓。幼儿最喜欢的是铃鼓，其次为串铃、三角铁、最后是沙锤和木鱼。可能是由于孩子们喜欢皮革类乐器在演奏时采取的拍打式演奏。开始哭闹不停的幼儿经过被铃鼓的吸引到最后和老师一起玩铃鼓、再到主动的拍打铃鼓。如：由一根木棒多个铃铛组合而成的串铃，演奏姿势简单，易被低龄幼儿掌握，用串铃清脆的声响吸引幼儿，可以转移幼儿的注意力，个别幼儿可以主动接受乐器的传递，虽然此时的分离焦虑并未完全消除，但是可以将部分注意力转移到串铃上。

(三) 通过群体音乐活动带动个体参与

实际上，研究者既是活动的实施者，又是观察者。幼儿在与家长分离时，他们的注意力只集中在与父母分离上，对于外界的一切基本不会过多关注。对于个别焦虑严重的幼儿来说，唱歌、跳舞和乐器都不能吸引其注意力。同时，由于师生比的限制，人员有限，精力有限，在音乐干预时一对一的音乐干预不是很可行。干预活动中，可尝试从焦虑程度低的幼儿入手，以群体性互动的形式开展音乐活动，可以使焦虑幼儿被音乐活动吸引，逐渐参与进来。

(四) 适时适当调整原有活动内容和方式

整个干预活动是一个动态的过程，研究者需要不断调整干预方案。比如，最初的预设活动大致包含五个部分：律动、问好歌、音乐游戏、音乐舒缓和结束歌曲。但在实际干预过程中，当个别孩子强烈的哭闹，对一切都没有回应和互动时，需要及时调整原有的活动过程，如直接用打击乐器随着音乐敲击节奏，用这种方式吸引幼儿的目光，分散注意力。有时，综合音乐游戏也会调整为单一内容，如歌唱、律动、打击乐。但调整并不意味着音乐游戏环节的失效，而是改变了先后顺序。比如计划中的干预方案是从问好歌开始，以再见歌结束，但在干预初期，由于幼儿分离焦虑现象严重，哭闹和拒绝活动并不能让师幼顺利开展互动，问好歌与再见歌效果较弱，因此，在干预前期适当取消前两首歌曲，改为在后期加入。此外，针对个别焦虑表现强烈的幼儿，身体律动或打击乐器在干预初期选择一种即可，可让幼儿很快从陌生到熟悉音乐活动的"游戏规则"，给幼儿一种安全感。

五、结语

新入园幼儿分离焦虑的缓解并不是一蹴而就的，教师们需要具备"小丑"式表演和即兴演出的能力，还要具备极强的耐心和应变能力，与幼儿们一起拉火车、一起玩纱巾、一起跳舞、一起按照节奏传递沙包。在活动资料准备之外，还需要一种心理和经验的准备，实际上，幼儿是在多次活动后才实现某一阶段的特定目标，不必对幼儿在某一阶段必须达到某一目标作强制性的要求。分离焦虑给原本是"快乐天堂"的幼儿园蒙上了一层灰色，成为一道无形的屏障，通过音乐干预缓解新入园幼儿的分离焦虑，并不强调对音乐技能的学习，旨在帮助幼儿能从积极音乐活动元素中感受和释放情感，早日适应新环境。

参考文献

[1] 李岩，刘欣茹，齐易. 幼儿入园焦虑的音乐治疗——基于"同质原则"的尝试. 学前教

育研究，2011，(1)：70-72.

[2] 王昕，叶丹. 音乐对焦虑症干预效果的元分析. 中国音乐，2012，(4)：201-220.

[3] 汪利兵. 教育行动研究：意义、制度与方法[M]. 杭州：浙江大学出版社，2003.16.

[4] 高天. 音乐治疗学基础理论. 北京：世界图书出版社，2011.35-49.

[5] Kenneth Bruscia. Defining Music Therapy. Gilsum NH: Barcelona Publishers, 1989. 46-59.

[6] Émile Jaques-Dalcroze. Eurhythmics, art, and education. Arno Press, 1930.24-58.

[7] Thayer Gaston. T. Music in Therapy. New York: Macmillan, 1968. 66-70.

(本文原载于《中国特殊教育》2019 年第 8 期)

思考与练习

1. 什么是行动研究？它有哪些基本特征？

2. 行动研究与一般的学术研究方法相比有哪些不同？

3. 行动研究的操作步骤包括哪些基本环节，每个环节包括哪些内容？

4. 行动研究对中小学教师从事教育研究工作有什么意义？

5. 阅读下列文献，总结教育行动研究的类型。

赵明仁，王嘉毅. 教育行动研究的类型分析[J]. 高等教育研究，2009，30(02)：49-54.

单元九

评价研究法

主题1 认识评价研究法

📝 **活动 1：** 阅读下列文字，理解评价研究的特征。

评价就是依据明确的目标，按照一定的标准，采用科学的方法，测量对象的功能、品质和属性，并对评价对象做出价值性的判断。评价研究法是对事物、活动等进行价值判断的一种方法。评价研究的关键是要依据目标，利用收集的资料做出价值性判断。在评价研究中，可以通过问卷调查、量表测量来收集资料。

评价研究的特征主要表现在评价的目标性和价值判断性。

1. 评价的目标性

评价的目标性是指评价研究是一项具有明确目的和目标的研究活动。评价的目的是指通过评价活动所期望达到的结果。一般情况下，评价研究可能产生 3 种不同类型的结果。

(1) 比较平等。

这是相对性评价中产生的结果。相对性评价的目的是通过对两个不同对象的评价，对它们的差异性做出判断。如研究对象是 a 和 b，比较平等的结果就是 $a>b$、$a<b$ 或 $a=b$。

(2) 达标衡量。

达标衡量一般属于绝对性评价的结果。绝对性评价是指以某一对象或指定一个标准作为比价的标准(a_0)，然后把评价对象(a)与 a_0 进行比较，判断评价对象是否大于等于评价标准($a \geqslant a_0$)。

(3) 发展比较。

发展比较一般是自我评价的结果，即通过把评价对象(a)不同发展时期的状况进行比较，判断评价对象是否存在 $a_2 \geqslant a_1$。

2. 价值判断性

评价研究的价值判断性表现在评价过程中，需要根据目标分解出若干评价要素(项目)，由评判者依据一定的标准，对评价对象的各项功能、品质和属性进行等级的判断。在获得逐项的结果之后，还要根据各项目的重要程度制定权重，把各项目的评判等级与权重综合，从而对总体做出等级比较、达标状况或发展程度的判断。

☑ 活动2： 阅读下列文字，理解评价研究的组成要素

评价研究由评价对象、评价指标体系和评判者3个基本要素构成。

1. 评价对象

评价对象是指被评价的人、事物或活动。如多媒体课件、网络课程、教学效果、学生发展等。

2. 评价指标体系

评价指标体系既是开展评价研究的工具，也是进行资料收集、分析和价值判断的依据。

3. 评判者

评判者是开展评价研究的主体，可以是组织、领导机关、研究人员、专家、同行、教师、学生或评价对象自身。评价研究三要素的关系如图9-1所示。

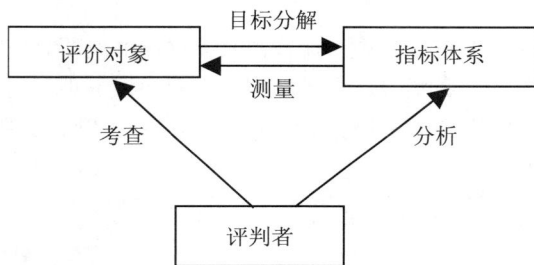

图9-1　评价研究三要素关系图

☑ 活动3： 阅读下列文献，把每个研究中的评价对象、评价指标体系和评判者填写在表9-1中。

1. 王传毅，杨力苈，杨佳乐. 德国大学"卓越计划"实施成效评价：基于PSM-DID方法[J]. 中国高教研究，2020(01)：5-11.

2. 阎光才. 讲授与板书为代表的传统教学已经过时？——不同方法与技术在本科课堂教学中的有效性评价[J]. 教育发展研究，2019，39(23)：1-9.

表9-1　评价三要素分析表

文献名称	评价对象	评价指标体系	评判者
《德国大学"卓越计划"实施成效评价：基于PSM-DID方法》			
《讲授与板书为代表的传统教学已经过时？——不同方法与技术在本科课堂教学中的有效性评价》			

主题2　评价研究的类型

📝 **活动1：** 阅读下列文字，掌握常用评价研究的分类标准及各类评价方法的特点。

1. 相对评价、绝对评价和自身评价

按评价的价值标准进行分类，可以把评价分为相对评价、绝对评价和自身评价3种。

(1) 相对评价。

相对评价是指在被评对象中选取一个或若干个对象作为基准，然后将其余对象与该基准对象进行比较，从而做出价值判断。其目的是对两个或多个对象的差异性做出判断。若两个对象用a和b表达，则相对评价就是要判定是否$a \geq b$或$a \leq b$。如三好学生评选、教学成果评奖等。

(2) 绝对评价。

绝对评价是指将被评对象与某个客观标准进行比较，评价其达到标准的程度，并做出价值判断。如果客观标准以a_0表示，则对被评对象a的绝对评价是指是否达到$a \geq a_0$。如托福、雅思考试、体育达标等。

(3) 自身评价。

自身评价是指把被评对象的过去与现在比较，或者对一个被评对象的若干侧面进行相互比较，其目的是比较被评对象的自身状况，判定该对象在自身发展或自身各个方面的变化情况。若某个对象在时间t与t+1时的状况分别是a_t和a_{t+1}，则自身评价是要判断是否$a_{t+1} \geq a_t$。如学生能力发展、学校信息化环境水平等。

2. 诊断性评价、形成性评价和总结性评价

按照评价的功能可以把评价研究分为诊断性评价、形成性评价和总结性评价。

(1) 诊断性评价。

诊断性评价是在事物发展进程的某一阶段开始之前所做的评价。它是诊断人们对这一事物某一发展阶段的兴趣、态度以及发展所必须具备的条件、存在程度等。

诊断性评价的目的是摸清条件、基础，发现问题和诊断原因。根据评价的结果可以修订阶段发展目标，提出指导发展的计划。

对于一个项目，如要开发一门慕课，诊断性评价可以对制作条件、教师的思想准备等做评价。评价结果有利于制订科学可行的实施方案和对后期实施过程进行指导。

诊断性评价也可用于学生学习诊断。

📖 **智慧库**

诊断性评价用于学生学习评价一般用在学年或课程开始之前，主要目的是确定学生的入学准备程度(学生学习的初始能力)并对学生进行安置。

1. 确定学生的入学准备程度。

入学准备程度的诊断一般包括下列因素的确定：家庭背景、前一阶段教育中知识的储备和质量、注意力的稳定性和广度、语言发展水平、认知风格、对本学科的态度、对学校学习生活的态度、身体状况等。教师可以通过研究学生履历，分析学业成绩表，以及实施各种诊断性测

试，就上述各个方面或几个方面进行诊断。确定学生的入学准备程度(初始能力)以及存在的不足，教师就可据此确定每个学生的教学起点并采取针对性的补救措施，选择差异性的教学策略或给学生以情感方面的关心和支持。

2. 决定对学生的适当安置。

同一年级的学生肯定在知识储备、能力和能力倾向、学习风格、志向抱负及性格等方面互有差别。学生个体的多样性必然要求教学条件和环境具有多样性。了解学生在上述方面的差别和差别程度，有利于为学生提供最适合其特点的学习环境。

(2) 形成性评价。

形成性评价(formative evaluation)是一种在事物发展进程中所做的评价，具有反馈的功能。其目的是监督事物的发展，并调整修正进程。形成性评价的依据是原来制定的发展目标。

对于一项事业，如在慕课的开发过程中，形成性评价常用来检查开发进度、阶段性成果以及开发过程中存在的问题，以便修订进度和解决存在的问题。

课题研究中，形成性评价主要通过中期检查来进行，评价的依据是课题申请书或开题报告中课题研究的进度计划以及预期的阶段性成果。其目的在于检查研究进度、阶段性成果以及研究过程中的困难，以便修订进度和解决困难，督促研究进展，保证研究顺利完成。

对于学生学习，形成性评价就是通过平时的小测验、期中考试、作业等测量手段来进行评价，主要起到督促学生学习，改进教师教学的作用。

📖 智慧库

形成性评价一般在教学进程中开展，主要用来检测学生阶段性学习效果，分析存在的问题，探寻造成学生学习障碍的原因。

若在形成性评价中发现有些学生在学习过程中效果不理想，进步较慢，不能达到教师为其预定的学习目标。在这种情况下，教师就可以借助诊断性测验，查明学生学习效果不理想的原因。如果诊断的结果是学生的学习困难主要产生于教学，那就应通过改进教师的教学提高学生的学习效果。如果诊断的结果是学生的学习困难不是产生于教学，那就应同其他教师一起进行"教育会诊"，分析造成学生学习困难的原因。如果诊断结果是学生的学习困难是由非教育方面的原因造成的，那就可以通过请教心理医生等进行进一步的诊断。学校和教师如能通过诊断性评价辨识出造成学生学习困难的原因，就有可能设计"治疗"方案，采取有效措施，排除干扰学生学习的因素或尽可能降低其消极影响。

(3) 总结性评价。

总结性评价(summative evaluation)是在某项活动结束或告一段落后的评价，是对活动的结果进行价值判断。其目的是检测活动是否达到预期目标，如果未达到还存在哪些差异。

在科研项目研究中，总结性评价往往以成果鉴定、结题验收的方式进行，通过成果鉴定，确定该项课题是否完成了预期目标，完成成果的质量等，以便项目管理单位对该项目是否准予结题或延期研究、是否全额资助等事宜做出决策。

3. 定量评价和定性评价

若按评价的方法分，则可以把评价分为定量评价和定性评价。

(1) 定量评价。

定量评价是采用数学的方法，收集和处理数据资料，对评价对象做出定量结果的价值判断，如：运用教育测量与统计的方法，智力测试、模糊数学、考试的方法等，对评价对象的特性用数值进行描述和判断。

定量评价主要用于选拔和对比，由于量化的标准往往过于简单和表面化，且量化结果受统计方法的制约非常大，往往无法对信息进行深层次的剖析和考察。

(2) 定性评价。

定性评价是根据评价者对评价对象平时的表现、现实和状态或文献资料的观察和分析，直接对评价对象做出定性结论的价值判断，如学年评语等。

定性评价适合于：对典型个案进行深入研究，探讨事物发展过程的原因；对被评价对象优缺点进行详细描述；分析评价对象内隐的观念、意识；归纳和汇总文献档案信息等。

活动2： 按照一定的分类标准，比较各类评价方法，完成表 9-2。

表9-2　评价方法比较表

评价标准	评价类型	适用对象	实施时期	评价目的
评价的价值标准	相对评价			
	绝对评价			
	自身评价			
评价的功能标准	诊断性评价			
	形成性评价			
	总结性评价			
评价的方法标准	定量评价			
	定性评价			

主题3　评价研究的一般步骤

活动1： 阅读下列文字，掌握评价研究的操作步骤。

一次完整的评价研究要按一定的步骤进行，评价研究的基本步骤如下。

1. 确定评价目标

评价目标是指评价后所要达到的预期结果。

2. 建立评价指标体系

评价指标体系是评价的依据，构建评价指标体系是评价方案设计的中心环节，也是评价研究中难度最大的一道工序。评价指标体系一般至少要包括三部分：评价要素、评价标准和指标权重。评价要素主要反映被评对象特征的各个部分。评价标准是权衡事物特征各个成分的比较基准。指标权重是指各个成分在总体中所占的重要程度的标志。构建评价指标体系的方法将在主题4集中学习。

3. 资料的收集与鉴别

收集有效资料，并把收集的资料按照评价指标的指标项进行分类整理，鉴别资料的使用价值。为保证评价研究的信度和效度，可以采用访问调查、个案调查、问卷调查、量表测量等多种方法和途径收集数据。

4. 评等加权量化

利用指标体系对收集到的有效资料进行评等量化，计算出具体的得分。

5. 处理评价结果

处理评价结果是评价研究的最后阶段。在这一阶段主要要完成三项任务。

(1) 综合分析判断评价对象的达标程度。

根据预先制定的评价指标体系中的指标，对照评价资料，逐一分析判断达标的程度。处理完成评价结果后，要对评价结果进行检验。检验评价结果主要是评价检查评价程序的每一个步骤是否正确，检查评价结果是否可信。

(2) 得出综合评价结论。

在分析判断的基础上，将分项评定的结果进行合成或汇总，对整体的评价结果进行数量上的综合评价和文字上的综合描述，对评价对象做出品质的评等定级、差异比较、达标程度、发展程度等的价值性描述和判断，写出概括性的评语和意见。

(3) 向有关方面反馈评价研究的有关信息。

为了发挥评价研究的指导作用，评价研究的结果要及时反馈给有关部门。向有关领导部门汇报评价研究的结果，为他们的决策提供参考，有时候也可在一定范围内的同行中公布评价研究结果和结论，供同行借鉴。

通常情况下，作为一个研究活动或一项研究课题，评价流程结束后还需要对评价研究的质量和效果进行总结和评价。

活动2： 阅读下列文献，思考评价研究在教育研究中的应用趋势。

1. 宋璞，李战国. 国际高等教育评价研究之演进、前沿及其启思[J]. 黑龙江高教研究，2018(01)：10-14.

2. 王熙. 西方价值观教育评价的研究范式与研究方法[J]. 教育学报，2017，13(04)：57-62.

3. 张红，赵翠兰. 近二十年课堂教学评价的热点及演进趋势研究[J]. 黑龙江科学，2019，10(13)：162-164.

主题4 构建评价指标体系

活动1： 实施评价研究的关键是建立评价指标体系。评价指标体系是为了反映评价对象各个要素之间关系及其重要性程度而建立的量化系统。请思考如何才能形成一个有效的评价指标体系。

评价指标体系一般由反映评价对象内涵的指标集、评价标准和量化符号构成。其主体是评价指标。指标用来反映、说明或测量上一级项目的下一级项目。指标一般由若干级别组成，每个级别又可以分成若干组成要素，依据每个要素和每一结构层次所起的作用功能形成指标体系，如图9-2所示。

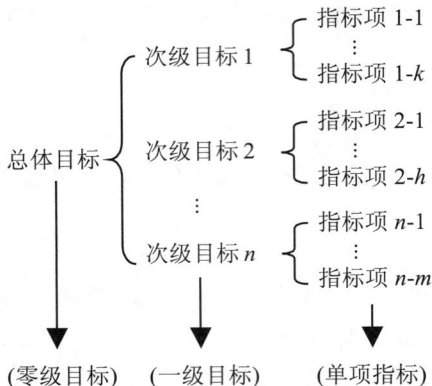

图9-2　指标体系结构图

在指标体系中，指标的级数越高(越向左)，指标项越少，指标越抽象。反之，指标级数越低(越向右)，指标项越多，指标越具体。

按照不同的标准，对指标进行分类，则会产生不同的分类结果。例如从指标达标的水平考察，可以把指标分为必达指标和期望指标；从指标的内涵性考察可将指标分为稳定性指标和变动性指标。由于分类标准不同，各类指标之间可能会出现交叉重叠现象，在建构指标体系时，要注意保证指标分类的明确性，以保证指标有独立的含义。

📖 智慧库

设计指标体系时一定要注意以下几点。

1. 指标项要与总目标保持一致

指标项是目标的具体化、行为化和操作化，它必须充分地反映目标。

2. 指标项要具有可测性

指标项作为具体的目标应该具有可操作化的语言定义，同时指标项所规定的内容必须是可通过实际观察进行直接测量的。

3. 系统内各指标项要相互独立

指标系统是由一组相互间紧密联系的指标项有机组合而成的。系统要素的独立性要求各指标项必须相互独立，即同一层次的指标项不能相互重叠或存在因果关系。

4. 指标体系要具有完整性

所谓指标体系的完整性是指由各指标项组成的指标体系要全面地反映被评对象的各个主要特征。

5. 指标项要具有可比性

指标项的可比性是指指标项必须反映被评对象的共同属性，反映对象属性中共同的东西。

活动2： 阅读下列文字，掌握常用评价标准的描述方法。

评价标准是评价实际达到的指标程度的具体要求。达标程度可分为不同等级，不同等级有不同的评价标准。评价标准也有不同的分类方法，常见的教育评价标准基本上都是根据评价的内容进行分类的，如素质标准、效能标准、职责标准等。

评价标准通常由3个因素构成。

(1) 标准的强度和频率。指评价标准要求的规范行为所表现的程度或相对次数。这是评价标准的主要组成部分。

(2) 标号。不同强度和频率的标记符号，通常用字母(如A，B，C)汉字(如甲，乙，丙)或数字(如1，2，3)来表示。标号本身没有独立意义，只有评价者赋予它某种意义时，它才具有意义。

(3) 标度。标度是测量的单位标准。它可以是经典的测量尺度(如类别、顺序、间距、比例)，也可以是模糊集合尺度或量化的单位，甚至是非数量化的标号。

标准的描述通常有3种方式：描述式标准、期望评语量表式标准和客观可数等级式标准。在实际评价中，往往几种量表综合使用。

1. 描述式标准

描述式标准就是用文字描述每个不同要素的等级，并赋予每个等级以分值。描述式标准是使用最广泛的标准。制定描述式标准时要注意描述各要素的用语要概念明确、清楚、合理、方便判别。

2. 期望评语量表式标准

期望评语量表式标准是根据目标的要求，写出期望达到的评语要求，同时把该项指标分为若干等级，给每个等级赋以分值，判断者根据达到期望评语或要求的程度逐项打分。

3. 客观可数等级标准

对于某些条件指标，可以采用客观、可数的定量数值作为标准，标准分成不同等级，凡达到一定的数额者则可归属到某一等级中。

活动3： 判断下列评价标准属于描述式标准、期望评语量表式标准还是客观可数等级标准。

评价标准 A

学校拥有的硬件设施数量 (台(或间/套)/每百名学生)	4	3	2	1
计算机(台)				
多媒体计算机网络教室(间)				
多媒体课堂教学平台(套)				

评价标准 B

期望评语	等级			
	4	3	2	1
	非常满意	满意	基本满意	不满意
(1) 讲授概念准确，条理清楚				
(2) 抓住了重点难点				
(3) 能联系实际，有独到见解				
(4) 讲述生动有启发性				
(5) 态度认真，学风严谨				

评价标准 C

指标	标准	分值
数字卫星地面站的资料收集与保存状况	(1) 已收集全部教育资源并妥善保存	
	(2) 只把系统课程(职业技术院校课程)以及部分教学参考资源收集并保存	
	(3) 有计划地收集其中部分资源作为参考	
	(4) 无目的、无计划、临时性收集部分资料	

属于描述式标准的是_____；

属于期望评语量表式标准的是_____；

属于客观可数等级标准的是_____。

活动4： 阅读下列文字，掌握评价标准权重系数的确定方法。

量化符号是教育评价研究指标体系结构中不可缺少的部分。量化符号一般分权数和分数两类。这两类数值都是用来反映某一个体在整体中的相对地位的。权数常用小数形式，一般把同一级指标群集视为一个整体，整体权数总值为 1。分数包括指标赋分和等级赋分两种。同一级指标赋分满分值为 100 分。等级赋分可使用达到度，如优秀、良好、合格、基本合格 4 个等级的达到度分别为 90、80、70、60。在教育评价指标体系中既可以单独使用这两类数值中的任何一类，也可以将这两类数值结合起来使用。

权重系数是表示某一指标项在指标项中的重要程度，它表示在其他指标项不变的情况下，这一指标项的变化对结果的影响。权重系数的大小与指标项表述的因素对目标的重要程度有关。

通常，权重系数的获得可通过以下两种途径。

1. 经验法

即通过访问有经验的专家、学者，以他们在实践中的经验分析哪项指标项重要，哪项指标项不太重要，从而确定这些指标项的权重系数的大小。

2. 多因素统计法

这种方法是事先设计一些问卷问题，将各项指标项列出来，以最重要、重要、次重要的等级让调查对象打钩，再对调查结果进行统计，以计算出的排序指数 W_i 的大小来确定权重系数的大小。如用三项指标项对 10 个调查对象进行调查的结果如表 9-3 所示。

表9-3　权重系数的统计方法(N=10)

项目	等级响应人数			
	最重要	重要	次重要	W_i
	3	2	1	
指标项 1	4	3	3	0.350
指标项 2	5	2	3	0.367
指标项 3	1	5	4	0.283

$$W_i = \frac{\sum a_j \cdot n_{ij}}{N \cdot \sum a_j}$$

其中，a_j 为各等级分值，即 3、2、1；n_{ij} 为各指标项上各等级的响应人数；N 为总的响应人数。据此公式就可以计算出 3 个指标项的排序指数分别为 0.350、0.367 和 0.283。

主题5　评价研究法案例

"互联网+"背景下的在线教育模式评价研究

黄炜[1,2]　刘璇[1]　石沛[1]　李岳峰[1]

(1. 湖北工业大学经济与管理学院　武汉 430064；2. 武汉理工大学管理学院武汉 430072)

摘要：[目的/意义]以"互联网+"创新2.0的新业态为背景，分析了当前在线教育的模式与评价体系，为我国在线教育的互联网+战略提供智力支持。[方法/过程]首先运用文献分析法回顾了在线教育发展的背景、现状和模式，然后运用案例分析法研究了"互联网+"环境下在线教育的模式特征，并提取了相关影响因素，对4种典型的在线教育模式进行了实例对比分析，构建了在线教育模式的评价指标体系。[结果/结论]在线教育模式在不同层次不同方面均有巨大的发展空间，影响在线教育发展的多个具体因素相互之间也存在区别，在线教育产品应当注重内容的品质与来源，更大程度地提供开放资源，注重功能的多样性和系统的稳定性，有针对性地提供用户服务，使用户满意度提升，促进其产品的可持续发展。

关键词：互联网+在线教育；指标体系；专家分析法；模糊综合评价法

一、引言

2015年，国务院总理李克强首次在政府工作报告中提出"互联网+"的行动计划[1]。"互联网+"就是"互联网+各个传统行业"，利用互联网信息技术，带动多个传统行业共同发展。正如学术研究者所述，"互联网+"是我国第一次提出的原创产业领域，是对业态创新和新业态提法的一次深化[2]。"互联网+"将发挥互联网在生产要素分配中的优化和集成作用，将互联网的创新成果深度运用于经济社会各领域中，并促进整个社会的创新，让互联网成为经济增长的新动力[3]。科技型知识服务企业的内容也在不断变化，为了切合时代的发展要求，科技型知识服务企业必须注重知识服务的创新[4]。近些年，"互联网+"已经改造和影响了多个行业，正如互联网同经济结合给人们的思想观念和生活方式带来了巨大变化一样，在线教育作为现代信息技术同教育相结合的产物，也有可能引发教育领域的一场深刻变革，进而对人类社会的发展产生难以估量的深远影响。大规模在线教育在本质上是一系列创新性信息技术的组合应用，作为新一代信息技术产业的重要代表，大规模在线教育是引导未来经济社会发展的重要力量[5]。

随着我国信息化程度的不断提高，我国在线教育快速发展，在线教育市场规模呈现加速增长的态势。本文运用文献分析法综合回顾了在线教育行业发展的背景以及基本现状，经过调查研究发现，目前已有一些学者对在线教育模式的发展现状、发展趋势以及经营模式等做出了一定的研究，但这些研究往往只是偏重于在线教育的部分内容，对于在线教育模式的整体研究与评价还有所欠缺。由此，本文基于当前在线教育的发展现状，剖析了已有各类在线教育的模式，并对其进行了评价研究，全面概括了在线教育模式发展的整体趋势，研究了影响其发展的各维度变量因素，如功能多样性、内容权威性以及同类平台竞争力等；并以科学评价视角分析了这些因素对今后我国在线教育的发展有何借鉴意义。

二、在线教育发展现状

随着中国信息技术产业的不断发展，在线教育行业也在进一步地完善与改进，相对于传统教育而言，在线教育的教学模式具有便捷、实用、跨越时空界限、更接地气、更适应现代人快节奏的生活方式等优势，其次它更加强调开放性，能够满足海量学生规模的需要。与传统的开放教育资源相比，它更加注重教学过程和学习活动中的社会性互动，是网络教学的一种新形态。但另一方面，当前在线教育还处于一个开发和探索市场的阶段，市场细分多样，教学理念及方法差异很大。并且面对丰富的网络教育资源和教学方式的选择，网络学习消费者数量和需求还存在诸多的不确定性。因此，目前在线教育存在的典型问题有：产品定位不明确、运营模式不稳定、盈利模式单一、个性化服务不到位、互动方式单调、开放资源不够以及资源细化不明确[6]。同时，在线课程学生的保持率较低，教师缺乏对在线教育的认同与投入，用人单位对在线教育缺乏认可等问题[7]。

由于目前在线教育存在的种种问题，结合教育模式的多样性，因此需要对当下在线教育市场，教学和消费的情况进行深入的了解，优化产业链，加强市场推广，从而推动在线教育模式的升级，促进互联网产业和传统教育产业更深层次的融合和发展。

　　在线教育的产品分类可以从多个角度进行，从开发机构主营行业角度、学习者受教育阶段角度、所提供的产品或服务角度等[8]。本文对在线教育模式从教育资源和学习者行为角度进行细分，包括注重在线测评的教育模式，如杜克国际教育下的ceceSAT在线学习工具；注重开设在线课堂的教育模式，如腾讯课堂，YY教育等；学习者自主在线学习的教育模式[9]，如慕课网，网易云课堂等；同时，传统教育行业从线下延伸到线上的教育业务也有所拓展，如新东方、学而思等教育机构。它们都占据了一定的市场份额，各具优劣，对比分析如表9-4所示。

表9-4　在线教育模式分析对比

对比	在线测评	在线课堂	自主学习	线下延伸
优势	个性化	实时性	随时随地	品牌效益
	针对性强	互动性	针对性强	固定客户群
劣势	覆盖面低	受时间限制	互动性弱	投入少
	范围有限	需要付费	更新速度慢	模式单一

　　深入分析在线教育发展模式，发现注重在线测评的教育平台，以提供个性化服务为主，有针对性地对学生提供测试、评估与练习，达到提高应试成绩的目的，但覆盖面较低，往往是针对一些小众的学习群体；另外注重开设在线课堂的教育平台以搭建视频平台授课模式为主，往往会借助互联网平台的资源和基础设备，结合充足的现金流支持网络视频的开销，构建虚拟课堂，利用网络直接互动吸引人气，同时撬动了线下的教师资源。在线课堂受时间地点限制，往往是需要付费才能够观看课程内容；同时学习者自主学习的教育平台以提升应试、培训的效率产品为主，学习者采用自主在线学习的方式，对专注某一领域的教育项目，随时随地地进行学习提升。这需要学生的自制力和持续的学习兴趣，自主学习平台的互动性较弱[10]；最后由传统教育行业拓展的在线教育平台拥有线下积累的资源和口碑，有固定的用户群，也具有一定的用户黏度，传统教育行业为在线教育平台用户提供线下着落点，但传统教育行业往往对在线教育平台投入较少，模式单一，注重的是线下教育资源的投入。

三、在线教育模式评价指标体系

1. 研究设计

(1) 问卷设计。

　　本文初期采用德尔菲专家法并综合了大量文献资料，确定了初步的指标体系，后期为保证研究数据的可靠性和有效性采取了问卷调查的形式，进一步完善各级指标。本文设计了"'互联网+'环境下在线教育模式影响因素调查问卷"，为了方便填写，问卷的问题统一采取勾选的形式。在内容上，对影响在线教育模式的多个影响因素进行满意度调查；在形式上，为了量化该问卷结果，采用李克特5点量法(Five Point Likert Scale)，将完全不重要，不重要，一般，重要，非常重要分别赋予一定的分值[11]，用数字来反映多个影响因素对在线教育模式发展的影响程度。

(2) 德尔菲专家法。

德尔菲法(Delphi)也称专家法，是主观赋权法中比较常用的方法，专家在对客观实际研究的基础上，利用其知识和经验，进行判断和赋权。本文最初采用德尔菲法确定了初步的在线教育指标体系，并确定了各个指标的权重系数。通过来自武汉大学、华中师范大学和杜克国际教育集团专家填写的指标权值系数打分，在各指标权重系数与其均值的离差不超过预先给定标准的前提下[12]，得到各指标的权重系数的均值即为该指标的专家法权重。确定指标权重系数是综合评价中的核心问题，其难点在于分配和量度各指标对总体评价指标的影响程度。主观赋权法含有主观色彩，所得的权重系数与专家等评价者的知识背景、研究领域、实际经验和个人偏好等有关[13]。同时，主观赋权法的透明性比较差。因此，本文采用了基于模糊综合评价法的客观赋权法作为校验和补充。

(3) 模糊综合评价法。

模糊综合评价法是一种基于模糊数学的综合评价方法。该综合评价法根据模糊数学的隶属度理论把定性评价转化为定量评价，即用模糊数学对受到多种因素制约的事物或对象做出一个总体的评价[14]。模糊数学法首先要确定评价因素集和各因子权重，在此基础之上计算出评价集，通过计算得出项目的隶属度和一级模糊综合评价矩阵与评价集，最终计算出指标体系各影响因素的满意度得分[15]。

本文采用模糊综合评价法对在线教育的部分定性指标进行评价，其具体步骤如下：

a. 确定评价在线教育影响因素集U和评价集V；同时，确定各影响因素的权重W；

b. 建立各因素的评分隶属函数和综合评价矩阵R，求出隶属度和R，获得模糊集；

c. 通过综合评价矩阵R求模糊综合评价集B，如公式1所示。

$$B = W \times R \tag{1}$$

最后去模糊值，即用模糊综合评价集B和测量标度H计算出评价在线教育影响因素的综合评价分数E，如公式2所示。

$$E = B \times H \tag{2}$$

其中H的选项"完全不重要、不重要、一般、重要、非常重要"分别对应的权值为5、15、60、80、95。

2. 指标选取与构建

深入分析各类在线教育平台，全面考量各项影响因素后，遵循评价指标的全面性、代表性、可测量性和客观合理性等原则之上，本文从系统架构、教育资源、互动模式以及市场环境4个一级指标构建基于在线教育的整体评价指标体系。二级指标是一级指标的具体化，并依据文献研究法进一步优化完善指标体系。最终构建的在线教育模式评价指标体系如表9-5所示。

表9-5 在线教育模式各级评价指标

一级指标	二级指标
A1. 系统架构	B1. 功能多样性
	B2. 更新速度
	B3. 用户定位
	B3. 用户定位
	B4. 系统稳定性
	B5. 操作难易度
	B6. 兼容性
	B7. 登录方式
	B8. 平台保密性
A2. 教育资源	B9. 内容权威性
	B10. 内容契合度
	B11. 资源免费与否
	B12. 平台准确度
	B13. 线下配合度
	B14. 品牌效应
A3. 互动模式	B15. 用户评价
	B16. 平台管理
	B17. 附加服务
	B18. 第三方合作
A4. 市场环境	B19. 外界趋势
	B20. 同类平台竞争
	B21. 用户信任度
	B22. 资金投入

3. 指标体系权值的实例计算

以上通过问卷调查得到了调研分析的数据，接着通过对各项指标重要性进行比较赋权。德尔菲专家法对各项指标权重的确定带有一定的主观性，故本文同时采取模糊综合评价法进行权重赋值。以二级指标中的功能多样性为例，进行去模糊值，得到其模糊综合评价值。由公式2计算$E = B \times H = 5 \times 0.0567 + 15 \times 0.0492 + 60 \times 0.0803 + 80 \times 0.3059 + 95 \times 0.5079 = 78.56$。

经过反复调整，最后使两者权重的均值和标准差不超过安全范围，确定了最终的各指标统计结果，如表9-6所示。

表9-6　问卷数据统计汇总

末级指标	分数	5	15	60	80	95	模糊综合
评判等级	隶属度	完全不重要(%)	不重要(%)	一般(%)	重要(%)	非常重要(%)	评价值
功能多样性		5.67	4.92	8.03	30.59	50.79	78.56
更新速度		35.48	11.48	27.87	15.15	10.03	41.87
用户定位		9.03	26.2	22.95	21.15	20.67	54.71
系统稳定性		7.67	8.2	9.84	34.95	39.34	72.85
操作难易度		33.39	21.84	24.59	12.23	7.95	37.04
兼容性		10.39	38.48	11.48	20.7	18.95	47.74
登录方式		41.48	23.75	20.15	8.95	5.67	30.27
平台保密性		9.67	26.39	11.64	23.11	29.18	57.64
内容权威性		5.48	8.11	10.39	12.48	63.54	78.07
内容契合度		18.03	21.48	19.84	22.23	18.43	51.32
资源免费与否		3.75	10.48	19.75	20.51	45.51	73.25
平台准确度		26.39	23.11	9.84	12.95	27.7	47.37
线下配合度		24.75	38.75	18.31	10.59	7.59	33.72
品牌效应		23.48	15.48	27.34	20.59	13.11	48.83
用户评价		7.84	8.39	24.95	16.23	42.59	70.07
平台管理		4.75	8.2	13.59	26.23	47.23	75.47
附加服务		20.48	11.48	39.34	15.59	13.11	51.28
第三方合作		30.92	19.67	27.54	14.75	7.11	39.58
外界趋势		26.48	21.48	26.23	11.15	14.67	43.14
同类平台竞争		9.84	11.31	22.95	29.34	26.56	64.66
用户信任度		14.75	13.11	9.84	26.23	36.07	63.86
资金投入		2.75	8.75	16.39	24.34	47.75	76.12

　　根据表9-6中各因素的模糊综合评价值可以看出，本文构建的指标体系中没有无关指标，并且根据模糊综合评判值可以进行归一化，得到指标的权重。例如：选取功能多样性、内容权威性、平台管理和资金投入4个影响因素进行归一化处理，结果与分析如表9-7和图9-3所示。

表9-7　归一化处理的表

功能多样性	78.56	0.2549
内容权威性	78.07	0.2533
平台管理	75.47	0.2449
资金投入	76.12	0.2470
总计	308.22	1

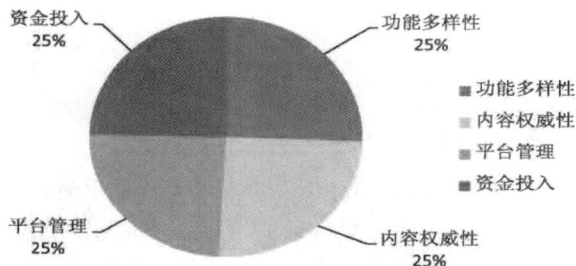

图9-3　归一化求权重示例

按照模糊综合评价法的数值处理将调研数据归一化，得到的各个指标的权重，结果如表9-8所示。

表9-8　各级指标权重

一级指标	权重	二级指标	权重
系统架构	0.29	功能多样性	0.22
		更新速度	0.12
		用户定位	0.15
		系统稳定性	0.20
		操作难易度	0.10
		兼容性	0.13
		登录方式	0.08
教育资源	0.32	平台保密性	0.16
		内容权威性	0.20
		内容契合度	0.13
		资源免费与否	0.19
		平台准确度	0.12
		线下配合度	0.09
		品牌效应	0.13
互动模式	0.19	用户评价	0.30
		平台管理	0.32
		附加服务	0.22
		第三方合作	0.17
市场环境	0.20	外界趋势	0.17
		同类平台竞争	0.26
		用户信任度	0.26
		资金投入	0.31

四、实例分析

1. 数据调研

为了对在线教育模式进行全面有效的评价，基于本文所提出的4类在线教育模式，分别选取了4类在线教育模式中的典型实例作为分析对象，它们分别是：测测SAT、腾讯课堂、慕课网和新东方官网。针对这4种在线教育模式典型实例的各项指标设计出了"在线教育产品的用户体验调查问卷"，并收集了120份有效问卷进行分析，问卷数据统计汇总如表9-9所示。

表9-9　问卷数据统计汇总

可统计的二级指标	权重	测测SAT	腾讯课堂	慕课网	新东方官网
功能多样性	0.22	60.00	85.00	90.00	60.00
更新速度	0.12	85.00	80.00	85.00	65.00
用户定位	0.15	90.00	75.00	85.00	80.00
系统稳定性	0.20	80.00	88.00	90.00	85.00
操作难易度	0.10	80.00	78.00	80.00	70.00
兼容性	0.13	80.00	80.00	95.00	80.00
登录方式	0.08	86.00	83.00	80.00	70.00
平台保密性	0.16	60.00	75.00	75.00	65.00
内容权威性	0.20	85.00	80.00	90.00	95.00
内容契合度	0.13	90.00	88.00	95.00	90.00
资源免费与否	0.19	95.00	80.00	85.00	65.00
平台准确度	0.12	85.00	80.00	90.00	85.00
线下配合度	0.09	65.00	68.00	65.00	90.00
品牌效应	0.13	69.00	88.00	80.00	90.00
用户评价	0.30	88.00	80.00	90.00	85.00
平台管理	0.32	75.00	85.00	90.00	70.00
附加服务	0.22	70.00	80.00	80.00	65.00
第三方合作	0.17	79.00	88.00	75.00	70.00
外界趋势	0.17	88.00	85.00	90.00	80.00
同类平台竞争	0.26	90.00	75.00	85.00	70.00
用户信任度	0.26	70.00	85.00	95.00	90.00
资金投入	0.31	85.00	90.00	90.00	85.00

利用模糊综合评价法得出各级指标模糊综合评价分数，进行权值匹配，最终统计结果分析如表9-10和图9-4所示。

表9-10　问卷调查最终统计结果

评价指标	测测SAT	腾讯课堂	慕课网	新东方官网
系统架构	22.96	24.05	25.66	21.45
教育资源	25.47	25.57	26.78	26.08
互动模式	14.98	15.84	16.30	14.01
市场环境	16.61	16.81	18.02	16.32
最后得分	80.03	82.28	86.76	77.86

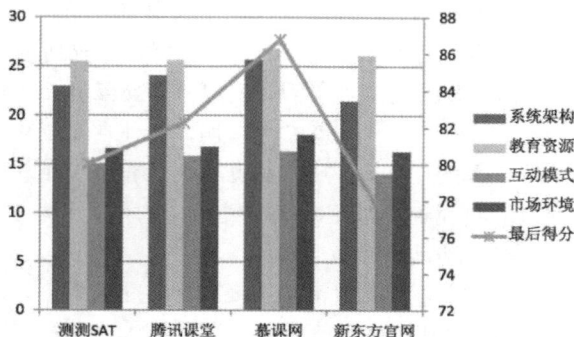

图9-4　4种在线教育产品调查结果

2. 结果分析

根据问卷调查收集的数据，利用模糊综合评价法得到以上图表显示的结果，由此可以看出：

a. 4种在线教育产品的最终评价分数存在一定的差距，说明选取的4种在线教育产品具有一定的代表性，可以在一定程度上支撑本文的研究。

b. 慕课网的最终评分是86.76，属于4种在线教育产品中最高的。其中，慕课网是国内最大的IT技能学习平台，是学习编程最简单的免费平台，提供开放课程，用户只需注册便可学习所有课程[16]。同时慕课网系统架构稳定，采取实时交互的在线编程，适用于不同阶段的学习人群。另外，慕课网也提供互帮互助的问答社区，为学习者制定目标性的学习计划，拥有较好的平台管理策略，人群响应度高、针对性强，各方面优势明显。

c. 测测SAT和腾讯课堂最终评价分数接近，分别为80.03和80.28，测测SAT主要针对SAT考试人群，用户定位明确，弥补了功能多样性的不足；腾讯课堂虽然平台内容涉猎范围广，但是没有明确的用户定位，两者在不同领域存在一定的影响，各有优劣。

d. 新东方官网的最终评价分数为77.86，属于4种在线教育产品中得分最低的。作为众多传统教育的线上延伸，虽然用户定位明确、品牌效应较好、内容权威以及用户信任度高，但是同类平台竞争激烈，且对自身在线教育平台重视程度不够，往往作为辅助线下产品营销的渠道之一，相较于其他几种在线教育产品，所具有的优势不够明显，差距较大。

五、结论

本文构建了"互联网+"环境下的在线教育模式评价指标体系，不仅对各类在线教育模式做出了深入的调查研究，而且结合具体实例进行了验证分析。在指标权重方面，主要采用了德尔菲专家法和模糊综合评价法，运用主客观相结合的方法，使指标权重更加准确有效，进而验证了本文提出的在线教育模式评价指标体系的合理有效性，从整体评价数据分析结果可以得出以下结论。

第一，4类在线教育产品的模式在不同程度方面均有自己的优势所在。根据表9-8所示，测测SAT、腾讯课堂、慕课网以及新东方官网的最终模糊综合评价分值分别为80.03、80.28、86.76、77.86，评价分数虽然存在一定的差距，但整体满意度较好。究其原因，发现注重在线测评的测测SAT模式用户定位明确、个性化明显，开发者利用互联网时代的信息技术对学习者进行针对性的查漏补缺，开展跟踪式的在线教育；注重在线课堂的腾讯课堂模式学习内容涉猎范围广，学生和老师可以通过互联网技术进行交流互动，及时解决学生在学习时遇到的问题；注重自主学习的慕课网用户可以随时随地地进行在线学习，具有平台交互界面，针对不同用户采取不同的教学内容；传统教育在线上业务的延伸如新东方官网，这种在线教育模式具有深入人心的品牌效应，用户对其有较强的认同感。由此，可以发现在线教育模式在不同层次不同方面均有巨大的发展空间，各类在线教育模式都应跟随时代的进步，充分做好与"互联网+"战略接轨，完善自己的不足，结合自己的优势进一步发展。

第二，影响在线教育发展的多个具体因素相互之间也存在区别。分析在线教育的指标体系权重可以看出，一级指标中的系统架构、教育资源、互动模式以及市场环境所占的权重存在一定的差距，分别为0.29、0.32、0.19、0.20。其中占比较大的是教育资源，其次是系统架构，最后是互动模式。由于人们传统的思维模式认为只有教育资源的权威性达到一定的标准，这类教育产品才是有效可靠的，这也符合教育的基本观点，首先要求教育资源的切实可信。互动模式由于信息技术的有限性，双向交互交流的虚拟学习社区普及的范围不够大，实时互动性有待提高。

第三，在线教育指标体系的具体因素对在线教育产品有正向影响。根据表9-10所示，经过4类在线教育产品实例分析后的一级指标权重中占比最大的均是教育资源，最后是市场环境。以腾讯课堂为例，占比分别是24.05、25.57、15.84、16.81。并且教育资源占比较大的模糊综合评价分数值也较高，市场环境占比较低的最后模糊综合评价分数值也较低。如教育资源占比最高的是慕课网为26.78，市场环境占比最低的是新东方官网为16.32，模糊综合评价分数值最高的是慕课网，最低的是新东方官网。这与本文第一次设计的问卷调查的结果是相符的，指标权重占比较大的对最终的在线教育产品产生了正向影响，说明教育资源始终占据了在线教育的核心地位。

第四，现存的各类在线教育产品参差不齐，产品质量还有待提高。通过本文的调查研究，每类在线教育产品的发展同时也受到很多因素的限制，其中最首要的因素是教育资源的有效性。在线教育产品应当注重内容的品质与来源，更大程度地提供开放资源，提高品牌效应。其次从系统架构的合理性出发，在线教育产品应当注重功能的多样性和系统的稳定性，有针对性地提供用户服务，使用户满意度提升，促进其产品的可持续发展。除此之外，在线教育产品在提高其知名度的同时，也需要一定的资金投入作为支撑，因此资金投入也是不可忽略的影响因素之一。

综上所述，在线教育模式的发展与多个影响指标息息相关，只有做到充分全面的考量，实现用户可用、易用，提高在线教学平台产品化程度，保证在线课程质量，创造超越用户期望的产品和服务价值才是至关重要的，真正使传统线下的教育资源与互联网融合发展，未来在线教育才会拥有广大的发展空间。

参考文献

[1] 政府工作报[EB/OL]. [2016-03-10]. http://www.gov.cn/zhuanti/2015lh/premierrepor.

[2] 王德禄. 关于"互联网+"的战略思考[J]. 中关村，2015(12)：72-73.

[3] 黄雨芬，王晓宇. "互联网+"背景下大连会展业转型升级研究[J]. 对外经贸，2015(11)：69-71.

[4] 王炎，程刚. "互联网+"视角下科技型知识服务企业的服务创新研究——以百度新上线知识服务产品为例[J]. 情报杂志，2015，34(10)：183-188.

[5] 吴剑平，赵可. 论大规模在线教育的政策选择[J]. 清华大学教育研究，2013，34(4)：1-5.

[6] 管佳，李奇涛. 中国在线教育发展现状、趋势及经验借鉴[J]. 中国电化教育，2014(8)：62-66.

[7] 朱永海，韩锡斌，杨娟，等. 高等教育借助在线发展已成不可逆转的趋势——美国在线教育11年系列报告的综合分析及启示[J]. 清华大学教育研究，2014，35(4)：92-100.

[8] 周清清，平萍，余航，等. 在线教育方法论研究[J]. 软件导刊：教育技术，2015(9)：9-11.

[9] 李青，侯忠霞，王涛. 大规模开放在线课程网站的商业模式分析[J]. 开放教育研究，2013，19(5)：71-78.

[10] 康叶钦. 在线教育的"后MOOC时代"——SPOC解析[J]. 清华大学教育研究，2014，35(1)：85-93.

[11] 吕亚兰，侯筱蓉，黄成，等. 泛在网络环境下公众网络健康信息可信度评价指标体系研究[J]. 情报杂志，2016，35(1)：196-200.

[12] 李飞，刘明葳. 中国商品流通现代化的评价指标体系研究[J]. 清华大学学报：哲学社会科学版，2005，20(3)：12-17.

[13] 蒲筱哥. 数字资源使用绩效评价的理论基础研究回顾[J]. 图书与情报，2015(6)：113-118.

[14] 李在军，管卫华，顾珊珊，等. 南京夫子庙街游客满意度模糊综合评价研究[J]. 西北大学学报：自然科学版，2013，43(2)：293-297.

[15] 邢权兴，孙虎，管滨，等. 基于模糊综合评价法的西安市免费公园游客满意度评价[J]. 资源科学，2014，36(8)：1645-1651.

[16] 杨竹筠，郑奇. MOOC等在线教育模式初探[J]. 科技与出版，2014(2)：9-12.

（本文原载于《情报杂志》2016年第9期）

思考与练习

1. 评价研究的基本特征是什么？

2. 评价研究包含哪些基本步骤？

3. 评价指标体系包含哪些内容？
4. 设计评价指标体系要注意什么事项？

研究课题篇

■ 单元十　　选题

■ 单元十一　　申请课题

■ 单元十二　　填写课题申请书

单元十

选题

主题1　认识课题

从事科学研究工作，不可避免地要参与课题研究。什么是课题？长期以来，很多人总是把课题与"问题""项目"混为一谈。因此，我们首先来辨析一下它们之间的关系。

一、课题、问题与项目

✎ **活动1：** 结合阅读材料，把你对课题、问题和项目的理解写在表 10-1 中。

表10-1　课题、问题和项目的关系

术语	含义	关系
课题		
问题		
项目		

1. 课题与问题

课题与问题有着内在的联系。《现代汉语词典(修订本)》把课题解释为：研究或讨论的主要问题或亟待解决的重大事项。因此，课题首先是"问题"或"重大事项"，但并不是所有"研究或讨论的主要问题"和"亟待解决的重大事项"都可以成为课题。成为课题的问题跟一般的问题相比，一般更具有专业性、价值、需要探究才能解决等特征。课题源于问题，但不等于问题。课题是对需要研究的问题进行提炼、概括后形成的题目，是为解决一个相对独立而单一的问题而确定的最基本的研究单元。课题中一定包含着问题。例如：新冠肺炎疫情期间，我国各级各类学校基本都采用了线上教学。但是，大部分农村中小学教师在线上教学中出现了一定程度的技术障碍，那么，如何帮助农村中小学教师克服技术障碍，提高在线教学能力就成为教学中的一个问题。基于这个问题，可以从不同的角度设置多个课题如："农村中小学教师在线教学能力状况调查""消除农村中小学教师在线教学技术障碍的实验研究""在线提高农村中小学教师在线教学能力的路径研究"等。这些课题都是为解决或部分解决"如何帮助农村中小学教师克服技术障碍，提高在线教学能力"这个问题设置的。

教育科研课题是针对教育领域中具有研究价值的特定的问题而确定的，具有明确而集中的研究范围、研究目的和研究任务的研究题目。

2. 课题与项目

《现代汉语词典(修订本)》对"项目"的解释是："事物分成的门类。"事物的一个门类应该包含很多领域，每个领域里又包含很多问题。课题与项目既有联系又有区别。课题是项目的有机组成部分，是科学研究的基本单元，而项目是由若干个彼此有联系的课题所组成的一个较为复杂的、带有综合性的问题，即课题的有机组合形成项目。例如"学校教育综合改革研究"就应称为科研项目，而不应称为课题。这是因为它可以包含以下一些课题：综合实验改革的目标、评价研究，幼小、小中衔接研究，课程、教材、教法综合改革研究，德育、智育、体育、美育综合管理研究以及学校教育与家庭教育的沟通和联系研究等。

另一方面，课题与项目的划分也是相对的。对一个研究团队来说，可以从单个的课题研究开始，不断深入，形成系列课题后组成项目；也可以承担一个项目后，分成若干个课题逐一进行研究，最终取得较大的突破。例如，为了更好地完成全国教育科学规划课题研究这一国家重大课题，课题组会把总课题分解成多个子课题，由多个不同的研究团队分别完成，这里的总课题就相当于"项目"。

二、课题的基本类型

课题的类型跟课题的分类标准密切相关，不同的分类标准对应着不同类型的课题。

1. 基础理论研究课题、应用性研究课题和开发性研究课题

按照课题研究的功能可把课题分为基础理论研究课题、应用性研究课题和开发性研究课题。按照研究的领域分类，可把课题分为基础理论研究课题和应用性研究课题。

(1) 基础理论研究课题。

基础理论研究是提示教育现象本质，阐明教育的客观规律，概括教育的基本教育理论原则，发展和完善理论。通过教育的客观规律，寻找新的事实，发现新的理论和重新评价原有理论，它回答的是"为什么"的问题，它具有高度的抽象性以及理论的体系性、效益的长期性和研究的连接性。例如：关于教育本质、教育目的论、教学过程规律、教育评价性等的研究，其目的在于建立具有中国特色的现代教育科学理论。

(2) 应用性研究课题。

应用性研究课题是针对某一具体的实际应用目标而进行的科学实验和技术性研究，教育的应用性研究具有实际应用价值，是把教育科学的基本理论知识转化为教育技能、教育方法、教育手段和教育方案，使教育理论同教育实践结合起来，达到某种具体和预定的目标。这种研究

是回答"是什么"的问题,直接解决教育管理和教育改革中的实践问题,是理论联系实际的关键环节。其研究特点是使基础理论研究成果具体化和实用化。目前绝大多数教育研究是应用性研究。例如:学校管理体制改革研究,中小学生流失的调查与对策研究,中小学生心理健康研究,教师队伍现代化建设研究,学生课业负担问题研究,青少年潜能开发研究,等等。

(3) 开发性研究课题。

开发有两层含义:一是努力开拓新的领域;二是发现和利用新的资源。开发性研究课题是在基础研究、应用研究的基础上开辟的应用途径的课题。

开发性研究课题的成果一般为具有实施价值的规划、对策、方案、程序等,可直接应用于教育领域。教育研究中的开发性研究多在资源的开发和利用、工具的开发和利用等方面,如课程资源的开发、在线教学系统的开发与应用、手机教学软件的开发与应用等。

2. 宏观研究课题、中观研究课题和微观研究课题

按课题研究范围大小,可把课题分为宏观研究课题、中观研究课题和微观研究课题。

(1) 宏观研究课题。

宏观研究课题是对教育系统较大范围内的整体性、综合性、系统性研究。它包括两个方面:一是教育与外部的关系,如教育与政治经济、教育与社会发展、教育与人口等关系研究;二是教育内部带有全面性问题的研究,如教育事业发展、教育政策、教育结构、教育管理、教育投资等研究。

(2) 中观研究课题。

中观研究课题介于宏观研究课题和微观研究课题之间,它是对一个范围、一个领域、一条战线、一个部门内的教育科学研究。例如:幼儿教育研究、初等教育研究、职业教育研究、成人教育研究、农村教育研究、师范教育研究、特殊教育研究、电化教育研究等。

(3) 微观研究课题。

微观研究是对教育问题某个单独因素进行具体细致的研究,这种研究立足教育、教学实际,往往是针对某一个问题的研究,如学校德育工作的研究、语文教学方法的研究、差生学习障碍研究等。

3. 阐释性研究课题、综述性研究课题和创造性研究课题

按研究的层次,可把课题分为阐释性研究课题、综述性研究课题和创造性研究课题。

(1) 阐释性研究课题。

阐释性研究是一种简单的研究,它是将教育现象和已有的教育规律和理论,通过自己的理解和验证,予以叙述并解释出来。

阐释性研究是低层次研究,它是对各种教育理论的一般叙述,更多的是在解释别人的论证。阐释性研究虽然是简单的研究,但在科研中必不可少,它能定向地提出问题,揭示弊端,描述现象,介绍经验,有利于普及工作。在教育科研活动中,有对揭示性问题的各种调查;有对实际问题的说明;有对某些现状的看法;这些都属于阐释性研究。

(2) 综述性研究课题。

综述性研究是把分散、不全面的观点综合在一起,形成整体的一系统的观点的研究。它所研究的对象不是单一的事件,不是某一种情况,而是某些现象或某一事物的诸多方面。

综述性研究是对知识的加工，包括贮存、分析、鉴别、整理，使零散的知识系统化、体系化。综述性研究成果往往是对某个教育规律的认识，是在一定范围内进行调查或实验的基础上对某一教育问题的比较全面系统的介绍。

(3) 创造性研究。

创造性研究是高层次的教育研究活动。它是用已知的教育信息创造新知识，产生出新颖而独特的成果和产品，具有改革教育教学的实际价值或理论意义的研究。其成果可以是一种新观念、新设想、新理论，也可以是一项新方法、新技能、新成就，也可以是其他表现形式的成果。

除此以外，在课题申报中，还有多种不同的分类方式，如根据课题来源单位与申报者所在单位的关系可以把课题分为横向课题与纵向课题，根据课题研究的重要性可以把课题分为重大课题与一般课题等。

活动2: 摘录各类课题的定义，并结合自己的理解给每类课题各举一个例子，填写完成表 10-2。

表10-2 课题类型及举例

课题类型	含义	课题举例
基础理论研究课题		
应用性研究课题		
开发性研究课题		
宏观研究课题		
中观研究课题		
微观研究课题		
阐释性研究课题		
综述性研究课题		
创造性研究课题		

主题2 选题原则

活动1: 阅读下列文字,掌握课题的选题原则。

选题是从事科学研究工作的第一步。选题具有战略性和全局性的特点。科研选题决定着科研工作的方向。作为研究战略的起点,选题在很大程度上决定着课题研究的成功与失败。一般情况下,选题要遵循以下原则。

一、必要性原则

必要性原则是选择课题的第一原则。必要性原则规定选择课题首先要满足社会需要和科学自身发展的需要。只有选择有研究的必要性的课题才有研究的意义。

二、科学性原则

科学性原则也叫方向性原则,是指所选课题必须符合科学理论及客观规律,具有明确的科学指导思想和科学依据。

三、创新性原则

创新是课题研究的源泉和动力,也是科学研究的目标和追求,更是选择应当遵守的一条根本原则。创新性原则包含两层含义:一是要保证课题本身内在的先进性和新颖性,即确定是前人未做、未完成、做了但是做得不够好的科学问题;二是要保证课题预期结果的独创性和突破性,即通过研究,能够发现和充实前人或他人没有发现的真理,或已经发现但不完全的真理。

四、可行性原则

课题研究活动需要一定的研究环境和研究条件。选题时,要从实际出发,充分考虑个人、学校及社会环境等方面的基础设施、物质、人员机构以及组织管理条件,实事求是,量力而行,确定有把握完成的科研选题。

1. 个人条件

个人条件包括个人的学科背景、知识基础、研究兴趣、研究时间、研究经历和研究能力等。

2. 学校环境条件

学校环境条件主要包括学校科研经费、科研设备、文献资料(图书、杂志、数据库等)、协作力量(科研团队)、科研制度、学校影响力等方面。

3. 社会条件

课题研究的社会条件主要包括学校周边是否有高等院校、科研机构等可借用的研究资源。如学校附近有较多的科研机构或高等院校，课题在研究过程中获取课题研究的指导、组织学术会议、获得研究咨询等就很容易。

五、优势性原则

很多时候，申报课题都需要得到相关部门的批准和资助。为提高课题的批准和资助率，选择课题时就要遵循优势性原则，即根据申报课题的层级，充分考量自己的科研团队在申报范围内的优势，如在国内、本省、本市、本地区等范围内自己的科研团队研究实力如何，跟其他科研团队有无明显的竞争力。

六、团队性原则

课题研究往往都不是一个人能完成的，而需要一个团队，尤其是重大课题的立项、申报、组织和运作，必须由课题组各个成员分头负责攻关该课题的某一方面，需要彼此协同攻关才能完成。选题时要充分考虑团队合作问题，避免单打独斗。

七、发展性原则

科研选题要考虑其发展前途、推广价值、普遍意义、可持续性，以及是否能够衍生出新的研究领域和相关新课题。发展性强的课题不但容易获批，也是科研团队持续研究的重要保障。

主题3　选题注意事项

☑ **活动1**：阅读下列文字，掌握选择课题应注意的事项。

一、题目的切入口要小

本科生、硕士生以及刚开始接触科研工作的研究者选择研究课题时最容易出现的问题就是题目过于宽泛，容易出现大而空的问题。例如"培养学生外语学习兴趣的研究"，该课题的研究内容非常宽泛，可涉及不同学段、不同年级和校内、校外等诸多方面。仅就校内而言，会涉及课程建设、课堂教学、课外兴趣小组等；仅就其中的课堂教学而言，与学生的外语学习兴趣直接相关的就有目标定位、内容处理、情境创设、过程调控、资源运用、评价反馈、师生对话、组织形式等多个方面。每一个方面都包含了许多需要研究的内容。要想面面俱到地研究培养学生外语学习兴趣的问题，就很难做到深入探究。这也会导致课题可行性太低。

相比之下，"初中生物课堂教学中利用'悬念'提高教学效果的研究"从学生对生物学科学习不够重视出发，选择了切入口比较小的课题，研究的可行性、所能达到的深度和实际价值则大大增加。

📖 **智慧库**

初学者选择小课题的好处

1. 项目研究内容涉及面不广，容易把握。
2. 研究问题往往能够以小见大、见微知著的，细小处能够折射出大问题。
3. 研究时便于对问题聚焦，进行有深度的开掘。
4. 对"小问题"的深入挖掘，更能锻炼研究者深入探究、追问实践的态度和思想方法。
5. 小课题涉及的因素相对较少，研究焦点更加突出。

📝 **活动2:** 阅读下列文献，结合智慧库，思考选择小课题研究的好处。

贺斌. 基于问题的小课题研究选题刍议[J]. 教学与管理，2006(34)：31-32.

二、避免研究方向虚化

本科生、硕士生和大部分中小学教师投身教育研究的目的，主要是夯实研究基础，提高研究能力，在教育教学实践中发现和解决问题，形成有应用价值的有效经验，而不是构建新的概念系统。课题研究方向最好能立足实践，从自身所处的教育环境入手，尽量联系自己的实际学习和工作，选择研究内容简明、具体，具有可操作性的课题。

例如，一所基层学校提出的课题"农民工子女就读城市公办学校行为文化重塑的策略与方法研究"方案。本课题所要研究的问题本来是很有价值的，但对于一个基层学校的教师来说，"行为文化重塑"(方案中将"行为文化"界定为"师生员工在学校教育、科研、学习、生活及娱乐活动中所表现出的精神状态、行为操守和文化品位。它是学校作风、精神状态和人际关系的动态体现，也是学校精神、价值观和办学理念的动态反应")问题比较抽象，研究问题聚焦点太多，导致课题在实践研究中很难把握。

三、课题要有一定新意

初学者的研究课题并不一定要追求理论上的突破。相比较而言，追求理论的应用更有效，更便捷可行。

作为初学者，研究课题的新意可从以下几个方面中选择一个方面进行挖掘：发现别人没有发现的问题，解决别人没有解决的问题，用别人没用过或很少用的方法解决问题，或用相似的方法，不同的处理方式。

四、明确研究的问题

所谓"明确研究的问题"就是要给课题的核心概念做一个明确的、具有可操作性的界定，深入思考课题研究应该解决的主要问题，理清必要的研究思路。

例如，"在生成性教学中提升教师实践智慧的研究"，"教师的实践智慧"是课题的核心概念。研究方案中对"教师的实践智慧"的界定是："教师的实践智慧，是指教师在教学实践活动中形成的、有关教学整体的真理性的直觉认识。"这一定义过于抽象，研究者难以理解，更难以操作。这说明研究者对自己要研究的问题还没有思考清楚。

活动3：阅读下列文献，整理硕士学位论文选题应该注意的事项，填写在表 10-3。

表10-3 硕士学位论文选题应该注意的事项

| |
| |

1. 韩恒."形同质异"的问题意识——兼论专业学位和学术学位论文的选题[J]. 学位与研究生教育，2014(06)：40-42.

2. 李冲锋. 教学科研选题：从问题到课题[J]. 当代教育科学，2012(14)：51-53+63.

3. 徐金平，韩延伦. 当前硕士研究生学位论文选题存在的问题及建议[J]. 学位与研究生教育，2006(01)：42-45.

4. 蔡翔. 硕士论文选题应注意的几个问题[J]. 高等工程教育研究，2004(03)：57-59.

主题4　确定研究课题名称

选择了研究的问题并不等于确定了研究的课题。只有确定了课题名称才算真正确定了研究课题。课题名称在研究中起着十分重要的作用，它是课题研究发现具体化的表现。好的课题名称可以为研究者提供实施该研究计划的方向、资料的收集与分析方法、研究的内容、研究范围、研究目标等。

一、常见课题名称表述存在的问题

📝**活动1**：阅读下列文字，了解常见课题名称表述存在的问题。

1. 表意不准确

有的课题表意不准确，含糊其辞，让人费解。

例如："学生自我教育与自主发展模式途径方面的研究"，这个课题到底是要研究"学生自我教育"与"自主发展模式途径"之间的关系，还是要研究"学生自我教育与自主发展"的"模式途径"？还有到底是研究"模式"还是研究"途径"？到底是哪"方面的研究"？通过题目根本看不出来。

2. 表述不规范

表述不规范主要指课题名称中使用了自创的缩略词、自造的词语等不科学、不规范、不通用的词语。

例如："'两课'实践教育教学模式的创建与创新性人才培养""学科'双主'教学模式的探索与构建""小学艺术教育'四性'的实践与探索"等。其中"两课""双主""四性"都不是规范用语。

3. 对象不明确

对象不明确是指从课题名称上看不出课题研究的对象。

例如："数学教学与科研活动相结合，提升学生科学素质"，这个课题的研究对象到底是"数学教学与科研活动相结合"还是"提升学生科学素养"？从题目看不清楚。

4. 口号式标题

有些研究者为追求课题名称工整对仗，使用行政管理者常用的口号式语句作为课题名称。事实上，这种口号式课题名称不但不能反映课题研究的内容、对象和目标，而且容易大而空。

例如："唤醒主体意识，激励主体参与，发展学生主体性"。

5. 文学色彩重

科研研究课题名称不同于文学创作，课题名称应该以科学、严谨、使用为主要目标，不应单纯地追求辞藻华丽、语言优美，在课题名称标书中不应使用比喻、拟人、夸张等修辞手法。

例如："小学自由练笔，书写自由心灵的家园"。

6. 课题名称字数太多

课题名称字数太多，容易分散注意力，使主题不明确。

例如："中华经典诗文诵读与民族优秀传统文化传承、民族精神培育研究"，由于课题名称太长，导致我们看不明白这个课题研究的主要内容是什么。是中华经典诗文诵读与民族优秀传统文化的传承，还是中华经典诗文诵读与民族精神的培育？民族优秀传统文化的传承与民族精神培育之间是什么关系？

活动2： 分析下列课题名称表述存在的问题并根据自己对课题的理解，确定一个相近的课题名称。

1. 学前教育与家长心理研究。

该课题名称存在的问题是： _____

我修改的结果是： _____

2. 素质教育高效学习的心理机制研究。

该课题名称存在的问题是： _____

我修改的结果是： _____

3. 教育与发展——创新人才的心理学整合研究。

该课题名称存在的问题是： _____

我修改的结果是： _____

4. 主题教育与我国基础教育现代化发展的理论研究。

该课题名称存在的问题是： _____

我修改的结果是： _____

5. 信息社会的到来与中国教育的转型：社会学的视角

该课题名称存在的问题是： _____

我修改的结果是： _____

6. 指向问题解决的教学：提高学生问题解决能力的方法与途径。

该课题名称存在的问题是： _____

我修改的结果是： _____

二、科研课题常用名称表述方法

活动3： 阅读下列文字，掌握常见课题名称表述的方法。

研究课题选择好以后，首先要对课题名称进行明确和规范。好的问题陈述可以为研究者提供实施该研究计划的方向、资料的搜集与分析方法等。

课题名称既要充分表达课题研究的对象，又要简洁扼要，让人一看就能抓住核心。要准确表述课题名称，需要准确地使用概念，并清楚地表述自变量与因变量的逻辑关系。

合理的课题名称应能够反映出所研究问题的主要信息，包括研究对象、研究内容、研究方法、研究手段、研究目的和研究背景等。当然，一个名称中要包含所有这些信息往往很不现实，在具体进行课题名称表述时要根据侧重点突出最想突出、最应突出的信息。常见课题名称的表述结构有以下几种。

1. 研究对象+研究内容+研究方法

课题名称中一般包含研究对象、研究内容和研究方法等主要信息。

案例1：初中代数自学辅导程序教学的实验研究

研究对象：初中代数教学

研究内容：初中代数自学辅导程序教学

研究方法：实验法

案例2：中、美、俄、日四国写作课程目标比较研究

研究对象：中国、美国、俄罗斯、日本四国的写作课程

研究内容：写作课程目标

研究方法：比较研究法

案例3：农村地区小学生就近入学情况调查研究

研究对象：农村地区小学生

研究内容：就近入学情况

研究方法：调查法

2. 理论依据+研究目的+研究方法

课题名称中一般表明理论依据、理论运用的目的和研究方法等主要信息。

案例：运用多元智能理论激发学生学习兴趣的实证研究

理论依据：多元智能理论

研究目的：激发学生学习兴趣

研究方法：实证研究

3. 理论依据+具体手段+研究目的

课题结构表明根据什么理论和条件，通过什么方式，达到什么目的。

案例：运用多元智能理论通过多元评价促进学生个性化发展

理论依据：多元智能理论

具体手段：多元评价

研究目的：促进学生个性化发展

4. 理论依据+研究对象+研究内容

课题结构表明根据什么理论和条件，研究对象是谁，研究什么。

案例：基于建构主义的小学英语课堂教学模式变革研究

理论依据：建构主义

研究对象：小学英语课堂教学

研究内容：课堂教学模式变革

5. 研究对象+具体做法+研究目的

课题结构表明研究对象、研究过程和研究目的。

案例：初中数学教学中运用变式练习巩固学习效果研究

理论对象：初中数学教学

具体做法：运用变式练习

研究目的：巩固学生学习效果

6. 研究背景+研究对象+研究内容

课题结构表明研究背景、研究对象和研究内容。研究背景往往也是研究环境和条件的一种限制，一般包括现实背景、历史背景和理论背景。

案例1：新课改背景下农村小学语文教学设计研究

研究背景：新课程改革

研究对象：农村小学语文教学

研究内容：小学语文教学设计

案例2：对话理论影响下师生关系的变化研究

研究背景：对话理论影响

研究对象：师生关系

研究内容：师生关系的变化

案例3：改革开放以来课堂教学模式的发展研究

研究背景：改革开放以来

研究对象：课堂教学模式

研究内容：课堂教学模式的发展变化

📖 智慧库

准确地使用概念，清楚地表述自变量与因变量的逻辑关系可以帮助研究者准确地表述课题名称。

为使课题成为一个有确定含义的具体问题，需要对课题名称中核心概念的内涵和外延加以限定。这样做有利于防止出现课题研究过程中目标变更或方向偏移、研究范围扩大或缩小等问题。如："图式理论在语文教学中的应用研究""TOM在学校管理中的运用研究""图式理论"和"TOM"明确限定了研究内容。

清楚表明自变量与因变量的逻辑关系也可以提高课题名称的表达效果。

自变量是研究者掌握并主动操作，能够促使研究对象变化的变量，在教育研究过程中具体表现为研究人员所采用的措施。因变量是自变量变化引起的研究对象行为或有关因素特征方面的变化。它是研究的结果，是研究者在科学研究中需要观测的指标。在表述有关研究问题和研究方向的具体信息时，课题中涉及的自变量与因变量的逻辑关系一定要表述清楚。采用这种方式表述课题名称时，课题名称中一般要包含两部分：一部分是表明研究手段(自变量)；一部分是表明研究目的(因变量)，即表明通过什么手段达到什么目的，或通过什么方法完成什么任务。如："通过教学反思，促进教师专业水平的提高""以心理辅导促进学生健康品德的发展""实施自我监控训练，提高职高学生学习主动性"等。

📝**活动4：** 根据以上课题的命名方法，组内讨论，对本组确定的研究课题名称进行规范的表述，并将其填写在下面的横线上。

我们组确定的课题名称是_____。

思考与练习

1. 什么是课题？
2. 选题原则有哪些？
3. 选题应该注意哪些事项？
4. 陈述研究课题名称的表述方法有哪些？

申请课题

主题1 了解课题申请程序

了解课题申请程序是申请课题的基本常识。虽然由于课题来源和类型不同,申请程序也会有差异,但基本程序一般是相同的。

一、获取课题申请信息

活动1: 阅读下列文字,完成本主题中的任务一和任务二。

几乎所有课题主管部门都会提前向符合课题申报条件的单位下发纸质课题申请通知或在门户网站上刊登课题申请通知,公布课题申请信息。课题申请通知中公布的课题申请信息一般主要包括课题指导思想、申请指南、课题申请要求、课题申请相关表格等。如果想从事教育科学研究工作,申请课题,就需要养成定期查阅课题申请通知,及时整理、记录课题申请信息的习惯。

一般情况下,由政府和教育主管单位组织的常规性课题申报时间是相对固定的。如全国哲学社会科学规划办公室组织的国家社会科学基金课题每年的申报时间基本都在12月左右开始;由全国教育科学规划领导小组组织的全国教育科学规划课题基本在每年的2月份开始。

为促进高等学校转变教育思想观念,改革人才培养模式,强化创新创业能力训练,增强高校学生的创新能力和在创新基础上的创业能力,培养适应创新型国家建设需要的高水平创新人才,教育部根据《教育部、财政部关于"十二五"期间实施"高等学校本科教学质量与教学改革工程"的意见》(教高〔2011〕6号)和《教育部关于批准实施"十二五"期间"高等学校本科教学质量与教学改革工程"2012年建设项目的通知》(教高函〔2012〕2号),决定从"十二五"期间实施国家级大学生创新创业训练计划。为响应教育部号召,各省、自治区、直辖市也纷纷设立了省级大学生创新创业训练计划,很多高校也都设有校级大学生创新创业训练计划,为大学生参与科学研究提供了强有力的平台支持。

国家级大学生创新创业训练计划内容包括创新训练项目、创业训练项目和创业实践项目三类。

创新训练项目是本科生个人或团队，在导师指导下，自主完成创新性研究项目设计、研究条件准备和项目实施、研究报告撰写、成果(学术)交流等工作。

创业训练项目是本科生团队，在导师指导下，团队中每个学生在项目实施过程中扮演一个或多个具体的角色，通过编制商业计划书、开展可行性研究、模拟企业运行、参加企业实践、撰写创业报告等工作。

创业实践项目是学生团队，在学校导师和企业导师共同指导下，采用前期创新训练项目(或创新性实验)的成果，提出一项具有市场前景的创新性产品或者服务，以此为基础开展创业实践活动。

任务一： 下面是教育部发布的全国教育科学"十三五"规划 2020 年度课题组织申报工作的通知，请阅读该通知，并把通知中重要的信息提取出来，填写在表11-1 中。

教育部办公厅关于做好全国教育科学"十三五"规划2020年度课题组织申报工作的通知

教办厅函【2020】3 号

各省、自治区、直辖市教育厅(教委)、教育科学研究院(所)、教育科学规划领导小组办公室，新疆生产建设兵团教育局，有关部门(单位)教育司(局)，全军军事教育科学规划办公室，部属各高等学校、部省合建各高等学校，部内各司局、各直属单位：

为深入学习贯彻习近平新时代中国特色社会主义思想，深入贯彻党的十九大和十九届二中、三中、四中全会精神，全面贯彻习近平总书记关于教育的重要论述和全国教育大会精神，经全国教育科学规划领导小组批准，决定于 2020 年 2 月 1 日至 3 月 31 日开展 2020 年度全国教育科学规划课题申报工作。本年度只设国家重大招标和重点课题指南，其他类别课题不设指南，由申请人自拟课题名称申报。同年度申请国家自然科学基金、国家社会科学基金、教育部人文社会科学及其他国家级科研项目的负责人不能申报全国教育科学规划课题。课题组织申报办法详见附件。

教育部办公厅
2020 年 1 月 19 日

(来源：全国教育科学规划领导小组办公室　　发表时间：2020-02-10)

表11-1　全国教育科学"十三五"规划2020年度课题申报通知信息要点

课题设立的目的	
申报时间	
是否有课题指南	
是否可自拟题目	
申请限制条件	

二、确定适合自己申报的课题

虽然很多课题组织单位都允许自拟课题进行申报，但除非你的研究课题确实非常必要，一般立项的几率是比较低的。课题申报指南中可供选择的课题往往都是主要资助的课题，申报时可根据自己的专业结构、研究方向和研究基础选择某一适合的课题进行申报。需要注意的是，有些课题申报通知直接规定只能以课题指南中的课题名称申报课题，申报人申请课题时申请书中的课题名称必须和课题指南中对应的课题名称完全相同。多数课题指南只给出课题大概的研究范围，研究者申请时需要在指南规定的范围内确定课题名称进行申报，即课题申请书中的课题名称可以和课题指南中对应的课题名称不相同，只要在课题指南范围内即可。

三、填写课题申请书

课题申请书一般包括课题评审表和课题研究的可行性分析两份文档。由于很多课题申报都不需要答辩，且实行匿名评审。课题评审时，组织单位首先要通过课题申请书对课题申请人进行资格审查，资格审查是决定申报是否进入评审环节的入场券。资格审查的主要关注点是申请书填写是否符合通知所规定的要求，如表格是否填写完整，需要匿名和回避的是否回避，申报人年龄、职称是否符合，等等。资格审查过关的申请书才能进入评委的评审环节。因此，课题申请书就是决定课题申请成功与否的关键。填写课题申请书一定要认真，力争做到逻辑严密、论证充分、思路清楚、方法独特，以便说服课题评审专家。

四、提交课题申请书

申请书填写好后一定要按照课题申请通知的要求打印装订，有的课题申请书还需要通过网络输入，要确保网络输入的申请书和纸质申请书对应部分完全相同。

任务二：查阅本年度省级和本校大学生创新创业训练计划执行文件，熟悉大学生创新创业训练计划的申报时间、流程、要求等，在小组内开展讨论本组确定的课题是否适合申报大学生创新创业训练计划。

主题2　明确课题申报要求

不同来源和类型的课题申报要求往往侧重点不同。因此，申报课题时一定要认真阅读课题申报要求，为按要求填写申请书打好基础。

📝**活动1：**阅读下列文字，熟悉研读课题申请通知需要重点关注的事项。

一、研读课题申请通知

课题来源单位发布的课题申报通知是课题申请书填写的纲领，申报者一定要多花时间和精力认真研读，一定要完全读懂课题指导思想、申报须知、课题指南和填表说明等内容。例如"全国教育科学'十三五'规划 2020 年度课题组织申报办法"全文共包括 20 条，4000 余字；"2020 年度国家社会科学基金项目申报公告"全文包括 19 条，3700 多字。

1. 研读课题指导思想

教育主管单位每次组织课题申报都会有不同的侧重点，这个信息主要要从课题指导性思想和课题指南中提取。读懂课题指导思想是正确把握课题申报精神的首要工作。

2. 认真阅读申报须知

申报须知主要陈述整个课题申报中必须做到或注意的事项。如果不仔细阅读这些信息可能直接导致申请书资格审查环节就被拒之门外了。

3. 认真阅读课题指南

课题指南下有时候还有相应的研究说明，这些文字往往是对该课题研究范围、方向或重点的进一步阐述，需认真对待。

4. 熟记填写说明

填写说明是课题申请书填写的规范性要求，包括字体、字号等。

二、明确申报限制

不同课题申报对申报者资格、表格填写要求不同。申报限制条款也往往是资格审查的关注点。申报者要特别注意课题申报限制的内容。

1. 年龄限制

有些课题对申报者年龄有限制，如招标指南规定基本项目负责人不超过 60 周岁，青年基金项目负责人不超过 35 周岁，有的课题甚至对课题参与者的年龄也有限制。

2. 职称限制

有些课题往往对课题主持人的职称有限制，如重大课题、重点课题一般都要求课题主持人(或负责人)要有高级职称，有些课题虽然允许非高级职称人员申报，但是申报书中必须有两名相同研究领域或专业的高级职称研究人员的推荐信。

3. 字数限制

课题申请字数限制一般表现在课题名称字数限制和论证部分字数限制。

4. 人员限制

人员限制包括主持人人数、身份限制和参与人员人数限制。多数课题一般只要求一名课题主持人，但也有课题要求必须有两名主持人，且对课题主持人分别有一定限制。如陕西省基础教育重大课题就要求"每项课题必须有两名主持人，一名为行政主持人，一名为学术主持人。两名主持人均是课题申报者。行政主持人和学术主持人只能申报一项课题。行政主持人应是各级党政机关负责人，或各级教育行政部门负责人，或省、市教育行政部门有关处(科)室负责人，或省、市教科研机构、电教部门、教育技术装备部门负责人。行政主持人必须从事实际研究工作，并真正承担、负责和组织课题的实施。学术主持人应具有副高级以上(含副高级)专业技术职称，组织完成过省级或以上课题研究任务"。

有些课题会对课题参与人的人数也有限制，如至少 3 位参与人或参与人最多不能超过 6 人等。

5. 研究成果限制

多数课题研究成果由课题申报者根据课题需要和研究团队的研究设计自行设定研究成果。有些课题对研究成果也有限制，如"陕西省社科界重大理论与现实问题研究项目"就限制研究成果必须为研究报告。

6. 信息限制

信息限制主要是为保证匿名评审制度的客观公正而不允许在论证活页及其他需要匿名评审的申报材料上出现与申报人和申报单位有关的信息的一种做法。

活动2：查阅课题申报信息，整理出适合大学生参与和申报的课题申报信息，填写在下面的横线上。

适合大学生申报的课题有：

1. _____
申报时间：_____
2. _____
申报时间：_____
3. _____
申报时间：_____
4. _____
申报时间：_____
5. _____
申报时间：_____
6. _____
申报时间：_____
7. _____
申报时间：_____
8. _____
申报时间：_____

思考与练习

1. 利用网络查找上年度国家教育规划课题申报信息，完成以下任务。

(1) 了解国家规划课题的申请程序。

(2) 了解课题申请限制条件。

(3) 研读课题指南。

2. 你认为课题申报者应该怎样选择适合自己申报的课题。

单元十二

填写课题申请书

从事科学研究工作，写好课题申请书是第一步。好的项目申请书能全面反映申请者的学术素养、研究水平和研究能力，从而便于科技管理部门组织专家进行评审。不同来源、不同类型的课题申请书虽然内容会有所不同，但基本结构和填写方法大同小异。下面以相对比较复杂的"全国教育科学规划课题"申请书为例来分析课题申请书的结构和填写方法。本科生和研究生学做科研，建议先从小课题开始。

主题1　熟悉课题申请书的结构

✔活动 1： 阅读下列文字，了解全国教育科学"十三五"规划课题申请书的变化。

不同来源的课题申请书的格式和要求会有所不同，因此，无论申请何种类型的课题，都先要认真分析课题申请书的结构。例如，"全国教育科学规划课题"申请书总共包括封面，申请者的承诺与成果使用授权，填写数据表注意事项，数据表，负责人和课题组主要成员近五年来取得的与本课题有关的研究成果，负责人和课题组主要成员近五年来主持的相关重要研究课题，课题设计论证，完成课题的可行性分析，预期研究成果，经费预算，经费管理，推荐人意见，课题负责人所在单位意见，省级规划办、教育部直属单位、部委直属高校审核意见，负责人和课题组主要成员近五年来主持的重要研究课题，学科评审组评审意见和全国教育科学"十二五"规划课题《课题设计论证》活页等 17 个模块。全国教育科学"十三五"规划课题申请书跟"十二五"规划课题申请书相比，变化主要有以下几点。

(1) 去掉了"二、负责人和课题组主要成员近五年来取得的与本课题有关的研究成果"表格，即不再要求课题申请者填写近五年已取得的与本课题有关的研究成果。

(2) 把原来的"十二、负责人和课题组主要成员研究课题结题证明"变为"三、课题立项和结题证书、证明复印件粘贴处"(增加了课题立项证书复印件)并将位置调整到了"负责人和课题组主要成员近五年来主持的相关重要研究课题"后面。由此可以看出"十三五"规划课题对课题负责人和课题组成员的课题研究经历的查验更加细致了。

(3) 课题设计论证表填写内容要求发生变化，如图 12-1 所示。

1. 本课题国内外研究现状述评，选题的价值和意义。

2. 本课题研究的主要内容、基本观点、研究思路、研究方法、创新之处。

3. 前期相关研究成果，开展本课题研究的主要参考文献。

　(限 4000 字内)

⇩

1. **选题依据**：国内外相关研究的学术史梳理及研究动态；

　　　　　　　本课题相对已有研究的独到学术价值和应用价值等。

2. **研究内容**：本课题的研究对象、总体框架、重点难点、主要目标等。

3. **思路方法**：本课题研究的基本思路、具体研究方法、研究计划及其可行性等。

4. **创新之处**：在学术思想、学术观点、研究方法等方面的特色和创新。

5. **预期成果**：成果形式、使用去向及预期社会效益等。

6. **参考文献**：开展本课题研究的主要中外参考文献。

图12-1　课题设计论证表变化

由此可以看出，"十三五"规划课题对课题论证设计填写要求更加复杂，如提出了明确的论证架构，对参考文献的类别做了中外文文献要求等。

(4) 将"完成课题的可行性分析"变为"五、研究基础和条件保障"。具体要求变化如图 12-2 所示。

(5) 预期研究成果表格填写内容有变化，"十二五"规划课题要求同时填写阶段性成果和最终研究成果，"十三五"规划课题只要求填写最终研究成果。

(6) 课题经费预算表中经费支出项目有所变化。

(7) 增加了"经费管理表"，要求填写收款单位信息。

> 1. 课题负责人的主要学术简历、在相关研究领域的学术积累和贡献；
>
> 2. 课题负责人前期相关研究成果的社会评价(引用、转载、获奖及被采纳情况等)；
>
> 3. 完成本课题研究的时间保证、资料设备等科研条件。
>
> (限 1500 字内)

⇩

> 1. 学术简历：课题负责人的主要学术简历、学术兼职，在相关研究领域的学术积累和贡献等。
>
> 2. 研究基础： 课题负责人前期相关研究成果、核心观点及社会评价等。
>
> 3. 承担项目：负责人承担的各级各类科研项目情况，包括项目名称、资助机构、资助金额、结项情况、研究起止时间等。
>
> 4. 与已承担项目或博士论文的关系：凡以各级各类项目或博士学位论文（博士后出站报告）为基础申报的课题，须阐明已承担项目或学位论文（报告）与本课题的联系和区别。
>
> 5. 条件保障： 完成本课题研究的时间保证、资料设备等科研条件。

图12-2　课题完成保障条件变化

活动2： 结合本课程前十一个单元的学习以及本小组的研究水平，和本组同学讨论，选择确定本组拟申报的课题，下载课题申请书，认真分析课题申请书的结构。

我们准备申报＿＿＿＿＿＿＿＿＿＿＿＿＿＿＿＿＿＿＿＿＿＿＿＿＿＿＿＿＿课题。

该课题申请书包括＿＿＿＿＿＿＿＿＿＿＿＿＿＿＿＿＿＿＿＿＿＿＿＿＿＿＿＿＿

＿＿＿＿＿＿＿＿＿＿＿＿＿＿＿＿＿＿＿＿＿＿＿＿＿＿＿＿＿＿＿＿＿＿＿＿＿

＿＿＿＿＿＿＿＿＿＿＿＿＿＿＿＿＿＿＿＿＿＿＿＿＿＿＿＿＿＿个模块。

主题2　课题申请书的填写

课题申请书中除"填写数据表注意事项"模块外一般都需要填写，其中"申请者的承诺与成果使用授权"只需要申报人填写姓名即可，但此处必须是申请人的亲笔签名，需要等申请书打印出来后才能填写。其他部分的填写相对比较复杂一些，下面逐一说明。

活动1： 阅读下列文字，掌握全国教育科学规划课题申请书的填写方法。

一、填写封面

课题申请书封面要填写的内容一般包括课题名称、课题类别、学科分类、课题负责人(申报人)、责任单位(申报人所在单位)和填表日期等，如表 12-1 所示。有的课题申请书封面还需要填写课题类型(一般指资助研究项目或自筹经费项目)、研究类别(一般指基础研究、应用研究、综合研究或其他研究)和是否愿意调整项目类型等条款。课题负责人(申报人)、责任单位(申报人所在单位)和填表日期的填写一般都没有问题,下面重点解释课题名称、课题类别和学科分类的填写。

表12-1　封面内容的填写

课题名称
课题类别
学科分类
课题负责人
责任单位
填表日期

1. 课题名称的填写

封面填写的课题名称要和申请书所有材料中出现的课题名称完全一致。因此从填写课题封面开始实际就开始了真正意义上的课题设计活动。课题名称不要太长,但要保证把想要表达的内容都表达清楚。另外,课题申请书往往对课题名称字数有限制,如全国教育科学规划课题要求"应准确、简明反映研究内容,最多不超过 40 个汉字(包括标点符号)"。这里的标题包括主标题和副标题,一般写申请书的时候能不加副标题就不要加副标题。普通教师申请课题填写课题名称时要注意以下几点。

(1) 选题能小不贪大。

如果可以缩小课题,最好把课题缩小到自己能驾驭的程度,课题小的好处除去在单元十学过的以外,从课题完成的角度来看还有以下三点。

① 实用。小课题一般具有明确的研究针对性,研究成果可以直接指导实践。如"信息化环境下小学低年级语文阅读能力培养策略研究"。研究对象是小学一、二年级语文阅读教学,研究内容只涉及阅读能力培养策略。针对性很强,课题研究一旦完成就可以用于指导小学一、二年级语文阅读教学,提高学生阅读能力。

② 容易创新。课题越小,越容易产生具有时代感的研究成果。在研究过程中往往研究方法、研究角度都比较独特。

③ 可行性高。课题越小涉及的主客观因素越少,操作起来就越容易驾驭。如"信息化环境下小学低年级语文阅读能力培养策略研究"研究过程只涉及小学一、二年级学生和语文教师,不涉及学校中的其他人和科目,一般普通小学语文教师都可以顺利完成课题的研究工作。

(2) 命名要规范。

一般科研课题名称最好能涵盖研究对象、研究范围、研究内容、研究方法 4 个要素,研究方法很多时候也可以不表述出来。

在具体推敲课题名称时,似是而非的词不能用,口号式、结论式的语句,偏正结构的句型以及疑问句不适宜做课题名称,如"良好的学习习惯是提高学习效果的基石"。

2. 课题类别的填写

课题类别填写是最要小心的地方,不同来源的课题对课题类别的分类往往并不相同,但一般都会在"填表说明"或"填表须知"模块加以说明。不同类别的课题结题鉴定时要求也不一样，申报时要根据要求填写。如全国教育科学规划课题要求课题类别按选项填写，可供选择的项有："B.国家一般课题 C.国家青年基金课题 D.教育部重点课题 E.教育部青年专项课题"〔A是国家重大(点)课题，需要单独招标〕。有的课题类别给出的选项是"A.重点课题 B.一般课题 C.自选课题"。

3. 学科分类的填写

学科分类指课题研究所属学科范围。国家社科要求学科分类按照一级学科分类填写。全国教育科学规划课题要求按照"A.教育基本理论 B.教育心理 C.教育信息技术 D.比较教育 E.德育 F.教育经济与管理 G.教育发展战略 H.基础教育 I.高等教育 J.职业技术教育 K.成人教育 L.体育卫生美育 M.民族教育 N.国防军事教育 O.教育史"来填写，如果申报者所选课题属于跨学科研究的课题，一般按主学科填写。

二、填写数据表

课题数据表填写条目相对较多，必须认真对待。填写前最好仔细查看"填写数据表注意事项"，不要按照习惯想当然地填写。全国教育科学规划课题数据表填写内容如表12-2所示，填写时除"填写数据表注意事项"的说明外还需要注意以下几点。

1. 关键词

关键词一定是按研究内容设立的，是从研究内容中选取出来的，对表述论文的中心内容有实质意义的词汇。关键词可以是从课题名称中提取出来的词语，也可以是根据研究内容提炼的自由词。不同的课题对关键词的写法要求也不尽相同。全国教育科学规划课题要求"最多不超过3个关键词，词与词之间空一格"。

2. 工作单位

工作单位要按单位和部门公章全称填写，具体填写单位还是部门要根据申报课题的来源填写。下面以××中学教务处的老师申请课题为例来说明。如果申请的是国家、省级或市级课题，工作单位就要填写"××中学"；如果申请的是自己学校资助的课题，就要填写"教务处"。

3. 联系方式

联系方式一般要求填写电子邮箱、联系电话、单位通信地址、邮编等。需要注意的是，有多个电子邮箱和联系电话的研究人员，填写时一定要填写长期使用的电子邮箱和联系电话。

4. 主要参加者

课题研究是团队合作行为，研究团队的组建和人员选择对课题申请是否成功和研究水平都有决定性的作用。因此，课题主要参加者一定是和课题研究关系密切的人，这里的研究关系密切就是对课题研究能做出贡献的人。有的人可能并不一定直接参与你的课题研究，但能对你的课题研究提供组织或行动保障，如课题需要几个学校联合攻关，教育局局长不一定直接参与研究，但是他/她可以做组织和协调工作，使研究得到联合学校的支持，那就可以邀请他/她作为课题的参与人。除此之外，课题参与人研究方向和研究基础最好能和课题研究相同或相近。这样既有利于课题申请成功也有利于开展课题研究。

有些课题设立的主要目的是鼓励和培养青年研究人才，这类课题往往对课题组成员有年龄、学位方面的限制和导向。如教育部青年基金课题要求课题组成员"以青年为主"。填写时，课题组成员最好是梯队式的组合，既有高级职称者的指导，也要保证课题团队青年人的主体性(要超过三分之二)。

表12-2　数据表填写内容

课题名称									
关键词									
课题类别			学科分类				研究类型		
负责人姓名		性别		民族				出生日期	
行政职务		专业职务				研究专长			
最后学历		最后学位				担任导师			
所在省(自治区、直辖市)				所属系统					
工作单位				电子信箱					
单位通信地址						邮政编码			
联系电话	(单位)(家庭)(手机)								
身份证号									

	姓名	出生年月	专业职务	研究专长	学历	学位	工作单位	签名
主要参加者								

预期最终成果								
申请资助经费(单位：万元)			预计完成时间					

三、相关研究成果

相关研究成果一般指课题负责人和课题组成员近年来取得的与本课题有关的研究成果。全国教育规划课题相关研究成果填写内容如表 12-3 所示。填写时要注意以下 3 点。

表12-3　负责人和课题组主要成员近五年来取得的与本课题有关的研究成果

成果名称	著作者	成果形式	发表刊物或出版单位	发表出版时间

1. 相关研究成果

一定是和本课题相关的研究成果，不是课题负责人和课题组成员的所有成果。这里的相关包括直接相关和间接相关。直接相关的研究成果是指可以作为本课题研究基础或构成本课题研究部分内容的成果。间接研究成果是指虽然不能直接为本课题研究提供服务却能给本课题研究带来启示或其他方面帮助的研究成果。

2. 时间限制

有的要求填写近三年来的相关研究成果，有的要求填写近五年的研究成果。

3. 正式、公开发表的研究成果

所谓正式、公开发表的研究成果是指在具有国内国际刊号的刊物上公开发表的研究成果，一般包括著作、论文、光盘等。

四、相关研究课题

相关研究课题一般包括课题负责人和课题组成员主持的相关重要研究课题。全国教育规划课题相关研究成果填写内容如表 12-4 所示。填写时应注意事项与相关研究成果部分基本相同。其中"完成情况"要根据实际完成情况填写，一般可填写为"已结题"和"在研"。

相关研究课题一般可以让评审者了解课题负责人及课题组成员的课题研究经历以及课题研究的级别。为提高课题的申报率，课题负责人组建课题团队时要综合考虑参与人员的课题研究经历。如果这一项全部空白，则很容易给评审者留下没有课题研究经历的印象。当然也不是填写的课题越多越好，如果课题负责人和课题组成员还同时担任着好几项课题，但都没有结题，反而会让评审者担心课题负责人和课题组成员对本课题研究的时间投入。这在一定程度上也会影响评审结果。

表12-4　负责人和课题组主要成员近五年来主持的相关重要研究课题

主持人	课题名称	课题类别	批准时间	批准单位	完成情况

五、课题设计论证

课题设计是课题申请书中最重要的部分之一，直接关乎课题申报的成败。课题设计主要包括课题价值分析、研究内容、研究思路、研究方法、前期相关研究成果、开展申报课题研究的主要参考文献等内容。全国教育规划课题关于课题设计论证部分的填写要求如表12-5所示。

表12-5　课题设计论证

1. 本课题国内外研究现状述评，选题的价值和意义。

2. 本课题研究的主要内容、基本观点、研究思路、研究方法、创新之处。

3. 前期相关研究成果，开展本课题研究的主要参考文献。

(限4000字内)

1. 课题价值分析

课题价值分析是课题的外围论证，主要回答"为什么做该课题"的问题，一般可以分别从研究背景、课题依据、核心概念界定、研究现状、选题意义等方面加以论述。

(1) 研究背景。

研究背景也称"选题背景"和"选题缘由"。这是课题论证中的一个重点。对此问题的论述，一是使评审者了解研究的前期准备工作，即对所要研究问题的来龙去脉、研究的发展情况的全面把握，从而了解申报者的研究基础。二是说明本人拟在他人研究的基础上有哪些创新和发展。三是本课题提出的现实原因。通常情况下，课题研究背景的陈述方式有横向式和纵向式两种。具体选用哪种方式一要根据课题研究的内容而定，二要根据申报者占有的资料而定。下面分别对这两种方式详细说明。

● 横向式

横向式是分别从时代背景、理论背景和实践背景3个方面论述。

① 时代背景。

时代背景是指课题所处的时代对课题研究因素或条件的影响状况。时代背景主要阐述随着社会、政治、经济、文化、科学技术等的发展所带来的新问题、新要求、新挑战及其与所研究课题之间的关系。某方面的新问题、新要求、新挑战要通过研究来解决，而本课题的研究是适应这种新变化、解决新问题、满足新要求、应对新挑战的一种途径。

② 理论背景。

理论背景是指影响课题选择的理论或理论因素。课题的选择有时是对理论发展或影响的一种回应，有时是对理论的发展和推进。

③ 实践背景。

实践背景是指对课题选择产生影响的实践因素或条件。实践背景主要阐述实践中需要解释的现象、需要解决的问题等，以及解决它们的必要性、重要性和迫切性。

● 纵向式

纵向式一般从国际、国内、省市内三个层面进行逐层论述。

① 从国际大背景下宏观的政治经济的角度阐述。

② 从国内教育领域方面的中观的角度来考虑。

③ 从本省、市、县、校的实际出发与课题直接相关的微观的角度来分析。

如果课题不大，课题背景陈述可以缩小为本国、本省市、本县校等。利用纵向式陈述课题研究背景时，越低的层级论述得要越详尽，因为最小的层级往往是申报课题研究的直接环境和土壤。

总之，不论采用什么方式论述课题研究背景都是为了回答"为什么做该课题"这个问题，都应详细论述以下几个问题。

第一，这个问题别人是否已经研究过，如果研究过，是哪些人，在什么条件下进行的研究，取得了哪些进展，有什么主要成果。在理论与实践方面有哪些进展，有什么主要成果，在理论与实际方面有哪些突破。如果此问题没有人研究过，那么是否有人在研究相类似的问题，这些研究对本课题是否有借鉴意义。

第二，已有研究主要存在什么问题或局限性。

第三，本人拟在别人研究的基础上解决什么新问题，力求取得什么突破，也即是本研究的创新之处。对于不同内容、不同类型的课题，创新之处可以不同。如理论研究课题，主要体现在理论的发展与创新；大多数课题可能会在研究方法方面有所创新(如之前的研究主要采用群体观察方法，本研究拟采用个案研究方法)。总之，要在这里说明自己与他人研究的不同之处，使评审专家了解该课题研究不是对同类课题的简单重复，而是在一个新的起点上进行的一项有价值的研究。

(2) 选题依据。

选题依据主要就是回答"依据什么进行课题研究"的问题。课题依据通常包括政策依据(指导思想)、理论依据和实践依据3个方面。

① 政策依据。

政策依据是指依据国家法律、法规，证明课题研究的合理性与现实性。有些课题研究往往需要依据国家的一些法律、法规、政策、制度等，这些法律、法规、政策、制度就构成了本课题研究的政策依据。如"陕西省基础教育信息化建设评价指标体系研究"课题就可以把《教育信息化十年发展规划(2011—2020 年)》《陕西省基础教育"十二五"教育技术研究规划(2011—2015 年)》《陕西省关于进一步加强基础教育信息化工作的意见》《陕西省中小学校信息化建设标准(试行)》等作为政策依据。

② 理论依据。

理论依据是研究者对所研究问题预先赋予某种假设的理论或赖以指导研究过程的理论。填写理论依据时一般要揭示所依据的理论和本研究课题之间的关系。因此选取理论依据时要防止无"论"可依、有"论"难依、大"论"小依和有"论"不依 4 种情况。

③ 实践依据。

实践依据一般包括两方面的含义：一是课题是否反映了教育和发展实践中迫切需要解决的问题，对实践的反映越深刻，课题的实践依据就越充分，指导意义就越强，价值就越大；二是某种实践活动可以证明课题研究的合理性和可行性，这种实践活动就是该课题研究的实践依据。

(3) 核心概念界定。

核心概念是能集中反映课题研究主题或主要内容的概念。课题的研究往往是围绕核心概念展开的。核心概念界定，就是对课题的诠释，对课题的核心概念进行说明。采用归纳和演绎的方法，引用教育理论、整合文献知识等，以分段或标题陈述的形式确定概念及其内涵与外延，采用分—总的方法，对课题中的研究对象、范畴、方法，抽取出本质属性分别予以概括，最终形成对整个研究课题名称的科学界定。这部分要写得"提纲挈领"，数字尽量少一些。

例如："陕西省基础教育信息化建设评价指标体系研究"，课题的核心概念界定部分如下。

1. 基础教育

基础教育，本是一个动态的概念。广义上包括幼儿教育、小学教育、初中教育、普通高中教育、家庭教育和必要的社会生活知识教育等。结合《陕西省中小学校信息化建设标准(试行)》以及我国基础教育的发展趋势，为保证研究成果严密的针对性和可操作性，本研究中基础教育特指小学教育、初中教育和普通高中教育。

2. 教育信息化

教育信息化的概念是在 20 世纪 90 年代伴随着美国"信息高速公路"计划而提出的。受其影响，许多国家的政府相继制订了推进本国 IT 在教育中应用的计划。我国自 20 世纪 90 年代末开始。从 2012 年起，我国教育信息化领域的政策集中出台：3 月，《教育信息化十年发展规划(2011—2020 年)》对未来 10 年的教育信息化建设提供了指导意见和总体方向；4 月，刘延东关于全国教育信息化工作电视电话会议确定了"三通两平台"的教育信息化发展导向，即"宽带网络校校通、教学资源班班通、网络学习空间人人通；加强数字教育资源公共服务平台、教育管理信息系统平台的建设"。相关政策和指引明确了教育信息化建设方向，即在现有电教馆、宽带以及机房的基础上，建设更多的管理信息系统，管理教务内容、教学资源，加强个人学习的针对性，同时建立管理平台和资源平台。综上，我们认为，当前我国教育信息化发展已经从大规模投入建设高潮时期发展到相对平稳的理性集中反思时期。

本研究中教育信息化是指在国家、教育部及我省教育厅的统一规划和组织下，在反思基础教育系统各个领域进行信息技术人力资源建设、软硬件建设、环境建设以及应用现代信息技术的过程中凸显出的一些制约教育现代化的深层次、结构性的问题的基础上，促进信息技术与人、经济、社会、环境、资源等方面协调与整合，可持续发展的信息化推进教育现代化的过程。

3. 教育信息化评价

教育信息化评价指以促进构建更好的信息化生态系统为目标，根据教育信息化评价标准对教育信息化系统的构成要素或进程进行评价的过程。

4. 教育信息化评价体系

教育信息化评价体系是指对教育信息化进行评价参照的标准和量化依据。本研究中，教育信息化评价指标体系是指根据教育信息化相关理论、教育评价理论、国家和陕西省基础教育信息化的政策、陕西省基础教育信息化建设的基本状况，在一致性、科学性、导向性、开放性、可操作性等评价指标体系设计原则的指导下，制定以管理体制与机制、基础设施、信息资源、教学应用与推广和工作特色为主要评价框架的《陕西省基础教育信息化评价指标体系》三级评价指标体系。

(4) 研究现状。

研究现状主要反映课题申报者对所研究课题资料的掌握情况和对研究现状的把握程度。因此，对国内外研究现状的分析材料一定要做好检索，查全资料，简明扼要地概括、总结归纳资料的研究内容和结果。填写研究现状一般要做到以下 3 点。

① 简要叙述收集到的资料的研究内容和结果。

② 评论所陈述资料的研究观点，找出研究中欠缺或不深入的地方。

③ 针对这些缺欠或不深入的问题，思考本课题研究的观点是什么。

(5) 选题意义。

选题意义就是研究的价值。一般可以从理论意义和实践意义两个方面来陈述。

① 理论意义。

指该课题研究对该领域研究在理论上有什么积极影响，包括对理论发展的推动、创新等。

② 实践意义。

实践意义也称应用价值，指课题研究对实践状态的积极影响，包括对实践的改进、推动或启示等。

分析课题研究价值时，一定要实事求是，谦虚谨慎，切记不要把自己的课题研究价值说得太大，太空洞，忌讳用"填补国内空白"等浮夸性语言。

2. 研究内容分析

课题研究内容分析主要回答"课题做什么"的问题。一般包括研究目标、研究内容和项目特色及拟创新点 3 个方面的内容。

(1) 研究目标。

研究目标是课题研究预期要达到的结果。明确的研究目标对课题研究具有重要的导向作用。课题研究目标的陈述要遵循具体性原则、清晰性原则、条理性原则和适度性原则。

课题研究到底要做什么要陈述详细、具体。研究目标要和研究课题的类型(重大课题还是一般课题)、研究课题的级别(国家资助课题、省级资助课题还是单位资助课题)、研究课题选题的大小协调一致。目标不能定得太大，也不能定得太小。太大的目标往往是作茧自缚，甚至有可能直接导致课题无法完成；目标太小又往往让评审专家觉得大题小做，不值得资助，影响课题的评审结果。

(2) 研究内容。

课题研究的主要内容是课题研究的范畴，课题研究的着力点。研究内容要根据研究目标来定，即为了达到研究目标在研究过程中具体要做的事。对研究主要内容的表述应当紧扣研究目标，简明扼要，准确中肯。研究内容是把研究的问题进一步细化，将研究题目依据研究目标展开，分解为基于课题的具体小问题。课题越大，内容越多，越要具体，要突出可操作性，并理顺各项内容间的逻辑关系。

另外，不能忽视研究内容是连接研究目标和研究结果的通道，根据研究目标确定的研究内容不能脱离和研究结果的对应关系，抓住研究内容的研究结果必须在研究结果部分要有所体现。

(3) 项目特色及拟创新点。

项目的特色与创新是立足于本项目自身的特点，分析与他人研究的主要不同之处。该部分的填写要和研究现状的分析协调一致，即在分析国内外研究现状的基础上提出本课题研究的新意，突出本课题对以往研究所做的修改、补充或提升、突破等。

3. 课题操作分析

课题操作分析主要回答"课题如何做"的问题，一般包括课题研究思路、研究方法和实施步骤等。

(1) 课题研究思路。

课题研究思路就是课题申报者对研究的整体计划，即先做什么，再做什么，后做什么等。研究思路要明确清晰，填写时需要"精雕细琢"。

(2) 课题研究方法。

课题研究方法，指的是该课题在研究时所采用的具体科研方法，如文献法、实验法、调查法、统计法、行动研究法等。研究方法是课题研究的必要手段。研究方法的科学性、合理性、可行性，是决定研究目标能否实现的基本条件，因此也是课题论证的重点。在课题论证中，应写清楚根据研究目的和内容，拟采取哪些主要研究方法，并简要说明这个方法用在何处或解决什么问题。实际研究过程中，一项课题的研究往往要采取多种方法。如在"MOOC 背景下教学模式改革"研究中，研究者采用自然观察法了解不同专业和年级的学生对网上视频的喜欢程度，用实验法研究不同教育模式对学习成绩的影响。研究方法要与拟解决问题的特点、性质相适应。如果是实验研究类的课题，还应写清楚研究的自变量、因变量和控制变量。

(3) 课题研究步骤。

课题研究步骤，即课题研究在时间和顺序上的安排。研究步骤要充分考虑研究内容的相互关系和难易程度，一般情况下都是从基础问题开始，分阶段进行。填写这部分内容要交代清楚课题研究大致分为几个主要阶段及具体的时间安排，每一阶段的主要研究任务及预期的研究成果。最后，还要写清楚课题研究的最终成果及形式。通常情况下一般将课题研究分成准备、实施研究、总结三个阶段分别进行陈述。如"陕西省基础教育信息化评价指标体系研究"对课题研究步骤的设计如下。

1. 课题研究准备阶段

2014 年 11 月—12 月：查阅文献，收集资料，设计问卷，咨询专家。

2. 课题研究实施阶段

2015年1月—9月：开展调研，收集数据，研制评价体系，制订评价方案。

3. 课题研究结题阶段

2015年10月—11月：撰写结题报告，梳理研究成果，准备结题。

六、完成课题的可行性分析

完成课题的可行性分析主要包括现有的研究工作基础、已取得的相关研究成果及其社会评价、主要参考文献、课题组人员结构、研究的外部条件、研究经费和设备等。这部分填写往往也有字数限制。全国教育规划课题完成课题的可行性分析填写要求如表12-6所示。

表12-6　完成课题的可行性分析

1. 课题负责人的主要学术简历、在相关研究领域的学术积累和贡献；
2. 课题负责人前期相关研究成果的社会评价(引用、转载、获奖及被采纳情况等)；
3. 完成本课题研究的时间保证、资料设备等科研条件。

(限1500字内)

1. 现有的研究工作基础

现有的研究工作基础主要是人员基础和物质基础。每个课题在人员和设备的要求方面都不尽相同，因此要讲清楚开展本项研究已经具备的基本研究条件。研究条件包括主客观两个方面，客观方面是指人力、物力、财力等是否允许承担此课题；主观方面是指研究者是否具备承担此课题的知识、经验和能力，进行过哪些研究，已取得哪些相关研究成果。

2. 已取得的相关研究成果及其社会评价

已取得的研究成果在课题申报书中可以按照作者、成果名称、发表刊物、发表时间等信息比较详细地填写。但是，在"课题设计论证活页"及匿名评审部分需隐匿课题申报人有关的姓名、工作单位等信息，凡是出现姓名或工作单位的地方统一用××代替。否则，在评审开始前的资格审查时会被视为故意泄露个人信息而被取消评审资格。

研究成果的社会评价主要指已取得的与申报课题相关的研究成果的社会反响。一般可以从研究成果的影响面、影响度、经济效益等方面进行说明。如著作的发行量、读者的评论、成果的获奖情况、成果被转化使用情况、应用效果、论文的引用率或转载情况等。

3. 主要参考文献

主要参考文献是指写课题申报书时所参考的主要文献。评审专家往往可以从主要参考文献的质量判断申报者的研究水平和资料占有情况。主要参考文献的填写要遵循以下几条原则。

(1) 顺序呈现。

申请书主要是写给评审人和课题批准单位看的，因此要站在阅读对象的角度按照高效阅读的原则填写。一般课题虽然都对参考文献数量有限制，但阅读起来依然困难。如果申报者能按照一定的标准对参考文献进行排序，则会较有利于阅读。排序的标准可以是文献产生的时间、作者姓氏笔画、与课题相关度等。

(2) 突出重点性。

填写一个课题申请书(尤其是重大课题的)要参考的文献往往多达几十个。因此，填写时要根据课题研究特点，列出与课题研究目标最相关、影响力最大的文献。尤其是与课题研究直接相关的重要文献一定不能缺失。以"陕西省基础教育信息化评价体系研究"课题为例，如果主要参考文献没有"陕西省中小学校(农村)信息化评估标准(试行)"和"陕西省初中和小学信息化建设标准"，就会让评审专家对申报人完成该课题的专业积淀、视野、能力等产生怀疑。

(3) 类型丰富。

参考文献的类型主要指期刊文献、书籍文献以及文献来源(国内还是国外)等。填写课题申请书主要参考文献时最好能适当地兼顾文献类型。书籍文献一般是经过大浪淘沙后的精品，不足之处是时效性相对较差；学术期刊文献最能突显学术研究前沿热点。如果能兼顾文献类型一般会比较容易得到评审专家对申报人的研究视野和学术积淀的认可。

4. 课题组人员结构

课题组人员结构主要看课题参与人员的整体素质与水平，参与人员的研究方向与申报课题的相关性，参与人员的身份是否能保证课题顺利完成。课题组人员结构分析不但对课题能否申报成功有影响，更是直接决定着课题申报成功后的研究工作能否顺利进行，因此需课题申报人谨慎对待。否则，即使课题申报成功了，也会因为课题组人员不得力而无法顺利完成。

5. 研究的外部条件

研究的外部条件指校方的支持、国内形势政策等。

6. 研究经费和设备

研究经费主要指申请资助的经费能否满足研究需要，申报人工作单位是否配套经费、是否需要自筹经费等；研究设备主要包括现有仪器、实验室的情况以及有利开展实验的条件等，同时要说明完成课题需要补充的仪器设备。

七、预期研究成果

成果形式包括：调查报告、实验报告、研究报告、研究论文、教学策划集、论文集、政策、制度文件、教学设计、经验总结、研究专著、教学软件(包括音像制品、计算机软件)等，研究周期较长的课题，还应分别有阶段成果和最终成果。阶段成果可以按研究阶段列出。课题不同，研究成果的内容、形式也不一样，但不管形式是什么，课题研究必须有成果，否则，就失去了研究的意义。

对于中小学教师来说，调查报告、研究报告、论文、教育叙事、个案分析、典型课例等应是课题研究成果中最主要也是比较容易表现的形式。全国教育规划课题研究成果填写内容如表 12-7 所示，要求填写阶段性研究成果和最终研究成果，其中阶段性研究成果限报 8 项。

表12-7 预期研究成果

主要阶段性研究成果(限报 8 项)				
序号	研究阶段(起止时间)	阶段成果名称	成果形式	负责人
1				
2				
最终研究成果				
序号	完成时间	最终成果名称	成果形式	负责人
1				
2				

八、经费预算

经费预算要合理，详细，符合相关课题经费管理规定。另外，要视主管部门能给予的经费支持强度而定。有些课题对资助额度有明确统一的规定，那就按资助金额预算，不要超出规定额度。对于没有资助额度只制定资助范围的课题，经费预算一般来说可以超出最高额度的 15%~25%。

有些课题只要求经费预算，但对具体开支科目不做具体规定，申报人填写时要根据课题研究的合理需要，坚持目标相关性、政策相符性和经济合理性原则，科学规划课题经费支出的开支科目。具体预算方法和开支科目可以参考《全国教育科学规划课题经费管理办法》。全国教育规划课题经费预算表如表 12-8 所示，明确指定了课题研究可以预算的开支科目，一般不允许资助增加开支科目，但允许部分开支科目不支出。如教育理论研究往往不需要购买设备，则设备费可以为零。

表12-8 经费预算

序号	经费开支科目	金额(万元)	序号	经费开支科目	金额(万元)
1	资料费		7	专家咨询费	
2	数据采集费		8	劳务费	
3	差旅费		9	印刷费	
4	会议费		10	管理费	
5	国际合作与交流		11	其他	
6	设备费		合计		
年度预算	年	年	年	年	年

九、经费管理

经费管理一般由课题申报人所在单位填写，主要填写内容包括：收款单位全称、开户银行、银行账号、汇入地点、财务联系电话等。全国教育规划课题经费管理栏填写内容如表 12-9 所示。

表12-9 经费管理

承诺遵守财务规章制度，如实填报，严格监督课题经费的合理有效使用，保证课题经费单独立户，专款专用，不挤占和挪用课题经费，在课题结题时提供课题经费使用明细单。

财务部门公章：

财务负责人签章：

年 月 日

十、推荐人意见

推荐人意见只针对课题申报人不满足课题要求(主要是职称情况)但允许申报的申报者，对于满足申报要求的申报者则不需要填写推荐意见。

推荐人意见由推荐人填写，填写推荐意见不是简单地说好话，而要根据填写要求务实地对课题主持人的专业水平、科研能力、科研态度、科研条件等逐一进行陈述。

一般课题都需要两名具有正高级职称的推荐人，推荐人需要课题申报者自己邀请。推荐人一方面要对课题负责人完成课题可能性的情况进行说明，另一方面往往还要对课题申报人进行信誉担保。因此，邀请推荐人时，研究领域跟自己越接近、权威性越高越好。全国教育规划课题推荐人填写意见如表 12-10 所示。

表12-10 推荐人意见

不具有副高级以上(含)专业技术职务或博士学位的申请青年项目，须由两名具有正高级专业技术职务的同行专家推荐。推荐人须认真负责地介绍课题负责人的专业水平、科研能力、科研态度和科研条件，说明该项目取得预期成果的可能性，并承担信誉保证。

第一推荐人姓名：		专业职务：		研究专长：	
工作单位：		填写日期：		推荐人签章：	
意见：					
第一推荐人姓名：		专业职务：		研究专长：	
工作单位：		填写日期：		推荐人签章：	
意见：					

十一、课题负责人所在单位意见

　　申报课题一般都必须征得课题负责人所在单位的同意，课题审批单位才会受理申报人的申请。有些课题还给具体单位分配一定的申报名额。课题申报者首先得通过单位的评审才能向上一级推荐申报。课题负责人所在单位意见就是同意推荐课题负责人申报的凭证。一般情况下，课题负责人单位签署推荐意见也同时意味着愿意承担课题的管理义务和信誉保障，如表 12-11 所示。

表12-11　课题负责人所在单位意见

申请书所填写的内容属实；该课题负责人及参加者的政治和业务素质适合承担本课题的研究工作；本单位能提供完成本课题所需的时间和条件；本单位同意承担本项目的管理任务和信誉保证。

单位公章

年　月　日

十二、省级规划办、教育部直属单位、部委直属高校审核意见

　　由于全国教育规划课题目前实施逐级审批制度，即申报者填写课题申请先交由课题负责人所在单位审批，单位审批通过后方能交给省级规划办、教育部直属单位审批，省级规划办、教育部直属单位审批通过才能报送至全国教育规划办进入正式评审阶段。部委直属高等院校科研人员申报全国教育规划课题只要课题负责人所在单位通过即可直接报送全国教育规划办。省级规划办、教育部直属单位、部委直属高校审核意见内容如表 12-12 所示。

表12-12　省级规划办、教育部直属单位、部委直属高校审核意见

本单位完全了解全国教育科学规划领导小组办公室的有关管理规定，完全意识到本声明的法律后果由本单位承担。保证课题申报的真实性，认可课题申报人及其所在单位的申报资格，同意上报全国教育科学规划领导小组办公室。

单位公章

年　月　日

十三、负责人和课题组主要成员研究课题结题证明

　　一般国家级和省级课题申报表都要求申报者出示一定时间期限(一般为三年或五年)里已完

成重大课题的结题证明。证明方式一般是将课题结题证或鉴定表复印件粘贴在指定的位置即可。凡是填写在相关研究课题表里的研究课题，研究状态填为"已结题"的原则上都要附结题证或成果鉴定表复印件。

十四、学科评审组评审意见

学科评审组评审意见由评审专家根据评审单位的评审要求和评分标准打分，并填写评审意见。全国教育规划课题学科组评审意见及评审指标如表 12-13 所示。对于课题申报者来说，认真研读学科组评审指标，明确课题评审权重对申报书的填写和提升课题申报的成功率都有很好的帮助作用。

表12-13　学科评审组评审意见

评价指标	权重	指标说明	专家评分							
选题	3	主要考察选题的学术价值或应用价值，对国内外研究状况的总体把握程度	10分	9分	8分	7分	6分	5分	4分	3分
论证	5	主要考察研究内容、基本观点、研究思路、研究方法、创新之处	10分	9分	8分	7分	6分	5分	4分	3分
研究基础	2	主要考察课题负责人的前期相关研究成果和主要参考文献	10分	9分	8分	7分	6分	5分	4分	3分

专家1评分	专家2评分	专家3评分	专家4评分	专家5评分	总分	票数

综合评价	是否建议入围		A. 建议入围　　　　B. 不建议入围	

评审专家(签章):

十五、课题论证活页

课题论证活页的主要功能是为了实施课题匿名评审，其内容基本包括了课题设计的所有内容，填写内容也要完全和申请书中对应部分内容完全一致。只是这部分内容填写时，不得出现课题申请人和课题组成员的姓名、单位名称等信息，统一用×××、××××××代表。否则，一律不得进入评审程序。全国教育规划课题论证活页如表12-14所示，前期相关研究成果只填成果名称、成果形式(如论文、专著、研究报告等)、作者排序、是否核心期刊等，不得填写作者姓名、单位、刊物或出版社名称、发表时间或刊期等。与本课题无关的成果、承担的各类项目等不能作为前期成果填写。课题负责人和参加者的成果分开填。合作者注明作者排序。成果名称、成果形式等须与申请书中填写的内容一致。申请人的前期成果不列入参考文献。此外要注意字数限制，最好按要求填写。

论证活页要单独打印装订，不能和课题申请书装订在一起。一般论证活页要求申报者打印装订几份就意味着这类课题评审的时候有多少位专家参加评审。全国教育规划课题要求申报者递交活页6份。

表12-14　课题论证活页

1. 本课题国内外研究现状述评，选题的价值和意义。
2. 本课题研究的主要内容、基本观点、研究思路、研究方法、创新之处。
3. 前期相关研究成果，开展本课题研究的主要参考文献。
(限4000字内)

✔活动2： 认真阅读本主题的内容，和本组同学讨论，在小组前期合作的基础上，选择确定本小组拟申报的课题，下载课题申请书，分工协作，查阅资料，完成课题设计和申请书的填写任务。

主题3　常见课题申请书填写存在的问题

刘双清等人2014年通过研究，总结了国家自然科学基金项目申请书中存在的问题，这些问题对科研工作者填写其他课题申请书同样具有警示作用。

✔活动1： 阅读下列材料，了解常见课题申请书填写中存在的问题。

一、创新性不强

同行评议反馈意见有"选题缺乏创新""缺乏源头创新思想或思路""沿袭自己熟悉的领域，缺乏新意""国内外已有许多相关方面的报道或部分内容重复国内或国外的研究""某作用机制已经明确""已有类似的项目获得资助"等。

二、选题不科学

同行评议反馈意见有"选题过大""选题意义不大""选题不明确""题目偏应用""题目与内容不符""题目设想片面"等。有些申请项目的选题过大，将研究面铺得很广，没有瞄准靶点，研究目标分散，难以达到预期结果，可行性不强；有些申请项目的选题过窄，研究内容单一，技术路线和研究方法过于简单，难以达到解决科学问题的目的。

三、立项依据不充分

1. 研究意义和国内外研究现状的阐述过于宏观，研究要点不集中，涉及关键问题的阐述轻描淡写。

2. 介绍的只是普及性的知识，没有紧紧围绕要研究的科学问题进行深入探讨。

3. 缺乏对科学问题的凝练，缺少合理的科学假设，或是提出的科学假设与文献依据相互矛盾，因果关系阐述证据不足。

4. 没有阐述研究思路，或没有阐述研究方法和材料的优势，或没有给出选择某项关键技术的理由。

5. 层次不清，对关键科学问题描述模糊，各个问题之间缺乏有效衔接。

6. 引述缺乏参考文献支撑；文献的影响力太低，文献过于陈旧，近 3 年的文献或英文文献偏少。

四、研究内容和研究目标不具体

1. 研究内容过于宏观或空泛，"大"到在一个项目资助周期里不可能完成全部研究内容，"空"到技术路线和实验方案的科学性比较差。

2. 研究内容太多太散，深度不够，研究重点不突出，仅仅是泛泛探索规律的研究。

3. 研究目标设置偏大，计划解决的是非学术性问题或是达到某一指标的具体工作。

五、研究方案不合理

1. 申请者将研究方法和技术路线写得过于简单，无法评价该研究方法是否可行。

2. 申请者对某些研究技术特别是新研究技术不熟悉，技术路线的描述不清楚，不充分。

3. 申请者设计研究方案较为粗糙，研究方法不够先进，技术指标过于简单。

六、研究基础不扎实

1. 缺乏前期研究基础，或研究基础薄弱，预期结果存在不可预知性。

2. 没有相关研究工作积累，或是虽然做过预实验，但没有将预实验结果进行总结归纳，并图文并茂行之于文。

七、申请者简历不规范

1. 申请者的学历或职称尚未正式获得而编造成已获得。

2. 在列出的已发表的论著中，只列了申请者本人、论文题目、期刊名称和时间，删除了其他作者的姓名。

3. 会议论文集与正式发表论文不加区分地列在一起。

4. 将已投稿但未获得任何反馈的文章列入论著列表。

5. 虚构所获科学技术奖励的排名或获得年份等。

八、形式审查不合格

形式审查不合格有多种情况：项目组成员超限，项目组成员名字的手写签名与印刷体不一致，合作单位没有盖章，没有提供因学历职称原因所需要的附件材料，学科代码选择错误，不属于资助范围，等等。

☑ **活动2：** 结合以上材料，组内讨论，找出本小组课题申请书中存在的问题。

主题4 申请书填写应注意的事项

☑ **活动1：** 阅读下列材料，掌握常见课题申请书填写应注意的事项。

一、目标不能摇摆

申请书在填写的过程中，一定要确保研究目标不变，即在研究背景、研究内容、技术路线、研究方法、研究基础和条件等任何一个环节都要紧紧围绕研究目标的实现来论述。要保证申请书中所出现的任何内容都是为了实现研究目标而安排的，都在为突出课题特色而服务。

二、表述要一致

表述一致指在申请书书写过程中，各种说法和叙述始终要保持一致。特定的研究内容一定对应合适的研究方法，特定研究方法一定是为了满足某种研究的需要。如果使用了问卷调查法，就一定要对调查数据进行整理和处理，获得调查对象的相关数据，进而通过这些数据发现和透析调查对象。如果研究方法有问卷调查法，而研究内容和研究进度安排中并没提到用什么问卷进行调查，问卷怎么来(使用已有量表还是设计问卷)，在什么时间段进行调查，评委就会觉得申报人对项目缺乏深入分析，研究思路不清楚，对于一个连申报者都不知道怎么完成的课题，评审人怎么会认为该课题可行呢？

三、用词要专业准确

无论是自然科学还是人文社会科学类课题研究都是一定领域内的专业探究活动。在填写申请书时，能用专业术语陈述的要尽量用专业术语，避免使用大众语言。使用大众语言一方面容易造成表意不准确，另一方面容易让评委误认为申报者对该领域的了解比较肤浅，进而影响评审结果。

四、篇幅要适中

为便于评审，一般申请书对填写内容都有字数上的上限限制，但并不是说填写内容就一定要写到规定的字数。申请书篇幅的长短应当适当，篇幅过短，容易让评委觉得申请者思考不充分、构想和研究积累欠缺，创新性、重要性及可行性等得不到充分表述，降低获得批准的几率。篇幅过长则容易超过字数限制和论述重点不突出，增加评委阅读的厌倦情绪，同样不利于课题的评审通过。

五、表达要规范

申请书的语句表述应当流畅，容易理解。切忌出现错字、别字、病句，尽管错别字等细节性问题从实质上是不影响课题研究的，但这些问题容易让评委对申报者的科学研究态度产生怀疑。

📝**活动 2：**对照以上阅读材料，认真阅读本小组的课题设计和申请书，结合本单元主题 3 活动 2 中小组讨论的结果，对本小组的课题申请书提出修改意见。

我认为我们组的课题申请书还需要修改_____

_____

_____

_____

_____。

思考与练习

登录下列网站，了解课题申请信息，下载一份优质课题申请书，认真阅读并在组内分享阅读心得。

1. 全国哲学社会科学工作办公室(http://www.npopss-cn.gov.cn)
2. 国家自然科学基金委员会(http://www.nsfc.gov.cn/)
3. 全国教育科学规划领导小组办公室(http://onsgep.moe.edu.cn/)
4. 中国教育科学研究院(http://www.nies.net.cn/)
5. 中国教育科研课题网(http://www.jykykt.com)

附：全国教育规划课题申请书样表

NOESP

编号	

全国教育科学规划课题
申请书

课题名称 _____

课题类别 _____

学科分类 _____

课题负责人 _____

责任单位 _____

填表日期 _____

全国教育科学规划领导小组办公室制
2020 年 1 月

申请者的承诺与成果使用授权

一、本人自愿申报全国教育科学规划课题。认可所填写的《全国教育科学规划课题·申请书》(以下简称为《课题申请书》)为有约束力的协议,并承诺对所填写的《课题申请书》所涉及各项内容的真实性负责,保证没有知识产权争议。同意全国教育科学规划领导小组办公室有权使用《投标申请书》所有数据和资料。课题申请如获准立项,在研究工作中,接受全国教育科学规划领导小组办公室及其委托部门的管理,并对以下约定信守承诺:

1. 遵守相关法律法规。遵守我国《著作权法》和《专利法》等相关法律法规;遵守我国政府签署加入的相关国际知识产权规定。

2. 遵循学术研究的基本规范。科学设计研究方案,采用适当的研究方法,如期完成研究任务,取得预期研究成果。

3. 尊重他人的知识贡献。客观、公正、准确地介绍和评论已有学术成果。凡引用他人的观点、方案、资料、数据等,无论曾否发表,无论是纸质或电子版,均加以注释。凡转引文献资料,均如实说明。

4. 恪守学术道德。研究过程真实,不以任何方式抄袭、剽窃或侵吞他人学术成果,杜绝伪注、伪造、篡改文献和数据等学术不端行为。成果真实,不重复发表研究成果;对课题主持人和参与者的各自贡献均要在成果中以明确的方式标明。

5. 维护学术尊严。保持学者尊严,增强公共服务意识,维护社会公共利益。维护全国教育科学规划课题声誉,不以课题名义牟取不当利益。

6. 遵守课题管理规定。遵守《全国教育科学规划课题管理办法》及其实施细则的规定。

7. 明确课题研究的资助和立项部门。国家社科基金课题和教育部级课题研究成果发表时须在醒目位置独家标明"国家社科基金教育学××年度××××课题(课题批准号:××××)成果"和"全国教育科学规划××年度××××课题(课题批准号:××××)成果"字样,课题名称和类别与课题立项通知书一致。凡涉及政治、宗教、军事、民族等问题的研究成果须经全国教育科学规划领导小组办公室同意后方可公开发表。

8. 标明课题研究的支持者。要以明确方式标明为课题研究做出重要贡献的非课题组个人和集体。

9. 正确表达科研成果。按照《国家通用语言文字法》规定,规范使用中国语言文字、标点符号、数字及外国语言文字。

10. 遵守财务规章制度。合理有效使用课题经费,不得滥用和挪用。课题结题时如实报告经费使用情况,不报假账。

11. 按照预期完成研究任务。课题立项获得批准的资助经费低于申请的资助经费时,同意承担课题并按预期完成研究任务,达到预期研究目标。

12. 成果达到约定要求。课题成果专著、论文、研究报告等公开发表,并在学术界和实践领域产生一定的影响。

二、作为课题研究者,本人完全了解全国教育科学规划领导小组办公室的有关管理规定,完全意识到本声明的法律后果由本人承担。特授权全国教育科学规划领导小组办公室:有权保留并向国家有关部门或机构报送课题成果的原件、复印件、摘要和电子版;有权公布课题研究成果的全部或部分内容,同意以影印、缩印、扫描、出版等形式复制、保存、汇编课题研究成果;允许课题研究成果被他人查阅和借阅;有权推广科研成果,允许将课题研究成果通过内部报告、学术会议、专业报刊、大众媒体、专门网站、评奖等形式进行宣传、试验和培训。

申请者(签章):_____

年　　月　　日

填写数据表注意事项

1. 课题名称 应准确、简明反映研究内容，最多不超过 40 个汉字(包括标点符号)。

2. 关键词 按研究内容设立。最多不超过 3 个关键词，词与词之间空一格。

3. 学科分类 系指课题研究所属学科范围。请选项填写，限报 1 项。

   A. 教育基本理论   B. 教育心理   C. 教育信息技术   D. 比较教育   E. 德育

   F. 教育经济与管理   G. 教育发展战略   H. 基础教育   I. 高等教育   J. 职业技术教育   K. 成人教育   L. 体育卫生美育

   M. 民族教育   N. 国防军事教育   O. 教育史

   跨学科的课题，请选为主的学科填写。

4. 课题负责人 系指真正承担课题研究和负责课题组织、指导的研究者。不能承担实质性研究工作的，不得申请。

5. 课题类别 本申请书适用以下 **6** 类课题的申报；请选项填写，限报 1 项。

   B. 国家一般课题   C. 国家青年基金课题   D. 教育部重点课题   E. 教育部青年专项课题

   F. 国际教育研究专项课题(20 万元)   G. 国际教育研究专项课题(5 万元)

   (不同类别结题成果要求详见我办网站《全国教育科学规划课题成果鉴定结题细则》)

6. 研究类型 请选项填写，限报 1 项。   例如：| C | 综合研究 |

   A. 基础研究 B. 应用研究 C. 综合研究 D. 其他研究

7. 担任导师 系指申请人本人担任博士生导师或硕士生导师情况，请选项填写，限报 1 项。例如：| A | 博士生导师 |

   A. 博士生导师 B. 硕士生导师 C. 未担任导师

8. 工作单位 按单位和部门公章全称填写。

9. 所在省(自治区、直辖市) 请选项填写，限报 1 项。例如：| A | 北京市 |

   A. 北京市 B. 天津市 C. 上海市 D. 重庆市 E. 河北省 F. 山西省 G. 内蒙古 H. 辽宁省 I. 吉林省

   J. 黑龙江省 K. 江苏省 L. 浙江省 M. 安徽省 N. 福建省 O. 江西省 P. 山东省 Q. 河南省 R. 湖北省

   S. 广东省 T. 湖南省 U. 海南省 V. 广西 W. 四川省 X. 贵州省 Y. 云南省 Z. 西藏 1. 陕西省

   2. 甘肃省 3. 青海省 4. 宁夏 5. 新疆 6. 新疆生产建设兵团 7. 香港 8. 澳门 9. 台湾

10. 所属系统 系指申请人单位的属性。请选项填写，限报 1 项。

   例如：| A | 教育部直属高等院校 |

   A. 教育部直属高等院校 B. 其他高等院校 C. 教育部直属单位 D. 其他科研机构 E. 中小学校(包括中等专业学校、技工学校、职业高中、幼儿园等) F. 军事机关及院校 G. 教育部各司局 H. 国家部委机关 I. 地方教育行政部门 J. 其他

11. 联系电话 必须填写课题负责人的电话号码。

12. 主要参加者 必须真正参加本课题研究工作，不含课题负责人，不包括单位领导、科研管理、财务管理、后勤服务等人员。

13. 预期成果 系指公开发表的专著或研究论文。请根据申请的课题类别的成果要求填写。例如：| A | 专著 |
| D | 研究报告 |

   A. 专著 B. 译著 C. 研究论文 D. 研究报告 E. 工具书 F. 电脑软件 G. 其他

14. 申请经费 以万元为单位，填写阿拉伯数字，注意小数点位置。

15. 页数不够可加页，页码做相应调整。

一、数据表

课题名称							
关键词							
课题类别		学科分类			研究类型		
负责人姓名		性别		民族		出生日期	
行政职务		专业职务			研究专长		
最后学历		最后学位			担任导师		
所在省(自治区、直辖市)				所属系统			
工作单位				电子信箱			
单位通信地址				邮政编码			
联系电话	(单位)(家庭)(手机)						
身份证类型		身份证件号码		是否在内地(大陆)工作的港澳台研究人员			是/否

主要参加者	姓名	出生年月	专业职务	研究专长	学历	学位	工作单位	签名

预期最终成果						
申请资助经费(单位：万元)			预计完成时间			

(注：国家青年和教育部青年专项的课题申报者年龄为 35 周岁以下，1985 年 3 月 31 日之后出生)

二、负责人和课题组主要成员近五年来主持的相关重要研究课题

主持人	课题名称	课题级别	批准时间	批准单位	完成情况

注：此处只需要填写省级以上的立项课题相关信息。

三、课题立项和结题证书、证明复印件粘贴处

注：1.已经结题的可以只附结题证书即可；2.证书复印件可缩放、可扫描粘贴。

四、课题设计论证

　　本表参照以下提纲撰写，要求逻辑清晰，主题突出，层次分明，内容翔实，排版清晰。除"研究基础"填在表五外，本表内容与《活页》内容一致。

　　1. **选题依据**：国内外相关研究的学术史梳理及研究动态；本课题相对已有研究的独到学术价值和应用价值等。

　　2. **研究内容**：本课题的研究对象、总体框架、重点难点、主要目标等。

　　3. **思路方法**：本课题研究的基本思路、具体研究方法、研究计划及其可行性等。

　　4. **创新之处**：在学术思想、学术观点、研究方法等方面的特色和创新。

　　5. **预期成果**：成果形式、使用去向及预期社会效益等。

　　6. **参考文献**：开展本课题研究的主要中外参考文献。

五、研究基础和条件保障

1. **学术简历**：课题负责人的主要学术简历、学术兼职，在相关研究领域的学术积累和贡献等。

2. **研究基础**：课题负责人前期相关研究成果、核心观点及社会评价等。

3. **承担项目**：负责人承担的各级各类科研项目情况，包括项目名称、资助机构、资助金额、结项情况、研究起止时间等。

4. **与已承担项目或博士论文的关系**：凡以各级各类项目或博士学位论文(博士后出站报告)为基础申报的课题，须阐明已承担项目或学位论文(报告)与本课题的联系和区别。

5. **条件保障**：　完成本课题研究的时间保证、资料设备等科研条件。

说明：前期相关研究成果限报 5 项，成果名称、形式(如论文、专著、研究报告等)须与《课题论证》活页相同，活页中不能填写的成果作者、发表刊物或出版社名称、发表或出版时间等信息要在本表中加以注明。

与本课题无关的成果不能作为前期成果填写；合作者注明作者排序。

六、预期研究成果

序号	完成时间	最终成果名称	成果形式	负 责 人
1				
2				
3				
4				
5				

注：

1. **国家一般课题**应出版学术专著 1 部，并且在 CSSCI 期刊上发表 3 篇相关论文。

2. **国家青年基金课题**应出版学术专著 1 部，并且在 CSSCI 期刊上发表 2 篇相关论文。

3. **教育部重点课题**应出版学术专著 1 部，或者在北京大学图书馆版核心期刊上发表 3 篇相关论文。

4. **教育部青年专项课题**应出版专著 1 部，或者在北京大学图书馆版核心期刊上发表 2 篇相关论文。

七、经费概算

经费类别	序号	经费开支科目	金额(万元)	序号	经费开支科目	金额(万元)
直接费用	1	资料费		5	专家咨询费	
	2	数据采集费		6	劳务费	
	3	会议费/差旅费/国际合作与交流费		7	印刷出版费	
	4	设备费		8	其他支出	
间接费用				合计		

注：经费开支科目参见《国家社会科学基金项目资金管理办法》。

八、经费管理

承诺遵守财务规章制度，如实填报，严格监督课题经费的合理有效使用，保证课题经费单独立户，专款专用，不挤占和挪用课题经费，在课题结题时提供课题经费使用明细单。

收款单位全称：

开户银行：

银行账号：

汇入地点(指所在城市名)：

财务联系电话：

财务部门公章：

财务负责人签章：

年　　　月　　　日

九、课题负责人所在单位意见

申请书所填写的内容属实；该课题负责人及参加者的政治和业务素质适合承担本课题的研究工作；本单位能提供完成本课题所需的时间和条件；本单位同意承担本项目的管理任务和信誉保证。

单位公章

年　　月　　日

说明：教育部直属单位、部委直属高校不填写此表。

十、省级规划办、教育部直属单位、部委直属高校审核意见

本单位完全了解全国教育科学规划领导小组办公室的有关管理规定，完全意识到本声明的法律后果由本单位承担。保证课题申报的真实性，认可课题申报人及其所在单位的申报资格，同意上报全国教育科学规划领导小组办公室。

单位公章

年　　月　　日

研究成果篇

■ 单元十三　撰写教育科研报告

■ 单元十四　撰写学术论文

■ 单元十五　发表学术论文

单元十三

撰写教育科研报告

主题1　学术文本

活动 1： 阅读下列文字，了解学术文本的内涵及常见的学术文本类型。

一、学术文本的定义

学术文本是指用来进行科学研究和描述科学研究成果的文章。

在科学研究中，由于研究课题和研究方向的差异，形成了多种不同的学术文本形式。通常情况下，学术文本包括科研报告、研究札记、专论、学位论文以及专著等。

1. 科研报告

教育科研报告是教育科学研究成果的重要表现形式，也是揭示教育规律的主要形式。一般指通过文献研究、调查研究、实验研究、行动研究或综合研究等，在掌握大量事实、数据的基础上进行分析、总结，找出规律，提出经验、办法、观点、建议和看法的学术性文章。

2. 研究札记

研究札记是研究者在对某种科研课题进行深入研究的过程中，对研究现象、所遇问题、解决方法、研究结果等内容以新的方式书写记录下来的类似读书笔记的文字资料。

3. 专论

专论是相对于综述性论文而言的，即对某个特定问题进行专门论证的文章，是最常见的学术论文形式。

4. 学位论文

学位论文是一种为未来获取学位撰写的论文，一般要经过答辩环节。学位论文是评定、授予学位的重要依据。我国的学位有三级，即学士、硕士和博士，与之相对应，《中华人民共和国学位条例》规定，学位论文分为学士论文、硕士论文和博士论文。

5. 专著

专著是科学研究工作者对自己的研究成果进行系统叙述的成果。

活动2： 阅读下列学术文本，比较每个文本在表现形式方面的异同。

1. 卢家楣，徐雷等. 当代大学生道德情感现状调查研究[J]. 教育研究，2016(12).
2. 陈思宇，黄甫全，曾文婕. "互联网+"时代行动研究的知识建构法[J]. 中国电化教育，2017(01).
3. 石艳. 教师知识共享过程中的信任与社会互动[J]. 教育研究，2016(08).
4. 潘炳超. 翻转课堂模式应用于高校教学的实验研究[J]. 电化教育研究，2015(03).
5. 胡勇，陈丽. 国内高等院校异步文本内容分析研究述评[J]. 开放教育研究，2010(02).
6. 孙河川. 英国政府的教育国策及启示[J]. 教育研究预实验，2016(05).
7. 林长山，汤卫红. 清华附小学生核心素养课程深度整合[J]. 课程·教材·教法，2016(05).

二、学术文本的特点

1. 学术性

学术是指较为专门、系统的学问。所谓学术性是指以科学研究领域里某一专业性问题作为研究对象，研究、探讨的内容具有专门性和系统性。学术性侧重于对事物进行抽象的概括的叙述或论证，反映的不是客观事物的外部直观形态和过程，而是事物发展的内在本质和变化演进的规律。当然也有的学术问题，仅凭一个专业的知识解决不了，就会由两个或两个以上专业的专家联手合作研究，运用各自的专业知识，解决一个学术问题，写出学术论文。学术性是学术论文存在的基本条件。

从内容上看，学术文本更富有明显的专业性，是作者运用他们系统的专业知识，去论证或解决专业性很强的学术问题。有时候，单纯从题目上还难以判断是否是学术论文，必须从内容上加以辨别。

从语言表达来看，学术文本是运用专业术语和专业性图表符号表达内容的，专业术语用得很多，它主要是写给同行看的，因而不必在乎其他人是否看得懂，而是要把学术问题表达得简洁，准确，规范。

2. 科学性

科学性是学术文本的特点，也是学术文本的生命和价值所在。开展学术研究，写作学术文本的目的在于揭示事物发展的客观规律，探求客观真理，从而促进科学的繁荣和发展，这就决定了学术文本必须具有科学性。

所谓科学性，就是指研究、探讨的内容准确，思维严密，推理合乎逻辑。

保证学术文本的科学性需要做到以下三点。

(1) 研究态度的科学性。

即要求研究者要以实事求是的态度，严谨的学风和严密的方法开展学术研究。从事社会科学研究工作，就必须从大量的材料出发，通过分析材料得出结论；而不能先有结论，再找材料去论证。从事实验研究工作，就应对课题进行系统的多方面的实验，从大量的实验数据中分析综合，得出正确的结论。

没有科学的态度，就不可能写出具有科学性的文章来。态度的不端正主要表现为：有的人为了沽名钓誉，哗众取宠，故意歪曲事实，标新立异，甚至伪造事实，提出所谓新观点。如英国一位曾经名扬四海的研究者"深信理论无误而编造数据"；苏联一位女科学家曾为了使自己声名显赫而虚构"细胞起源"的假实验。

(2) 研究方法的科学性。

研究方法的科学性就是要运用马克思主义的立场、观点，用辩证唯物主义和历史唯物主义的方法去进行科学探讨。科学性在思维方式上的重要表现就是逻辑性。王力先生说："撰写论文，第一也是最重要的一点，就是要运用逻辑思维，如果没有科学头脑，就写不出科学论文，所谓科学头脑，也就是逻辑的头脑。"

研究方法的科学性，就是先用归纳法，再用演绎法，而不能反过来。要从大量的具体材料去归纳，从个别到一般，以归纳为基础，再做分析，最后得出结论。对结论还要多设疑问，反复思考论证，凡是先有结论，再找材料的研究，都是反科学的研究方法。

(3) 研究内容的科学性。

研究内容的科学性主要指论点正确，概念明确，论据确凿充分，推理严密，语言准确。

论点(观点)即学术研究的成果结论，这个结论应能反映客观事物的本质规律，揭示客观真理，符合客观实际，经得起实践验证，经得起推敲和逻辑推理。

论文中概念的外延、内涵要有明确性、准确性和确定性，不能模糊不清，也不能随意更换概念。

论据要确凿充分，不能使用孤证就轻易得出结论，更不能歪曲材料，伪造材料。

"推理严密就是论据和论点要有机联系，推断要有严密的逻辑性，需要类比的考证，也要注意类比的可比性与可靠性。揭示事物发展的客观规律，要从客观实际出发，具有现实意义。事实、事物、事件真实客观，不带个人偏见，不主观臆断，以最充分、确凿有力的论据作为立论依据，论证严谨而充分。"

3. 创新性

创新性被视为学术文本的特点之一，这是由科学发展的需要决定的。

创新性是指学术文本要反映出作者对客观事物研究的独到见解和观点，以及某个领域的新理论、新设想、新方法、新定理，甚至填补某个领域的空白。

科学研究是对新知识的探求。如果科学研究只是继承，没有创造，那么人类文明就不会前进。人类的历史就是不断发现、不断发明、不断创新的历史。一个民族如果没有创新精神，这个民族就要衰亡。同样，一篇论文如果没有创新之处，它就毫无价值。

当然，学术文本的创新性往往是有限的。惊人发现、伟大发明、填补空白，这些创造绝非轻而易举，也不可能每篇学术文本都有这种创造性，但只要有自己的一己之见，在现有研究成果的基础上增添一点新的东西，提供一点人所不知的资料，丰富了别人的论点，从不同角度、不同方面对学术做出了贡献，就可看作是一种创造。学术文本的创新，主要表现在以下几个方面。

(1) 填补空白的新发现、新发明、新理论。

人类的科研活动，主要是发现活动和发明活动。发现是认识世界的科学成就。把原来存在却未被人们认识的事物揭示出来，就是发现。如居里夫人发现镭，考古学家发现恐龙化石等。科学发现为人类的知识宝库增添财富，使科学得到发展。发明是改造世界的科技成就，运用知识发明出对人类有用的新成果，成为直接的生产力，如蒸汽机、电子计算机等。新理论是一种自成系统的学说，它对人类的实践具有巨大的理论指导意义。如马克思的《资本论》，李四光的"新华夏构造体系"等。

(2) 在继承基础上发展、完善、创新。

创新离不开科学继承。有不少研究成果，是在继承基础上发展起来的。继承基础上的发展，也是一种创新。只有创新才能发展。如日本彩电，继承了三分欧洲技术、七分美国技术，在综合国际 300 多项高新技术的基础上，创造了更先进的日本技术。电子计算机是经过一代又一代的继承、创新，不断发展，至今仍以日新月异的速度更新换代。邓小平理论也是在继承马列主义、毛泽东思想的基础上，结合中国国情，创造性地发展了社会主义理论。

(3) 在众说纷纭中提出独立见解。

开展科学研究的过程中，学术争鸣是不能避免的，参加学术争鸣切忌人云亦云，应对别人提出的观点给予认真的思辨，并积极参与争鸣，大胆提出自己的独立见解和立论根据。对活跃思维，产生科学创见做出一点贡献，也是一种创造性。

(4) 推翻前人定论。

在探究物质世界客观规律的过程中，受研究条件、研究方法等因素的影响，很难一下子穷尽其本质。因此，任何学派的理论、学说，都不是百分之百正确的。研究者对研究对象的认识和研究者本人的知识结构，不可避免地存在着局限性，他们研究而得出来的结论，即使当时被认为是正确的，但随着历史发展，科学进步，研究手段的更新等，很可能会发现这些定论存在着问题。因此，对待前人的定论，科学研究提倡继承，但不迷信，若发现其错误，就需要用科学的勇气去批判它、推翻它。

(5) 对已有资料做出创造性综合。

对已有资料做出创造性综合之所以也是一种创新，就在于作者在综合过程中发现问题和提出问题，引导人们去解决问题。

当今世界，信息丰富，文字浩瀚，能对资料做分门别类的索引，已经备受欢迎，为科学研究做出了实实在在的贡献。而整理性论文，不仅提供了比索引更详细的资料，更可贵的是整理者在阅读大量的同类信息过程中，以他/她特有的专业眼光和专业思维，做出筛选归纳，其信息高度浓缩。整理者把散置在各篇文章中的学术精华较为系统地综合成既清晰又条理的问题，明人眼目，这就是创造性综合。与文摘相比，这种综合需要专业特长、学术鉴赏水平、综合归纳能力，以及发现有学术价值问题的敏锐力。

4. 理论性

所谓学术文本的理论性是指论文作者思维的理论性、论文结论的理论性和论文表达的论证性。这是学术论文与科普读物、实践报告、科技情报之间最大的区别。

学术文本的理论性一般表现在以下 3 个方面。

(1) 思维的理论性。

思维的理论性即研究者对研究对象的思考，不是停留在零散的感性上，而是运用概念、判断、分析、归纳、推理等思辨的方法，深刻认识研究对象的本质和规律，经过高度概括和升华，使之成为理论。

(2) 结论的理论性。

学术文本的结论是建立在充分的事实基础上，通过理性思维，高度概括其本质和规律，使之升华为理论，理性思维水平越高，结论的理论价值就越高。

(3) 表达的论证性。

学术文本除了思维的理论性和结论的理论性外，还必须对结论展开逻辑的、精密的论证，以达到无懈可击、不容置疑的说服力。

☑ **活动 3：** 阅读下列文献，并分别写出其最突出的特点。

1. 卢家楣，徐雷等. 当代大学生道德情感现状调查研究[J]. 教育研究，2016(12).

最突出的特点是：＿＿＿＿＿＿＿＿＿＿＿＿＿＿＿＿＿＿＿＿＿

2. 陈思宇，黄甫全，曾文婕. "互联网+"时代行动研究的知识建构法[J]. 中国电化教育，2017(01).

最突出的特点是：＿＿＿＿＿＿＿＿＿＿＿＿＿＿＿＿＿＿＿＿＿

3. 石艳. 教师知识共享过程中的信任与社会互动[J]. 教育研究，2016(08).

最突出的特点是：＿＿＿＿＿＿＿＿＿＿＿＿＿＿＿＿＿＿＿＿＿

4. 潘炳超. 翻转课堂模式应用于高校教学的实验研究[J]. 电化教育研究，2015(03).

最突出的特点是：＿＿＿＿＿＿＿＿＿＿＿＿＿＿＿＿＿＿＿＿＿

5. 胡勇，陈丽. 国内高等院校异步文本内容分析研究述评[J]. 开放教育研究，2010(02).

最突出的特点是：＿＿＿＿＿＿＿＿＿＿＿＿＿＿＿＿＿＿＿＿＿

6. 孙河川. 英国政府的教育国策及启示[J]. 教育研究预实验，2016(05).

最突出的特点是：＿＿＿＿＿＿＿＿＿＿＿＿＿＿＿＿＿＿＿＿＿

7. 林长山，汤卫红. 清华附小学生核心素养课程深度整合[J]. 课程·教材·教法，2016(05).

最突出的特点是：＿＿＿＿＿＿＿＿＿＿＿＿＿＿＿＿＿＿＿＿＿

主题2　教育科研报告

通常情况下，教育科研工作者完成某一课题的研究工作之后，要对课题的整个研究过程做一个全面的回顾。在回顾过程中，研究者通过对研究获得的文本、数据等进行整理、分析、总结之后，通常需要借助文本将研究成果表述出来，经过同行专家、社会对研究成果进行评价，使成果服务于社会。因此，科研报告文本的撰写成为教育科学研究工作中一项必不可少的组成部分。

☑ **活动 1：** 阅读下列文字，熟悉教育科研报告的类型。

一、教育科研报告的分类

教育科研报告既是教育科学研究的必经过程，也是描述教育科学研究成果、进行学术交流的工具。根据教育科学研究中研究方法和研究内容的不同，教育科研报告可分为理论性科研报告、文献型科研报告和实证性科研报告。实证研究报告又可分为教育调查报告、教育实验研究报告、教育经验总结报告、教育行动研究报告和综合性研究报告等。在教育科研活动中，由于研究方法和学术文本体例的不同，科研成果的表现形式是多种多样的，其结构也各不相同，但在一般情况下，教育科研报告文本主要有教育调查报告、教育实验报告和教育行政报告几种形式组成。

二、教育科研报告的创作路径

✒ **活动2：** 阅读下列文字，掌握教育科研报告的创作路径。

教育科研报告作为学术文本的一种表现形式，一般由一系列具体的操作过程组成。

1. 明确主题，开始写作

一个科研报告文本通常只阐明一个主题，报告写作者必须在进入写作状态前明确报告的主题。明确报告文本的主题可以通过如下一些方法：

(1) 反复阅读收集到的研究资料，尝试给收集到的资料编制大纲；

(2) 根据研究过程和对研究资料的整理，把自己想到的所有观点、想法都写出来，对自己写出来的想法、观点进行整理；

(3) 尝试用不同的概念把资料内容按照一定的编排方式串联成一个整体；

(4) 用思维导图工具制作各种概念之间的关联图。

明确主题的目的实际上是搞清楚研究的问题是什么，为什么要研究这个问题，研究收集到的资料和思考是否翔实，取得的研究成果能否回答和解决研究问题，等等。

2. 拟定提纲，建立框架

拟定写作提纲对顺利地完成科研报告有很好的支撑作用。在写作之前，建议先拟定一个较为详细的写作提纲，把文本的篇章结构基本固定下来。拟定提纲一般没有固定的格式。写作者可以根据自己的写作习惯，不断思考和修改，最后梳理成逻辑清楚、论证层次和论证方法明确的报告框架就可以了。

3. 填充框架，形成初稿

填充框架，完成初稿是撰写科研报告的主要任务。写作时，写作者不需要字斟句酌，只要是框架内的内容，可以把所有想到的都写出来。初学者甚至可以不受报告框架顺序的束缚，把报告框架拆分成多个组成部分，从自己能驾驭的任何一个部分开始写作，逐渐地完成所有部分。

4. 精雕细琢，修改定稿

科研报告是对研究过程的梳理和总结，必须保证其科学性和严谨性。因此，初稿完成后往往要进行较长时间的再思考、加工、回炉，才能最终定稿。在修改阶段，主要检查观点表述的准确性、文章结构的合理性、材料引用的正确性、文字语言的规范性、数据的精准度、图标的规范性等。

活动3： 阅读下列文献，比较各种科研报告的行文方式。

主题3　教育调查报告的组成要素

活动1： 阅读下列文字，熟悉教育调查报告的组成要素。

教育调查报告主要是通过调查研究，在掌握大量事实、数据的基础上对某种教育现象进行分析、总结后撰写成的报告。教育调查报告一般要求写明调查的目的、对象和经过，调查的时间、范围、方式和结果，并且要对调查结果进行整理、分析、归纳和提炼，要得出新的认识和结论。从文本结构来看，教育调查报告一般由标题、署名、摘要和关键词、前言、正文、结论和建议、附录7部分组成。

一、标题

教育调查报告的标题应当概括，简明，新颖，最好能够清楚地反映研究主题。常见的教育调查报告标题的命名方法有以下三种。

1. 直叙式

直叙式是直接用调查对象和调查内容做标题。如"图书情报硕士专业学位(MLIS)教育发展状况调查报告"和"互联网时代境外人士参与终身学习现状的调查报告"。这种标题简单，概括性强，主题突出。

2. 提问式

提问式即用疑问句做标题，如"人格特质、家长式领导对类亲情交换会产生交互影响吗？"。这种标题鲜明，醒目，容易引起关注。

3. "主标题+副标题"式

"主标题+副标题"式的标题中，主标题既可以是直叙式，也可以是提问式。主标题一般可以用来表明作者的态度，简明地揭示主题。副标题补充说明调查对象、调查范围、调查方法、所研究的问题等，如"研究生心理压力调查报告——以北京某985高校研究生为例""教育有助于社会流动吗?——来自中国家庭的微观证据""农地流转促进农民创业决策了吗?——基于3省1947户农户调查数据的实证""子女增加会减少父母对商业保险的需求吗？——基于中国综合社会调查的实证分析"。这种标题包含的信息量大，更容易突出报告的特点。

二、署名

署名一般有个体署名和集体署名两种方式。个体署名是指一个调研报告署一个或多个作者的姓名。作者的顺序一般按照每个作者对研究的贡献大小而定。贡献越大，排名越靠前。贡献大小评定的主要依据是提出研究设想、承担研究工作、解决关键问题的贡献。集体署名一般用在课题组集体研究的成果中，可以以"××课题组"方式署名。

三、摘要和关键词

摘要是对调查研究报告中心内容、文本结构及主要论点的概括和提炼。要求重点突出，内容精练，观点明确。摘要是一篇独立的短文，一般要求用第三人称书写。

关键词是最能反映调查报告核心内容的核心词汇。关键词必须是规范的科学名词术语，一般每篇报告可以有 3~8 个关键词。

四、前言

前言对整篇报告文本起总领和引导作用。前沿写得好，有利于说明报告文本的主旨，激发读者的阅读兴趣。前言一般要求写明研究背景、已有研究的不足、研究的意义和价值等方面。报告文本前言部分的写作形式相对比较灵活。在具体写作过程中，研究者可以根据所撰写调查报告的目的、内容、所掌握的资料、预计的篇幅等情况灵活设计。

五、正文

正文是调查报告文本的主体和中心部分。正文部分一般要通过叙述、图表、统计数字和有关文献资料，用一定的纲目结构，如"篇、章、节的形式"把主题内容有条理地表现出来。当然，不同类型的调查报告，正文部分的内容和风格也有所不同。

📖 智慧库

调查报告文本正文的写作方法

调查报告文本正文的写法通常有两种模式。

1. 并列法

并列法是指报告正文各部分之间没有严密的逻辑关系，仅根据内容的不同而分类阐述。

2. 逐步深入法

逐步深入法是在叙述研究内容的基础上，分析各种现象之间的内在联系，解释某种社会现象和社会行为的原因，预测其发展趋势，按照"是什么""为什么""应当怎样"的顺序撰写。

六、结论和建议

结论是对全文的总结。其要求概括出研究的内在联系和规律，提出新的见解，指出解决了什么问题。结论的内容也可以包括对课题研究的评价，如总结研究工作的得失、总结研究结论、提出问题和建议、展望未来、全面衡量结论的合理性和可行性等。建议一定要有理有据，措辞严谨，逻辑严密。

七、附录

报告文本正文包含不了或者没有说到，但有必要补充说明的问题和情况，可以在报告文本之后的附录中署名，以便读者参考，如研究时采用的调查问卷、访谈提纲、观察记录表、汇总的访谈记录、观察记录、问卷调查统计分析结果等都可以附在正文后。

活动2： 在下列调查报告中选择2篇调查报告，仔细阅读，并分析该调查报告的构成要素，把分析结果填写在表13-1中。

1. 段宇锋，杨臻. 图书情报硕士专业学位(MLIS)教育发展状况调查报告(2018)[J]. 图书情报知识，2019(06)：47-58.

2. 陈青，张伟远. 互联网时代境外人士参与终身学习现状的调查报告[J]. 中国远程教育，2019(09)：10-15.

3. 宋晓东，黄婷婷，景怡. 研究生心理压力调查报告——以北京某985高校研究生为例[J]. 中国青年社会科学，2019，38(03)：74-82.

4. 陈素平，张作仁，林日正，韩紫微. 乡村小规模学校教学质量提升调研报告——以温州市为例[J]. 上海教育科研，2019(02)：43-46.

5. 张俊超，任丽辉. 大学教育力视角下大学生类型的分布变化及其影响因素——基于H大学本科生学习与发展调查的追踪研究[J]. 高等教育研究，2018，39(12)：61-68.

6. 沈文钦，刘凌宇. 性别、院校类型与读博结果——基于2016年全国硕士毕业生调查的分析[J]. 中国高教研究，2018(12)：65-72.

7. 李军，周安华. "学二代"现象普遍存在吗?——基于教育数量和质量的代际流动研究[J]. 教育与经济，2018(06)：33-44.

8. 易迎霞. 教育有助于社会流动吗?——来自中国家庭的微观证据[J]. 云南财经大学学报，2018，34(12)：79-87.

表13-1　调查报告构成要素分析

文献名称		文献名称	
标题命名方式		标题命名方式	
署名方式		署名方式	

(续表)

摘要和关键词		摘要和关键词	
前言内容要点		前言内容要点	
正文书写形式		正文书写形式	
结论和建议		结论和建议	
附录内容		附录内容	

主题4　教育实验报告

☑活动1： 阅读下列文字，熟悉教育实验报告的组成要素。

通过科学实验后写成的报告即为实验报告。教育实验报告主要是通过教育实验找出教育规律，提出教育经验、办法、建议，并得出实验结论的学术性文本。教育实验报告是教育科研报告文本的一个重要组成部分，是对整个教育实验研究的全面总结，对教育实验的总结和推广有十分重要的作用。教育实验报告一般要求写明实验目的、实验对象、观测指标、控制因子、实验方法、实验过程、实验结果及对实验结果的讨论和分析。从文本结构来看主要包括题目和前言、实验方法、实验结果、讨论与结论、参考文献和附录等。

一、题目和前言

教育实验报告的题目、前言和教育调查报告的标题、前言的要求类似，都要求用简练、概括、明确的语句反映出教育实验研究的对象、领域、方法和问题，能让读者一目了然，判断出有无阅读的价值。

二、实验方法

陈述实验方法是实验报告的主要内容之一。其目的是让同行或读者了解研究结果是在什么条件下，通过什么方法，根据什么事实得来的，从而判断实验研究的科学性和结果的信度和效度，或者进行重复验证。教育实验报告中的实验方法部分，主要要交代以下5个问题。

1. 被试是怎样选择的

主要说明被试的条件、数量，取样方式，实验时间及实验结果的时间、范围等。

2. 实验类型

主要要交代清楚实验的类型及选择实验类型的依据。如单组实验、对照实验等。

3. 实验步骤

主要说明实验过程中的主要环节及对实验进行实验处理的情况。

4. 自变量与因变量关系的验证

自变量一定要出现在因变量之前或两者同时出现，但不能产生于因变量之后，否则先果后因实验就不成立了。

5. 对无关因子的控制情况

只有严格控制无关因子的作用，才可运用统计检验来消除偶然因子的作用。

三、实验结果

实验结果是实验报告的中心所在，教育实验研究的目的是为教育教学服务。实验结果必须说清楚结果和假设的关系及所获得的结果的具体内容，同时应该客观地呈现研究过程，对研究中搜集到的数据、案例等原始资料进行分析、处理，对相关表格、图片要配以文字说明，对定性资料进行归纳，对定量资料进行分析，最后要对实验资料加工整理，得出概括性强、准确度高的实验结果。

四、讨论和结论

讨论部分是对实验结果的进一步深化和完善，研究者可以通过讨论，对实验取得的实验数据、案例、观察记录的事实和测定的结果进一步做出分析和评价，对当前教育理论和实践的发展提出自己的认识、设想和建议，可以基于自己对教育理论和实践的认识，提出一些新的观点和看法。结论主要是研究者通过实验获得的判断。结论一般是基本肯定的客观事实，是对实验提出的问题的直接回答。结论的语言要准确，简明，推理要有严密的逻辑性。结论的使用范围应该同取样的范围一致。

五、参考文献

实验报告的结尾一般要列举出本研究采用的参考资料。参考文献是在学术研究过程中，对某一著作或论文的整体的参考或借鉴。按照《中华人民共和国国家标准信息与文献参考文献著录规则(GB/T 7714—2015)》，参考文献是指："对一个信息资源或其中一部分进行准确和详细著录的数据，位于文末或文中的信息。"根据《中国学术期刊(光盘版)检索与评价数据规范(试行)》和《中国高等学校社会科学学报编排规范(修订版)》的要求，很多刊物对参考文献和注释做出区分，将注释规定为"对正文中某一内容作进一步解释或补充说明的文字"，列于文末并与参考文献分列或置于当页脚地。征引过的文献在注释中已注明，不再出现于文后参考文献中。

参考资料的顺序可以根据文献对本研究的作用程度由大及小逐一排序，也可以按照参考的先后顺序排序。参考文献要求做到信息准确，格式规范、统一。

📖 智慧库

学术文本列出参考文献的目的

在学术文本后列出参考文献的目的一般有如下4点。

(1) 能反映出真实的科学依据和论据，以证明自己观点的正确性；

(2) 体现严肃的科学态度，分清是自己的观点或成果还是别人的观点或成果；

(3) 表示对前人研究成果的尊重；

(4) 指明引用资料的出处，便于读者查阅原始资料。

1. 在Word文档中书写参考文献的方法

把光标放在引用参考文献的地方，在菜单栏上选择"插入 | 脚注和尾注"，在弹出的对话框中选择"尾注"，单击"选项"按钮修改编号格式为阿拉伯数字，位置为"文档结尾"，确定后 Word 就在光标的地方插入了参考文献的编号，并自动跳到文档尾部相应编号处，作者只需按参考文献著录表的格式添加相应文献。

参考文献标注要求用中括号把编号括起来，以 Word 2007 为例，可以在插入尾注时先把光标移至需要插入尾注的地方，然后选择"插入 | 脚注和尾注"，打开"脚注和尾注"设置对话框(如图 13-1 所示)，在"自定义标记"后面的文本框中输入中括号及数字，然后单击"插入"按钮，光标自动跳转到本节/本文档末端，此时再输入参考文献内容即可。

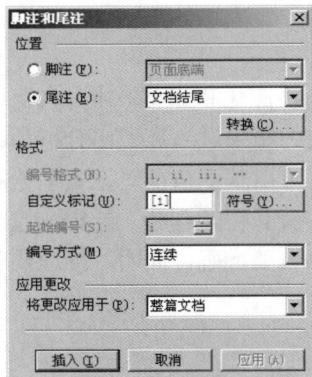

图13-1　尾注的输入

在文档中需要多次引用同一文献时，在第一次引用此文献时需要制作尾注，再次引用此文献时选择"插入 | 交叉引用"，"引用类型"选"尾注"，引用内容为"尾注编号(带格式)"，然后选择相应的文献，插入即可。

2. 常用参考文献的标识

常用的参考文献一般有纸质参考文献和电子参考文献两大类。纸质文献一般有专著、论文集、报纸、期刊文章、学位论文、报告、行业或产品标准、专利以及论文集中的析出文献等。电子参考文献根据其载体可分为互联网、光盘、磁带和磁盘等。每种文献都有其固定的标识字母，如表 13-2 所示。

表13-2　常用纸质参考文献类型及标识

文献类型	标识字母	文献类型	标识字母	文献类型	标识字母
专著	M	论文集	C	报纸文章	N
期刊文章	J	学位论文	D	报告	R
标准	S	专利	P	论文中的析出文献	A

3. 参考文献的编写格式

(1) 专著。

专著的标注格式为

[序号]著者. 书名[M]. 出版地：出版者，出版年. 起止页码(可选).

著作者是两位时，第一位和第二位作者之间用逗号隔开；著作者不超过 3 个时，全部照录。超过 3 个时，著作前 3 个责任者，其后加"，等"或与之相应的词。如：

[1] 刘国钧，陈绍业. 图书馆目录[M]. 北京：高等教育出版社，1957：15-18.

(2) 论文集。

论文集的标注格式为

[序号]著者. 文献题名[C]. 编者. 论文集名. 出版地：出版者，出版年. 起止页码(可选).

如：

[2] 孙品一. 高校学报编辑工作现代化特征[C]. 中国高等学校自然科学学报研究会. 科技编辑学论文集(2). 北京：京师范大学出版社，1998：0-22.

(3) 学位论文。

学位论文的标注格式为

[序号]作者. 题名[D]. 保存地：保存单位，年份.

如：

[3] 郑奕. 博物馆教育活动研究[D]. 上海：复旦大学，2012.

(4) 报告。

报告的标注格式为

[序号]作者. 文献题名[R]. 报告地：报告会主办单位，年份.

如：

[4] 冯西桥. 核反应堆压力容器的 LBB 分析[R]. 北京：清华大学核能技术设计研究院，1997.

(5) 期刊文章。

期刊文章的标注格式为

[序号]作者. 文献题名[J]. 刊名，年，卷(期)：起止页码.

[5] 孟亚玲. 从"MOOC 中文用户大摸底"看其对中国教育的影响[J]. 电化教育研究.2014，(08)：38-43.

(6) 论文集中的析出文献。

析出文献的标注格式为

[序号]析出文献主要责任者. 析出文献题名[A]. 原文献主要责任者(可选). 原文献题名[C]. 出版地：出版者，出版年. 起止页码.

如：

[6] 钟文发. 非线性规划在可燃毒物配置中的应用[A]. 赵炜. 运筹学的理论与应用——中国运筹学会论文集[C]. 西安：西安电子科技大学出版社，1996：468.

(7) 报纸文章。

报纸的标注格式为

[序号]作者. 文献题名[N]. 报纸名，出版日期(版次).

[7] 谢希德. 创造学习的新思路[N]. 人民日报，1998-12-25(10).

(8) 专利文献。

专利文献的标注格式为

[序号]专利所有者. 专利题名[P]. 专利国别：专利号，发布日期.

如：

[8] 姜锡洲. 一种温热外敷药制备方案[P]. 中国专利：81056078，1983-08-12.

(9) 国际、国家标准。

国际国家标准标注格式为

[序号]标准代号，标准名称[S]. 出版地：出版者，出版年.

如：

[9] GB/T16159—1996，汉语拼音正词法基本规则[S]. 北京：中国标准出版社，1996.

(10) 电子文献。

随着计算机技术和互联网的发展，电子文献在研究中的应用越来越广泛。电子文献在标识时，一般要求既要表示文献类型还要标示文献的载体类型。常用电子文献的类型、文献载体类型及标识如表 13-3 所示。

表13-3　常用电子文献类型、文献载体类型及标识

文献类型	标识字母	文献类型	标识字母	文献类型	标识字母
数据库	DB	计算机	CP	电子公告	EB
载体类型	标识字母	载体类型	标识字母	载体类型	标识字母
互联网	OL	光盘	CD	磁带	MT

常用电子文献的类型及标识如表 13-4 所示。

表13-4　常用电子文献的类型及标识

文献类型	标识字母	文献类型	标识字母	文献类型	标识字母
网上期刊	J/OL	网上电子公告	EB/OL	光盘图书	M/CD
网上数据库	DB/OL	磁带数据库	DB/MT		

电子文献的编写格式如下：

[序号]主要责任者. 电子文献题名[电子文献及载体类型标识]. 电子文献的出版或获得地址，发表更新日期/引用日期.

如：

[10] 王明亮. 关于中国学术期刊标准化数据库系统工程的进展[EB/OL]. http://www.cajcd.edu.cn/pub/wml.html，1998-08-16/1998-10-01.

📝**活动2：** 下面是一位学者撰写的一篇学术论文的主要参考文献，其中有些参考文献的信息丢失了，请你借助中国知网期刊数据库，核实文献信息，帮助他/她把参考文献信息和格式补充规范。

[1] 王吉. 学前教育信息化评价指标体系的构建[J]. 教育测量与评价(理论版)，27-29+42.

[2][3] 郭力平. 信息技术与早期教育[M]. 华东师范大学出版社，2007：40，1.

[4] 汪基德，朱书慧等. 电化教育研究，2013，(7)：27-32.

[5] 李锋. 儿童媒介教育批判力的视角[J]. 全球教育展望，2011:60-64.

[6] 陈爱璞. 信息素质概念研究综论[J]. 郑州大学学报：哲社版，2003，(6)：151-153.

[7] 幼儿教师信息素养培养模式研究[J]. 中国电化教育，2011，(5).

[8][9] 王吉庆. 信息素养论. 上海：上海教育出版社，2001.

[10] 周欣. 公共关系理论与实务[M]. 科学出版社，2008.

[11] 《国家教育事业发展第十二个五年规划》[EB/OL]. http://www.edu.cn.

[12] 孟亚玲，魏继宗. 教育技术学专业学生信息技术教学能力培养策略研究[J]. 2007，(9)：73-76.

[13] 刘珍芳. 幼儿教师信息素养现状调查与分析. 现代教育技术，106-108.

[14] 房侬，吴晓丹等. 基于 Big6 的信息素养在线课程设计与实现[J]. 图书情报工作，2009，(11).

思考与练习

1. 学术文本主要包括哪些类型？
2. 学术文本的特点有哪些？
3. 教育调查报告主要包括哪几部分？
4. 教育实验报告主要由哪些部分组成？
5. 如何在 Word 文档中标注文献？
6. 常见的文献有哪些类型，你能说出它们的标识吗？

单元十四

撰写学术论文

主题1 学术论文的结构

☑ **活动 1：** 阅读下列文字，理解学术论文的含义。

国家标准 GB7713-87 对学术论文所做的定义："学术论文是某一学术课题在实验性、理论性或观测性上具有新的科学研究成果或创新见解和知识的科学记录；或是某种已知原理应用于实际中取得新进展的科学总结，用以提供学术会议上宣读、交流或讨论；或在学术刊物上发表；或作其他用途的书面文件。"

撰写学术论文是科研工作者必须掌握的基本技能之一，也是衡量科研工作者研究能力和研究水平高低的重要条件之一。对于本科生和研究生而言，学习撰写学术论文是运用专业知识，探讨和研究新问题，锻炼和培养独立分析问题和解决问题能力的好办法。

☑ **活动 2：** 阅读下列文字，掌握学术论文的结构。

学术论文一般都会围绕以下四个问题展开：研究的问题是什么？为什么要研究这个问题？怎样研究这个问题？这个问题研究的怎么样？事实上，这四个问题就是人们通常所说的研究问题、研究意义、研究过程和研究结论。为完整地回答以上四个问题，学术论文一般都包括标题(也称题目)、摘要、关键词、引言、正文、结束语、参考文献和注释。

一、题目

题目是论文内容的概括。题目的表述方式有很多，可以明确点题，指出研究问题的范围，也可以以问题的方式表达。设计题目一般要注意以下几点。

1. 中心要突出

题目要准确无误地表达论文的中心内容，恰如其分地表述研究的范围和达到的深度，能够对文章起到画龙点睛的作用。

2. 用词确切简练

应避免笼统的泛指性很强的词语和华丽的辞藻，在不影响准确性的前提下，应力求短小简洁。

3. 方便检索

一篇高质量的学术论文，不仅要具备较高的质量，还要具备可检索性，以更好地满足学术交流或者信息传递的需要。

二、摘要

摘要一般分为指示性摘要、报道性摘要和报道指示性摘要 3 种。大部分学术类科技期刊要求写成报道性或者是报道指示性摘要。摘要的主要内容一般要求写明研究的目的、方法、结果和结论。研究目的是指研究的前期目的和任务。研究方法指研究过程中所运用的理论、原理、条件和工具等。研究结果是研究之后所得到的直接结果、观察到的结果现象以及界定的关系。结论是研究最终得到理论性的判断。单纯的指示性摘要一般在 50~100 字左右，报道性摘要在 200~300 字左右，报道指示性摘要大概在 100~300 字之间。

三、引言

引言也叫前言或序言。引言一般写在正文之前，用于说明写作目的、研究意义等。投稿论文的引言不宜写得太长，要尽量简明扼要、开门见山、直截了当地阐明研究的目的和意义。学位论文一般不受篇幅的限制，引言可适当写得详细一些，除了阐述研究目的和意义之外，还可以增加历史回顾，背景材料，文献综述，问题分析，研究的基本理论、方法、原则等内容。

四、正文

正文是文章的主题和核心部分，占全文大部分篇幅，集中表述作者的研究成果、分析、论证等。正文内容是作者学术理论水平和学术写作能力的集中体现。正文的主要任务是围绕论点，运用论据，展开充分论证，想方设法地证明自己的观点。一般学术论文的论证方法有两种。

1. 实践证明

实践证明是用实践结果的客观事实来检验，证实某种理论的可靠程度。

2. 逻辑证明

逻辑证明是用一个或几个真实判断来论证，确定另一个判断的真实性。逻辑证明由论点、论据和论证过程三个部分组成。论点就是需要加以证明的问题。论据是用来证明论点的依据或判断。论证是证明论点与论据之间的逻辑关系的方式。具体地说，就是提出问题(论点)，分析问题(论据和论证)，解决问题(论证方法与步骤)。逻辑证明必须建立在充分掌握材料的基础上。

通过对材料进行分析、综合、概括、判断和推理的逻辑组织和逻辑证明，得出正确的观点。

五、结束语

结束语一般是论文主体的结尾。高质量论文的结尾一般比较自然，简明，精彩，既强化主题又发人深思。结束语一般包括两部分内容：一是对论文内容进行综合概括，总结、归纳，提高和升华研究主题，发表研究者对所研究问题的具体观点和看法；另一种是揭示研究的不足，指出研究遗留的问题、尚需探讨的问题或说明可能解决的途径与方法，为同行进一步研究指明方向，提供线索。

六、参考文献和注释

学术论文对参考文献的要求比科研报告的要求更高。为保证学术研究的严谨性，研究中使用的基本文献必须全部列出来。高质量的学术论文对外文文献也有一定的要求。注释是对论文中特定内容的补充说明或解释。学术论文参考文献的标注方式跟科研报告的标注方式相同。

主题2 学术论文的写作流程

✍ **活动1：** 阅读下列文字，结合图14-1识记写作学术论文的流程。

虽然研究方法、研究者的写作风格、写作习惯以及对研究内容组织逻辑的不同都会影响学术论文的形式，但学术论文的基本写作过程大同小异。一般的学术论文写作过程都要经过选题、材料准备、拟制提纲、查阅文献、查阅文献、撰写初稿、修改论文、定稿等环节。但是这几个环节并不是线性的，往往在写作过程中会不断地循环。具体如图14-1所示。

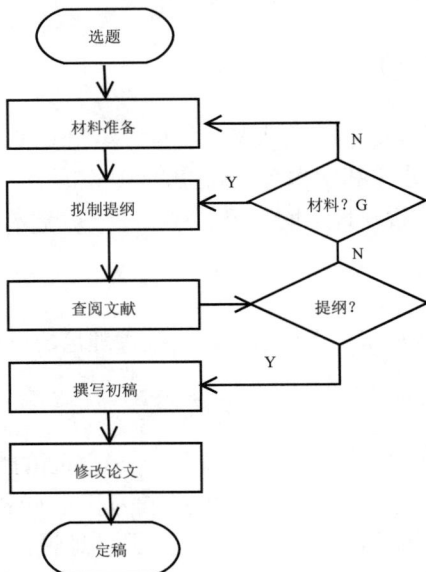

图14-1 学术论文写作流程

一、拟制提纲

从写作程序的角度来看，拟制提纲是写作者动笔行文前的必要准备和必经步骤，也是作者构思谋篇的具体体现。从论文质量的角度来说，拟定提纲是学术论文中心突出、层次清晰、逻辑正确、论证严密的基本保障。只有提纲在握，才可以做到写作"胸有成竹"，有章可循。

1. 提纲的含义

提纲是论文的蓝图、雏形。拟定提纲是梳理思路、帮助记忆的手段，同时又是安排布局结构的准备。拟定提纲是写作者根据其确立的论点，选取相应的材料，把观点和材料排列，组合成一个先后有序，思路清晰，能够说明问题的论文轮廓的过程。论文轮廓一般有两种形式：一是腹稿，一般以构思的形式停留在作者的脑海里；二是提纲，通常需要以文字的形式把材料按照一定的顺序，有纲有目地写出来。篇幅短小的文章，一般不需要文字提纲，打个"腹稿"，写作者就可以驾驭。但学术论文的篇幅一般都较长，内容比较复杂，动笔写作前必须先拟制一个文字提纲。

📖 智慧库

提纲一般分为简要提纲和详细提纲。

简要提纲也称粗纲，即概括地提示论文项目要点，把所要论述的问题大体排列顺序，列出若干小题目，粗线条地把论文总体轮廓大致描绘出来，就像工程上的"草图"。

详细提纲也称细纲。拟制细纲要求对各级论点、主要论据、论证方法等结构项目较为详细开列，显现出论文的主要骨架和梗概的基本面貌。

不论粗纲或细纲，都应描绘论文的主要内容和基本结构。粗纲和细纲的采用，与论文所涉及的范围、复杂程度、篇幅大小，也与写作者的爱好、习惯有关。

2. 提纲的作用

关于拟制提纲的重要性和必要性，陶铸做过一个很精辟的阐述。他说，目的确定以后，最好先拟订简单提纲，写稿提纲和发言提纲的作用一样，是为了文章有组织。按照提纲写论文的好处主要有三个：一是可以帮助写作者组织材料；二是可以使问题思考得更加周到；三是避免想到哪写到哪。从陶铸以上精辟的见解中，我们清楚地看到提纲在写作学术论文中重要的作用。总结起来，拟定提纲的好处主要有以下4点。

(1) 有利于畅达连贯思路，周密谋篇布局。

写作任何一篇文章，在下笔之前，都有一个思路酝酿的过程。通过拟制提纲，考虑各方面的因素，写作者可以把头脑中零散的、朦胧的观点和材料明确化、系统化，使其有机结合起来，形成一条明晰、畅达连贯的思路，形成粗线条的论文逻辑体系，构成文字化的论文框架结构。通过拟制提纲，作者可以在原有构思的基础上，进一步根据选题的要求，审思全文的布局，反复斟酌、深化和修改。

(2) 有利于把握整体进程，避免游离脱节。

有一个构思全面、布局合理的提纲，写作者在行文时就心中有数，有章可循。何处该起，何处该收；何处该分，何处该合；承接转换，详略疏密，均在自己的计划之中。写起来全局在握，思路畅达，得心应手，一气呵成。这样就可以避免"东一榔头，西一棒子""下笔千言，离题万里"，松散零乱，脱节游离等弊病。

(3) 有利于灵活选择写法，科学安排时间。

有了提纲，写作者就可以从自己的实际出发选择写作论文的程序和方法，并机动灵活地安排时间。有时，写作者可以不按从头到尾的自然顺序来写，而先写论文的本论部分，再写论文的开头、结尾；也可先写全文的任何一部分，再写其他部分，最后组合成篇；在写作时间方面，由于教育研究者往往同时肩负一定的教育教学任务，写作时不可能在一段相对集中的时间内集中精力完成初稿，更多的则是利用零散时间，分散写作，最后串联成章。如果没有提纲，要完成高质量的学术论文，写作的难度会很大。

(4) 有利于探求最佳方案，达到精益求精。

依据提纲行文，随着文思的畅游，思路的深化，写作者可能会有许多新的见解、新的发现，使原来的设想得到修正、补充，甚至扬弃，在脑子里也可能出现若干新的方案。经过一番冷静思索和分析、对照和比较，可以做到精益求精，探求和选择一个最佳方案。有了较完备的最佳方案，就有了写作的依据和修改的标准；写作时只要"照图施工"，便能做到纲举目张，条理清晰，主题明确，重点突出。

3. 拟制提纲应考虑的主要内容

提纲是论文的基本逻辑框架，是作者用句子或纲目形式把构思篇章的过程和成果加以具体化的体现。拟制提纲，应从全局出发，通盘规划。写作者拟定论文提纲时应主要考虑如下内容。

(1) 立论方面。

应明确要确立什么样的论点，采用哪种方式，从哪个角度提出问题，在中心论点下拟设几个分论点以至小论点。

(2) 选材方面。

拟选哪些论据材料，要特别重点列上有新意、有魅力、有典型性的材料。

(3) 布段方面。

考虑设置哪些部分，每个部分所担任的任务，层次和段落如何安排。

(4) 谋篇方面。

明确怎么开头和结尾，如何提领，哪里分述，上下如何衔接，前后怎样呼应。

(5) 协调方面。

确定全文各个部分的组成如何做到匀称、和谐，文气如何贯通、流畅，文字怎样做到疏密得当等。

📖 智慧库

通常情况下，提纲有3种写法：标题式、句子式和段落式。

1. 标题式

标题式是以标题形式把该部分的主要内容概括出来，每一部分都是一个标题式的短句或词语。此种写法的优点是：简洁，扼要，易记，一目了然，写作便捷；不足是：内容过于简单，只能自己明白，别人不易看懂、不易理解，时间长了，自己也会模糊不清。

2. 句子式

句子式是以一个能表达完整意思的句子把该部分的内容概括出来，每一部分都是一个完整的句子。此种写法的好处是：具体、明确，为论文提供了各段落层次的主题句，便于起草成文；不足是：不能一目了然，不便于思考，文字多，写起来较费力，效率低。

3. 段落式

段落式是用一段话把该部分的内容概括出来，每一部分都是一个段落的内容提要。这种方法精细，周详，容易起段成文。

4. 拟制提纲的要求

(1) 拟制的提纲，各类项目要齐全，能够初步构成论文的轮廓。其中论题、材料、结构和语言等论文的基本要素缺一不可；并且这几种要素不应是简单地、机械地相加，而必须形成一个相互联系的有机整体。

(2) 拟制的提纲，要从全局着眼，统筹安排，紧扣主题，突出重点。注意提纲的综合性、整体性。文字上要高度概括，简洁明了。

(3) 提纲草拟出来后，要主动征求有关方面的意见，积极争取同行的帮助。在此基础上，自己再认真推敲，修改，以谋求论文构思谋篇的最佳方案，使论文写作提纲更趋完善。提纲的拟制，标志着学术论文起草前准备工作的结束。

✍ **活动2**：根据本小组的分工，确定自己的论文题目，拟定写作提纲，完成表14-1。

表14-1　我的论文写作提纲

论文题目：
论文提纲：

二、查阅文献

论文提纲确定以后，最好不要急着着手撰写论文，留出一些时间，大量地查阅一些跟自己所写论文相关的文献。一则可以帮助论文写作者思考和完善提纲，二则可以查证自己撰写论文的创新性，即了解自己的研究是否解决了一个文献上没有解决的问题，是否往前又走了一步，特殊的意义在哪里。

✍ **活动 3：** 查阅跟自己论文主题相关的研究文献，选择阅读，并将重要文献记录在表 14-2 中。

表14-2　文献记录表

序号	文献题名	文献主要内容	思考与启发
1			
2			
3			
4			
5			
6			
7			
8			
9			
10			
11			
12			
13			
14			
15			
16			
17			
18			
19			
20			

✍ **活动 4：** 结合文献阅读，修改自己的论文提纲，并把修改后的论文提纲写在表 14-3 内。

表14-3　我的论文写作提纲修改表

论文题目：
论文提纲：

三、撰写初稿

撰写初稿，就是写作者按照拟制好的写作提纲的思路，运用语言文字，把自己研究的初步成果和逐步形成的思路、观点完整地、准确地表达出来。初稿的写作是脑力劳动最艰辛的阶段，它既是作者思想认识不断深化，对论文从内容到形式的基本成形的过程，也是对提纲再次检验、复查的过程。初稿撰写的好坏和论文质量的高低紧密相连。

1. 撰写初稿必备的条件

撰写初稿是整个写作过程中的核心环节。在起草前所做的各项准备工作都是为这一阶段服务的，同时，各项准备工作的完成状况，也会在此阶段完全体现出来。因此，对起草前的准备工作，不能掉以轻心，要积极努力，把下列几项必备条件尽量准备好后，再开始写作全文。

(1) 写作思路已明确。

即论文基本观点已经明确，并起草了一定的文字；已想好了论文的大体内容或内容的某一部分；对论文的全局及各个局部的内容已了然于心。

(2) 材料已搜全。

要引用的或参考的主要材料已基本搜集全，在文中的位置安排经过了细心的考虑，写作者手头有一定的备用材料。

(3) 提纲已敲定。

拟制的提纲，已将写作者对有关课题研究考虑的全部思想包括进去。根据不同情况，有的提纲写作者自己已经确定，有的提纲已向有关组织和领导做了汇报，并已审阅、认可，这个经过周密考虑而拟制的提纲，是起草行文的基本依据。

(4) 安排已妥当。

已经安排好一定的必要时间和必需的应用物品，有了较好的工作条件。

2. 初稿的执笔顺序

(1) 从绪论起笔。

按写作提纲排列的自然顺序进行，从开头写起，依次写到结尾，先提出问题，明确全文的基本论点，再展开做充分论述和论证，最后归纳总结，得出结论。这种写法的好处是紧扣提纲，也与研究的逻辑思维相一致；论文的格调、风格前后易于保持统一，首尾衔接紧凑，自然流畅，写起来较顺手，易于把握。

(2) 从本论入手。

从本论入手，先写好本论、结论部分，回过头来再写绪论。这种写法的好处有两点：一是本论所涉及的内容是作者研究中思考、耗神较多的问题。二是本论是作者研究成果的集中反映，从这里入手容易起笔，好写；如果从绪论动笔，往往难于开篇，从本论入手，是先易后难的有效措施，当写好了本论、结论时，大局已在握，心里踏实了，就可悉心写绪论和完成全文。

3. 初稿的撰写方法

(1) 一气呵成法。

无论从绪论起笔，还是从本论入手，均应按拟制好的提纲，"起笔入题"，"开门见山"，不要中途停顿，不使思路中断，要尽可能快地把头脑中涌现出来的句子用文字表达出来。不要为斟酌一句话或为挑选一个词而搁笔。初稿完成后，再细致推敲、加工修改。

(2) 分段完成法。

按照拟制好的提纲顺序，把全篇分成若干部分，分段撰写，哪一部分考虑成熟，就写哪一部分，不分先后，各个击破。每个部分以写一个分论点或几个小论点为单元，并注意保持各章节内容的相对完整性。每写完一段，稍事整理，再转入其他各段。待几部分都写好后，连接起来就成为一篇完整的论文了。

📖 智慧库

撰写学术论文初稿应注意以下事项。

(1) 选择和保持写作的最佳状态。

尽量在大脑清醒和精力充沛时动笔，把注意力集中到所写的论题上，排除分心和中断写作的障碍，坚持不懈地按计划写下去。在写不出来时不要硬写，要冷静分析和找出问题的症结所在，对症下药，再做充分准备，就会"柳暗花明又一村"。

(2) 适时调整提纲。

一般情况下，对写作提纲不要轻易改变，但进入写作过程时，原有的思考往往会进一步细化和深化，可能会发现提纲中有某些不足和不妥之处，甚至还会产生新的认识，这就需要对提纲作适时、适当的调整和修改。

(3) 把想到的尽量写进去。

初稿篇幅应长于定稿，它所包含的内容要尽量充分、丰富。写作者可以把想到的尽量写进去，即使有某些重复也不要紧。

(4) 要使文稿基本成型。

要宏观考虑各部分的分量，注意纲目分明、逻辑清楚、长短适宜、轻重得当、通体均衡。写出来的初稿如果能形成一个较完整的逻辑结构，文稿就有了一个好的基础。

(5) 尽量使用学术语言，避免口语化和通俗化的表达。

初稿在文字上虽不强调考究，但也应尽可能保证用语专业、科学、规范，避免口语化和通俗化的表达或出现观点、语法、文字上的差错。

活动 5： 根据确定的论文提纲，构思自己撰写论文的计划，并和本小组的同学进行交流。

四、修改论文

修改论文是指从拟制提纲、写作初稿直到定稿的一个加工过程，也是写好论文必不可少的一套工序。俗话说，"文章不厌改，苦心出佳作"。写出初稿，最多只能算完成了一半的任务，修改是一个更艰苦、更细致的工程。前人说："善作不如善改。"文章是越改越好。好的文章无一不是改出来的。有经验、有修养的严肃作者，都把自己的每一篇论文看作是一次对自己的严格考试，不经过检查、修改是绝对不交卷的。

关于修改文章的意义，毛泽东有过深刻的论述。他在《反对党八股》一文中说："我看重要的文章不妨看它十多遍，认真地加以删改，然后发表。文章是客观事物的反映，而事物是曲折复杂的，必须反复研究，才能反映恰当；在这里粗心大意，就是不懂得做文章的起码知识。"这段话虽然讲的是一般文章的修改，但对学术论文初稿的修改，同样有重要的指导意义。要修改好论文，必须反复、认真、精确地进行。

1. 反复、认真、精确地修改是认识事物的必然过程

反复、认真、精确地修改论文的过程，不仅是改正论文中毛病的过程，同时也是认识不断深化、全面、周密的过程。反复、认真、精确修改，就是反复、认真、精确研究，是学术研究活动的继续。修改不仅是字斟句酌，说到底是对客观事物的深入认识过程。客观事物是丰富多彩、曲折复杂的，认识它不容易，反映它更困难。因此，对客观事物的认识不可能一次就达到尽善尽美的境界，一般要经过实践—认识—再实践—再认识的过程。另外，由于人们主观认识的局限性，论文的内容同它所反映的客观事物之间常常存在差距，一旦人们的认识有所进步，就会发现这个差距，就会希望表达形式与内容能够更加吻合，这时候修改的要求就会自然产生。而论文的每一次修改，都是作者对客观事物的进一步认识，是提高写作水平的一次实践。

2. 认真、反复、精确地修改是作者高度责任心的体现

初稿完成以后，一定要朝深处挖掘，向难处苦钻，严肃认真、一丝不苟地进行修改。认真、反复、精确地修改，从严把关，是作者尊重自己、尊重他人、有高度责任心的体现。修改论文的态度常常能反映作者严谨的学术素养和对自我学术形象的珍爱。纵观科学发展的历史，凡有造诣的学者，都是自己文章的严格批评者，都有涂了又改、改了又涂、三番五次、字斟句酌甚至咬文嚼字的习惯。这种严谨的治学态度和良好的学风，值得所有初学论文写作者学习。

3. 精确、反复、认真的修改是提高论文质量的重要环节

精确、反复、认真地修改论文是认识不断深化的重要标志，也是提高论文质量的重要环节，更是高水平的写作活动。其实，写作论文的过程本质就是不断修改、雕琢的过程。只不过每个阶段修改的重点不同而已。拟制提纲时，主要修改构思；撰写初稿过程中，主要修改字、词、句和逻辑；修改定稿阶段，是对论文全面、整体的集中修改。

主题3　学术论文的写作方法

✒ **活动 1**：认真阅读学术论文各部分的写作方法，根据拟定好的写作提纲，撰写完成论文初稿。

一、论文题目的写法

论文题目又称标题，是以最恰当、最简明的词语反映论文中最重要的特定内容的逻辑组合。论文题目是一篇论文给出的涉及论文范围与水平的第一个重要信息。论文题目直接影响论文的评审和交流，必须用心斟酌选定。中文论文题目的基本要求如下。

1. 准确得体

要求论文题目能准确表达论文内容，恰当反映所研究的范围和深度。常见毛病是：过于笼统，题不扣文。关键问题在于题目要紧扣论文内容，或论文内容与论文题目要互相匹配、紧扣，即题要扣文，文也要扣题，这是撰写论文的基本准则。

2. 简短精练

力求题目的字数要少，用词需要精选。至于多少字算合乎要求，并无统一的"硬性"规定，一般论文题目不要超出 20 个字，不过，不能由于一味追求字数少而影响题目对内容的恰当反映，在遇到两者确有矛盾时，宁可多用几个字也要力求表达明确。若简短题名不足以显示论文内容或系列研究的性质，可利用正、副标题的方法解决，以加副标题来补充说明特定的方法及内容等信息，使标题充实准确。

3. 外延和内涵要恰如其分

"外延"和"内涵"属于形式逻辑中的概念。外延是指一个概念所反映的每一个对象；内

涵指对每一个概念对象特有属性的反映。命题时，若不考虑逻辑上有关外延和内涵的恰当运用，就有可能出现谬误。

4. 醒目

论文题目虽然居于文章最醒目的位置，但仍然存在题目是否醒目的问题，题目所用字句及其所表现的内容是否醒目直接影响题目在读者心中的印象。有人对 36 种公开发行的医学科技期刊 1987 年发表的论文的部分标题做过统计分析，在 100 条有错误的标题中，属于"省略不当"错误的占 20%(如："冠状动脉疾病运动后异常血压反应的决定因素"的标题，将"冠状动脉疾病患者"省略为"冠状动脉疾病")；属于"介词使用不当"错误的占 12%。在使用介词时产生的错误主要有以下几种。

(1) 省略主语——第一人称代词不达意后，没有使用介词结构，使辅助成分误为主语。

(2) 需要使用介词时没有使用。

(3) 无须使用介词时错误使用。

属于"主要事实性的错误"的占 11%；属于"并列关系使用不当"错误的占 9%；属于"用词不当""句子混乱"错误的各占 9%；其他类型的错误，如标题冗长、文题不符、重复、歧义等亦时有发生。

一些较高质量的期刊投稿一般还要求翻译英文题目，撰写英文题名的注意事项如下。

(1) 英文题名以短语为主要形式，尤以名词短语最常见，即题名基本上由一个或几个名词加上其前置和(或)后置定语构成；短语型题名要确定好中心词，再进行前后修饰。各个词的顺序很重要，词序不当，会导致表达不准。

(2) 一般不要用陈述句，因为题名主要起标示作用，而陈述句容易使题名具有判断式的语义，且不够精练和醒目。少数情况(评述性、综述性和驳斥性)下可以用疑问句做题名，因为疑问句有探讨性语气，易引起读者兴趣。

(3) 同一篇论文的英文题名与中文题名内容上应一致，但不等于说词语要一一对应。在许多情况下，个别非实质性的词可以省略或变动。

(4) 国外科技期刊一般对题名字数有所限制，有的规定题名不超过两行，每行不超过 42 个印刷符号和空格；有的要求题名不超过 14 个词。

(5) 在论文的英文题名中，凡可用可不用的冠词均不用。

初学者可以根据单元十里"科研课题常用名称表述方法"给自己的学术论文命名。

二、署名的写法

作者署名置于题目下方，团体作者的执笔人，也可标注于篇首页底脚位置。有时，作者姓名亦可标注于正文末尾。

署名的主要作用有 3 个：一是为了表明文责自负，二是记录作者的劳动成果，三是便于读者与作者的联系及文献检索(作者索引)。注明作者所在单位同样是为了便于读者与作者的联系。

作者应标明其工作单位全称，所在省、城市名及邮政编码，加圆括号置于作者署名下方。多位作者的名字排列上是以对论文的贡献大小来排列，对研究工作与论文撰写实际贡献最大的列为第一作者，贡献次之的，列为第二作者，余类推。署名之间用逗号隔开；不同工作单位的作者，应在姓名右上角加注不同的阿拉伯数字序号，并在其工作单位名称之前加注与作者姓名序号相同的数字；各工作单位之间连排时以分号隔开。

例如：

杨鹏[1]，李兰秀[2]，刘云[1]

(1. ××大学教育科学学院，北京 100875; 2. ××教育学院，延安 716000)

将作者及其单位名称翻译成英文时需注意以下几点。

(1) 翻译单位名称不要采取缩写，要由小到大写全，并附地址和邮政编码，确保联系方便。

(2) 翻译单位名称要采用该单位统一的译法。

(3) 作者姓名按汉语拼音拼写，采用姓前名后，中间为空格，姓氏的全部字母均大写，复姓连写；名字的首字母大字，双名中间加连字符，姓氏与名均不缩写。

例如：

YANG Peng，LI Lan-xiu，LIU Yun

三、摘要的写法

用于发表和交流的学术论文一般都要有摘要。有些为了国际交流，还有外文摘要。摘要是论文内容不加注释和评论的简短陈述。摘要置于题名和作者之后，正文之前。摘要一般在论文完稿后再撰写。

如果同时要求中文和英文摘要，排版时，一般中文摘要编排在前，英文摘要编排在后。中文摘要的前面以"摘要："作为标识；英文摘要的前面以"Abstract："作为标识。英文摘要的内容一般应与中文摘要相对应。摘要一般应包含以下内容。

(1) 进行这一研究的目的和重要性。

(2) 研究的主要内容，指明完成了哪些工作。

(3) 获得的基本结论和研究成果，突出论文的新见解。

(4) 结论或结果的意义。

论文摘要虽然要反映以上内容，但文字必须十分简练，内容亦需充分概括，篇幅大小一般限制其字数不超过论文字数的 5%。例如，对于 6000 字的一篇论文，其摘要一般不超出300 字。

1. 撰写中文摘要注意事项

(1) 摘要不得简单重复题名中已有的信息，忌讳把引言中出现的内容写入摘要，不要照搬论文正文中的小标题(目录)或论文结论部分的文字，也不要诠释论文内容。

(2) 尽量采用文字叙述，不要将文中的数据罗列在摘要中；文字要简洁，排除本学科领域已成为常识的内容和无意义的或不必要的字眼；内容不宜展开论证说明，不能列举例证。

(3) 摘要的内容必须完整，不能把论文中所阐述的主要内容(或观点)遗漏，应写成一篇可以独立使用的短文。

(4) 摘要一般不分段，切忌用条列式书写法。陈述要客观，对研究过程、方法和成果等不宜做主观评价，也不宜与别人的研究做对比说明。

2. 撰写英文摘要注意事项

以上中文摘要编写的注意事项都适用于英文摘要，但英语有其自己的表达方式、语言习惯，在撰写英文摘要时应特别注意。

(1) 英文摘要的时态常用一般现在时或一般过去时。其中一般现在时用于说明研究目的、叙述研究内容、描述结果、得出结论、提出建议或讨论等；一般过去时用于叙述过去某一时刻(时段)的发现、某一研究过程(实验、观察、调查、医疗等过程)。用一般过去时描述的发现或现象，往往是尚不能确认为自然规律、永恒真理的，所描述的研究过程也明显带有过去时间的痕迹。

(2) 英文摘要采用何种语态，既要考虑摘要的特点，又要满足表达的需要。一般尽量不要混合使用多种语态。一般建议作者尽量采用主动语态，有助于清晰、简洁地表达。

(3) 传统的英文摘要首句多用第三人称开头。近几年有用被动语态或原形动词开头的倾向。行文时最好不用第一人称，以方便文摘刊物的编辑刊用。

活动2： 阅读下列两篇学术论文的中文摘要，分析每个摘要内容的要素。

1. 高等院校对在线教育认可度的不断提高为在线教育成功入驻校园教育甚至替代部分课堂教学铺就了一条大道。2012年MOOCs的崛起为在线教育注入了更为新鲜的血液。免费且无门槛限制的名校名师奉献的精品课程资源为高校尤其是优质教育资源相对短缺的地方院校带来了前所未有的机遇。但MOOCs毕竟不是定制的课程，MOOCs是否能很好地融入校园教育，解决地方大学的燃眉之急仍是一个亟待研究的问题。该研究选取宾夕法尼亚大学推出"如何申请美国大学"慕课，通过100人的实验提出MOOCs对地方大学学生的影响很小，大学生对慕课的学习兴趣不大，大学生的英语应用能力欠佳，培养学生的信息化学习能力刻不容缓，群组性应用MOOCs资源需要辅助必要的管理和评价。

(摘自孟亚玲，魏继宗《MOOCs在地方大学的应用实例调查》，原文发表于《中国医学教育技术》2016年第4期)

这篇论文的摘要主要包括＿＿。

2. MOOC的诞生及发展在高等教育领域引发了广泛的参与。中国地方高校MOOC联盟、中国职业教育微课程及MOOC联盟和东西部高校课程共享联盟等迅速建立，各大院校无视自身现实，纷纷一拥而上。一时间，关于大学将死还是大学永存的讨论炙手可热。如何理性认识MOOC及其对高等教育的影响，不但关乎MOOC的发展趋势，而且关乎高等教育的改革方向。文章分别从技术、哲学、国际化、教育发展、教育传播和人才培养等六个方面对MOOC的本质及其可能引发的变革进行了分析。文章指出MOOC是信息技术促进教育变革的成功案例，MOOC加速了知识民主化进程，MOOC促进学习国际化，MOOC实现了远程教育与传统教育的融合，MOOC是自主学习成就精英的舞台，MOOC呼唤教师职责的回归。

(摘自孟亚玲，魏继宗《MOOC本质新界说》，原文发表于《电化教育研究》2016年第7期)

这篇论文的摘要主要包括_____

_____

_____。

四、关键词的写法

关键词属于主题词中的一类。主题词除关键词外，还包含有单元词、标题词的叙词。

主题词是指以概念的特性关系来区分事物，用自然语言来表达，并且具有组配功能，用以准确显示词与词之间的语义概念关系的动态性的词或词组。主题词是经过规范化的词，在确定主题词时，要对论文进行主题分析，依照标引和组配规则转换成主题词表中的规范词语(参见《汉语主题词表》和《世界汉语主题词表》)。主题词是用来描述文献资料主题和给出检索文献资料的一种新型的情报检索语言词汇，正是由于主题词的出现和发展，才使得情报检索计算机化(计算机检索)成为可能。

关键词是为了文献标引工作，从论文中选取出来，用以表示全文主要内容信息款目的单词或术语。关键词与主题词的运用，主要是为了适应计算机检索的需要，以及适应国际计算机联机检索的需要。一个刊物增加"关键词"这一项，就为该刊物提高"引用率"、增加"知名度"开辟了一个新的途径。

关键词一般包括主题词和自由词两个部分。主题词是专门为文献的标引或检索而从自然语言的主要词汇中挑选出来并加以规范了的词或词组；自由词则是未规范化的即还未收入主题词表中的词或词组。如，"最值"(其规范的主题词可以是"最大值"或"最小值")。一篇论文一般可选取 3~5 个词作为关键词。不论国内还是国外的论文，关键词的选取都要遵循一定的规范。

关键词或主题词的一般选择方法是：由作者在完成论文写作后，纵观全文，选出能表示论文主要内容的信息或词汇，这些信息或词汇，可以从论文标题中去找和选，也可以从论文内容中去找和选，但都必须是对表述论文的中心内容有实质意义的词汇。

关键词一般要另起一行，排在"摘要"的左下方。

一篇好的论文，除了题目要一目了然，摘要要概括精准，结构要条理分明外，关键词更要做到精、准、专。究其原因，在文献搜索中，关键词是主要的搜索对象之一。好的关键词不仅可以让读者及时找到所需的文章，更可以让论文本身锦上添花。

📖 智慧库

提炼关键词，力求做到"精""准""专"。

1. 精

关键词首先要做到"精"。所谓精，就是在一篇论文中，关键词的数量要控制在一定范围内。一般而言，大约3~5个词即可。有些作者可能为了能够充分、全面地概括文章的中心思想，而选择数量较多的关键词。其实这种做法是完全错误的，甚至有时会带来反面效果，不仅不能准确概括文章的中心内容，反而给人一种错觉：文章的内容庞杂，没有重点，不知所云。同时，如果关键词的数量过少，不能完全地表达文义，这也是不可取的。

2. 准

在精的前提下，我们在提炼关键词要做到"准"，即保证每一个关键词都能够概括包含文章的主要信息。如何从一篇论文中提炼出精准的关键词并非想象中的那么容易。通俗地讲，这是一项"技术活"。如果说摘要是整篇论文的浓缩，那么关键词就是整篇论文的精华。提炼关键词必须紧扣文章内容，并且通过对关键词的解读，即能够使读者明白了解该篇论文所讨论的主题、作者的观点和解决问题的核心思想，否则，此关键词的提炼就是失败的。

3. 专

写学术论文与写小说和散文不同，用词必须斟酌，使用专业术语。这中间当然包括关键词的提炼。学术论文的写作有其特殊性，其目的在于分享研究成果，进行学术交流，因而在提炼关键词时，要讲究专业性，使用专业术语。

五、引言的写法

引言又称前言，属于整篇论文的引论部分。其写作内容包括：研究的理由、目的、背景，前人的工作和知识空白，理论依据和实验基础，预期的结果及其在相关领域里的地位、作用和意义。

引言的文字不可冗长，内容选择不必过于分散、琐碎，措词要精练，要吸引读者读下去。引言的篇幅大小，没有硬性的统一规定，写作者可视整篇论文篇幅的大小及论文内容的需要来确定，长的可达 700~800 字或 1000 字左右，短的可不到 100 字。

六、正文的写法

正文是一篇论文的本论，属于论文的主体，占据了论文的最大篇幅。论文所体现的创造性成果或新的研究结果，都将在这一部分得到充分的反映。因此，要求这一部分内容充实，论据充分、可靠，论证有力，主题明确。为了满足这一系列要求，同时也为了做到层次分明、脉络清晰，常常将正文部分分成几个大的段落，也即所谓逻辑段，一个逻辑段可包含几个自然段。每一逻辑段落可冠以适当标题(分标题或小标题)。

段落的划分，应视论文性质与内容而定。一般常见的划分方式有：①问题提出/问题分析；②解决方法/主要结果论证/结果比较与分析。

根据论文内容的需要，还可以灵活地采用其他的段落划分方案，但就一般性情况而言，大体上应包含问题部分和理论分析部分的内容。"主要结果论证"这一部分是论文的关键部分。

如果标题定为结果和讨论，对于讨论(或分析)这一部分与其他部分相比，则更难以确定所应写的内容，讨论通常也是最难写的一部分。一般写得好的讨论(或分析)具有以下几个主要特征。

(1) 能提出结果一节中证明的原理、相互关系以及归纳性的解释，但只对结果进行论述，而不进行重述。

(2) 能指出研究的结果和解释与以前发表的著作相一致或不一致的地方。

(3) 论述了研究工作的理论含义以及实际应用的各种可能性。

(4) 能指出任何的例外情况或相互关系中有问题的地方，并且明确提出尚未解决的问题及解决的方向。

由于学术论文的选题和内容性质差别较大，其分段及其写法均不能做硬性的统一规定，但必须实事求是，准确完备，合乎逻辑，层次分明，简练可读。

七、结论的写法

学术论文的结论犹如百米赛跑的最后冲刺，要反映出作者的知识印迹和所扩展的知识领域。要对论文进行高度概括、浓缩。结论一般要写明以下几个问题。

(1) 说明了什么问题、得出了什么结论。

(2) 结论的使用范围。

(3) 对科学技术的贡献。

(4) 对前景的展望，遗留问题和建议等。

活动3： 认真阅读下列学术论文结束语，分析结束语的内容要点。

作为 21 世纪的尖端科学技术之一，人工智能对教育领域的影响十分深远。本研究基于人工智能在我国教育领域中近 12 年的文献研究，对研究热点和前沿进行了可视化分析，通过这样的方式直观、清晰地获取我们想了解的信息，并进行总结分析。此外，本研究还通过聚类分析对研究内容进行了讨论，据此探讨了人工智能对我国教育领域的影响，并进行了反思。需要指出的是，本研究也存在一些不足：①本研究虽然尽量在文献的"质"和"量"上达到平衡，但由于文献本身的主题词归类可能存在偏差，人工的数据筛选也存在偶然性，一些非学术类的文献可能会为研究的结论带来少量误差；②本研究虽然通过关键词、突现术语等可以推测出当前的研究热点和未来的研究趋势，但这样的概括分析具有一定的主观性，导致对未来研究方向的概括存在一定的局限性。基于此，在后续研究中，本研究会继续关注人工智能技术的发展，并追踪其在教育领域中的应用。

(摘自刘勇，生晓婷，李青.《人工智能在我国教育领域应用的可视化分析》，原文发表于《现代教育技术》2018 年第 10 期)

八、参考文献的写法

学术论文参考文献的写法和教育实验报告参考文献的写法完全相同。

主题4 修改学术论文

一、学术论文修改的内容

修改学术论文的第一步是要通读全文，系统、细致地检查初稿，进行"核实查漏"。通过检查，如没有发现重大问题，确认论文不必推翻重写，就可以动笔修改了。所谓"核实查漏"，就是通读全文时，不必花精力去考虑观点、结构、语言方面的问题，只查核材料本身是否真实、可信、准确。包括对初稿中引用的公式、定理、定律、论断、数据、参考文献等与原出处的核对，把一切失误、失实、疏漏的地方逐条核实，使材料经得住历史的检验。修改学术论文，不外乎从思想内容和表现形式两大方面考虑，思想内容包括论点和材料，表现形式包括结构和语言。通过修改，要提高学术论文的科学性和艺术性，使尽可能正确的思想内容和尽可能完美的表现形式相统一。一般来说，学术论文要修改多次。通常情况下，修改论文的内容主要包括以下六个方面。

1. 控制篇幅

篇幅是一种空间的限定，以简短为好，不宜过长。简短，是一种很高也很难达到的风格，它与作者的科研素养和写作水平有关；一篇呕心沥血、具有独创性的简短论文，比随便涂抹或拼凑而成的长篇大论更有价值。一般来说，初稿的篇幅，很少会是恰如其分的，通常都比规定的内容多、语句繁。虽然这些不能算是什么大的毛病，但必须修改、控制。把长稿缩短，虽有一定的困难，但删去多余的内容，比材料不足一补再补要容易很多。修改时，要有勇气，大刀阔斧地把篇幅削减，控制到符合学术论文的性质和期刊的要求之内。

2. 订正论点

论点是全篇论文的精髓，决定着论文的水平和价值。修改的关键是论点的订正，要综观全局，立足全篇，看论点是否成立，论据是否有力，表达是否准确；论点的排列是否科学，论点间的关系是否合乎事理和逻辑等。对中心论点、分论点、小论点，都要全面检查。修改时，要把论点中偏颇的改中肯；含糊的改鲜明；片面的改全面；肤浅的改深刻；散漫的改集中；陈旧的改新颖；失当的改恰当；立意低的加以升华。

3. 调整结构

结构是论文表现形式的重要因素，是论文内容的组织安排。调整结构主要是从整体上把握论文表达效果，以求严谨、完整、自然、生动。检查时，要看全文结构是否完整、严密；问题之间的联系是否紧密；层次开展是否清楚，层次间的转换是否自然；段落划分是否合理，有无游离于论文结构之外或过于冗长、杂乱、零散的段落等。修改时，要把杂乱的层次梳理顺畅；臃肿的段落紧缩合并；上下文不衔接的串通连贯；轻重倒置、详略不当、开头结尾缺乏照应的等一一改正过来。

4. 更动材料

材料是论文赖以存在的依据。写作学术论文如何选择和运用材料至关重要。起草初稿时，选用的材料往往有局限，通常容易产生下列一些问题：一是生硬的材料"堆砌"，有多少材料用多少材料；二是写起来材料不足，写进论文的材料很可能是滥竽充数；三是对材料理解片面，用得不够贴切和牵强。如果检查初稿时发现这些材料，修改时就必须按照论文选用材料的基本要求(必要，即材料能够证明观点和表现主题；真实，即材料准确可靠而不歪曲事实；恰当，即材料恰到好处，不滥不缺。)加以修改。

5. 锤炼语言

对论文语言文字的加工锤炼是修改的一个重要内容。语言文字修改主要是在准确性和可读性上下功夫，使论文的思想得以准确、鲜明、简练、生动地表达。检查时，看用词是否准确；句子是否通畅；诵读是否顺口；通篇有无漏笔；想写的话是否都表达出来了。然后着力修改问题。要剪去闲文，使语言精练；修改病句，使文字通顺；删削冗笔，使论文严谨。

6. 推敲标题

标题是论文的眼睛，修改好不容易，要反复推敲，这项工作应包括对总标题和节标题的修改。对节标题要检查是否一致。总标题要有高度的概括性，要简短、易读、易懂、易记；总标题一般在写作前已拟好，这对论文的写作有重要指导作用，但初稿完成后，还应进行斟酌和推敲，看题是否配文、文是否切题。如题与文不贴切、不相符，或过长，或太笼统，都必须修改。

📖 **智慧库**

修改学术论文的顺序不同于撰写论文的顺序。撰写论文的运动规律是"物"—"意"—"言"，即先掌握材料(物)，再提炼论点(意)，最后用语言表达出来(言)。修改论文的运动规律则是"意"—"物"—"言"，即必须先从总体处着手，谋篇审意，再从细微处推敲，斟字酌句。依次完成订正论点，再根据表达论点的需要更动材料，调整结构，最后加工语言。

从总体处着手，就是要通览全文，反复诵读初稿，把握原作精神，要统观全面，树立整体观念。只有全局在脑，才能高屋建瓴，运筹帷幄，对论文全局做通盘考虑，从大的方面去发现问题。重点要看：布局是否合理，论点是否鲜明，论据是否充分、确切，论证是否严密，文题是否相符，结构是否自然、必然、恰当，全篇的各个部分是否形成了有机的整体。如果不顾整体情况，一开始就着眼于局部，被枝节上的问题纠缠住，只在细微处修修补补，就难以大幅度提高论文质量。

从细微处推敲，主要是指字、词、句的加工润色。大的方面修改好了。如主旨正确了、鲜明了，结构布局调整了，这时就要由浅入深，逐字、逐句、逐段地细心审看、精心修改。审改时，既要考虑内容，也要考虑表现形式；一句话怎么说，一个词怎么选，一个标点怎么用，一幅图怎么画，一个表怎么设计，都要反复推敲，找出疵点，找出问题，哪里发现问题，就在哪里解决。总之，修改学术论文要从大处入手，先整体，后局部；先大处，后小处；先观点，后材料；先内容，后形式，由大及小地修改。

二、学术论文的修改方法

修改论文的方法，往往因人而异，因文而别，一般常用的论文修改方法主要有：热改法、冷改法、他改法和诵改法。

1. 热改法

初稿完成后，趁热打铁，立即修改。这时头脑中对论文的全貌比较熟悉，对原有的构思还记忆犹新，因此初稿中存在的毛病，如表达欠妥、有所遗漏或臃肿多余等，就比较容易发现。同时，在起草过程中发现或感觉到需要改动的地方，由于忙于行文未做处理，初稿结束后及时修改，印象也较清楚。热改法的好处是：作者对文章的记忆清晰，印象鲜明，改动及时；不足之处是：由于作者正处于写作兴奋状态，对需要删改的部分不易看出来，并且往往还难以割舍。

2. 冷改法

冷改法是初稿完成后，不急于拿出来，放一段时间再修改。初稿写完，头脑尚处于兴奋状态，陶然于篇章的境界之中，一时还难于跳出原来的框架，难以发现初稿中的问题。一个好的办法是，不妨把它搁置起来，给头脑来个"冷处理"，让紧张的情绪暂时放松一下。过几天，头脑冷静了，原来的偏差或成见淡薄了，再重看初稿就易于从新的角度发现问题；同时，由于"搁了几天"，又阅读了有关资料和思考了有关问题，产生了新的感受、新的认识，再看初稿，就易于发现不完善、不妥当之处，就易删去多余、增补不足、完美表达，使论文水平有新的提高。

3. 他改法

初稿完成后，请他人帮助修改。论文应以自己修改为主，但也要请别人帮助。俗话说"当局者迷，旁观者清"，一个人的学识阅历是有限的，对客观事物的认识难免有片面性，因此往往不易发现自己论文的缺陷。请人帮助就可能从不同角度，提出一些不易发现的问题。请人帮助修改论文要秉承科学精神，实事求是，不能爱面子，也不能怕麻烦，还要有"不耻下问"和"登门求教"的精神。当然，他人的意见只能参考，不能什么都"言听计从"囫囵吞下，更不能人云亦云。最好努力做到既虚心听取各种意见，又潜心做深入思考。有自己的主见后，再通盘考虑，悉心雕琢。

4. 诵改法

初稿完成后，通读几遍，发现问题，再修改。尤其是诸如语句不通、衔接不紧、缺词漏字、情感不相融等语言表达方面的毛病，光看不容易发现，但一诵读就读出来了，甚至有时仅凭"语感"就能发现不妥之处。古人写诗作文，总要反复吟唱，直到顺口为止，就是这个道理。修改学术论文也可采用边诵边改的方法。

📖 智慧库

无论用哪种方法修改学术论文，概括起来都是"增""删""换""调"4个字。

"增"，就是增添、补充。凡论据材料不足、有观点而无材料或材料不具体、不典型，使论文显得空洞，缺乏说服力，修改时就要设法增添内容，弥补残缺，使支持和说明观点的材料更为丰润饱满。

"删"，就是删除、减去，使材料更加精练、观点突出、主题集中。材料冗杂、一味堆砌、主次不分，就会使论文躯体臃肿，淹没观点，冲淡主题。修改时，就要有忍痛割爱的精神，竭力将可有可无的字、句、段删减。

"换"，就是调换、改变。凡内容、文字表述上有问题，不正确、不全面、不周密、不妥帖的地方，修改时，就要用更有力的材料支撑观点、更有利于吸引人的材料改换一般的材料；

用更恰当、更富有表现力的语言形式改换不够准确或显平板的语言形式，使材料更加准确、凿实，使观点更有说服力。

"调"，就是调整、移易。凡初稿中某些材料或语句在文中出现的位置不够恰当或内容顺序上的安排逻辑性不强等。修改时，就要在原有内容、原有文字表述内进行一种"自我调节"，调动字、词、句、段的次序，以使论文层次更加清楚，重点更加突出，逻辑性、条理性更强。

三、全面审核

为了确保学术论文的质量，论文修改完成后，要对文稿再进行一次全面审核。全面审核的方法是：一边通阅全篇一边用纸写上像篇目那样的小题目(比目录要详细)。只看这些小题目，就能大致了解论文的结构，再次判断出论文结构是否合理，章节顺序是否有不当之处。这次审核，除了检查疏漏的文字和标点符号外，还要特别注意审核以下几点。

第一，前言是否精当，是否与结论、引言相区别；附录是否编好了目次；参考文献是否按规范列出等。

第二，论文的长短、顺序是否得当，有无重复；段落间是否加进了适当的接续词；对数据是否做了定量的描述等。

第三，图表、公式与正文的内容是否相符；图表运用是否灵活；图表、公式与正文的字符体例是否统一等。

第四，自己想传达的信息是否都写进了论文；有没有写进不必要的内容；是否强调了重要之点；本专业以外的人能否读懂；有没有错误和含混之处。

第五，论文是否有泄露秘密的内容。经过仔细认真的审核，如发现问题，要进行补充、调查和修改。

☑ **活动1：** 利用以上论文修改方法，在小组内和同学交换修改论文，完成修改记录表14-4。

表14-4　论文修改记录表

论文题目	
作者	
主要问题	
修改意见	

(续表)

我的收获	

活动2：小组内开展论文修改意见反馈和讨论会，每个同学向所修改的论文作者反馈修改意见，对意见分歧的地方展开讨论，必要的时候在小组内开展讨论，共同探讨、形成可行的修改意见。

思考与练习

1. 学术论文的特点有哪些？
2. 学术论文写作一般要经过哪些流程？
3. 学术论文主要包括哪几部分？
4. 怎样写摘要？
5. 修改学术论文应该注意哪些事项？
6. 结合组内成员的意见，修改完成自己的论文。

单元十五

发表学术论文

《孙子·谋攻篇》中说："知彼知己，百战不殆。"对于科研工作者来说，要想使自己撰写的学术论文发表到合适的期刊，同样需要做到"知彼知己"。"知彼"就是了解自己欲投稿的期刊的学术影响力及编辑的审稿情况。"知己"就是客观、公正地评价、定位自己的论文质量。

主题1 学术期刊编辑选稿的视角

从众多来稿中选出适合在期刊上发表的稿件，这是学术期刊编辑日常工作的主要内容之一。"选稿即选择稿件，是编辑通过对稿件进行认知、分析、判断，从而做出选择，筛选出符合出版物要求的稿件的过程"。如果把期刊出版的整体流程比作一个产品生产过程的话，那么选稿就是为制作优质产品选择合格原料的环节。

在大量的自然来稿中，编辑通过审读，判断出文稿的价值以及是否符合需要，这是编辑工作最基本、最重要的内容，是编辑工作的中心环节。可见，选稿是对来稿优胜劣汰的选择过程，其中必然需要编辑认真审读每一篇稿件，因而选稿也叫作审稿。期刊编辑每天都要阅读大量的来稿，从中选择适合期刊发表的文章，此外，期刊还有出刊时间限制，因此选稿工作时间紧、任务重、工作量大、质量要求高的特点非常突出。如何准确、高效地选择出期刊所需要的稿件，这是编辑思考的问题。但如何让自己撰写的学术论文被期刊编辑在众多的稿件中采用则是论文写作者普遍关心的问题。熟悉编辑的工作流程和选稿原则，在一定程度上可以提高投稿论文的采用率。

通常情况下，一篇论文能否发表在学术期刊上，主要取决于以下几个要素：第一，论文的基本观点正确；第二，论文提出的观点或介绍的方法具有一定的创新特征，至少与已发表的论文相比，有新颖的内容；第三，论文须合乎学术论文的写作规范；第四，论文的基本观点和方法对读者有一定的指导或借鉴价值；第五，论文须突出本专业的特点。

一、审核稿件的科学性

科学性是学术论文的灵魂。编辑在选稿时，主要从论点、论据和论证 3 个方面来综合审视稿件的科学性。

1. 审视论文的论点

学术论文的基本结构通常由引论—本论—结论3个主要部分组成，具体来说主要有提出问题、亮明观点、提供支撑观点的依据和得出研究结论等基本内容。论文作者可在引论中开门见山式地提出自己的观点，也可在本论中边叙边议来表明自己的主见，还可在结论中以总结、概括的方式阐述全文的论点。准确判断文章的论点正确与否，主要依靠编辑的专业基础知识和相关知识基础。一般情况下，编辑分析稿件论点的科学性时，着重考虑以下3个要素。

(1) 论点的依据。

有依据才能让论点有理有据，也才能让论文有说服力。编辑会重点审阅文章的论点是否参考或引用了前人已有的研究成果，或依据了作者自己最新的研究成果。即便论文作者没有参考或引用已有的文献，而仅根据自己的工作经验或对某个问题的感悟等提出的论点，编辑也会运用自己的专业知识来分析作者提出的论点有无道理，是否存在与专业常识相悖的观点、提法等。

(2) 论点依据的可信度。

如果论点的提出是有依据的，编辑会深入考虑这些依据是否具有可信度。支撑论点的依据的公开发表形式是影响论据可信度的重要因素之一。一般来说，正式出版的学术书籍或在学术报刊上刊登的论文，其可信度较高；国家颁布的标准、文件、法规等的可信度也较高；学术报告、学位论文有一定的可信度，而网络博客的可信度要低一些。因此，作者提出论点时所引用的文献是以何种形式公开发表的往往会影响论文论点的可信度和正确性。

(3) 论点的表述。

除审查论点是否正确以及是否有可靠的依据外，编辑还会考虑论点的表述是否准确、简练且没有歧义。编辑审稿时会优先注意论文作者阐述论点时，用词是否准确，逻辑是否严谨，论点的表述是否容易让读者正确理解文章内容，而不会让读者误解或曲解论点的本意；然后审核论点表述是否简明扼要和语句通顺。

需要特别指出的是，编辑审稿时要把握稿件内容的科学性，并不是迎合审稿编辑的观点就是科学的、正确的，不符合编辑观点的稿件就是不科学的、荒谬的。优秀的学术期刊编辑一般都有海纳百川的学术境界，允许甚至鼓励不同的观点在期刊上发表出来。不少学术期刊开设了争鸣栏目，专门刊登针对某些问题有不同观点的文章。

2. 审视论文的论据

论点须有论据的支撑才有说服力。学术论文讲究根据研究得到的数据、资料或事实来说明问题，用令人信服的论据来证明论点。只有这样，才能使论文有理有据。对于以量化研究为主的论文中的一连串数据，编辑在审稿时往往会抽取几组数据计算，以验证数据的准确性。如果作者提供的数据有问题，说明作者的研究不严谨，或说明作者论文写作态度不认真。随着大家对学术造假现象关注度的提高，编辑在审阅有研究数据的稿件时，会特别警惕一些为得出预设的结论随意编造或篡改研究数据的不负责任的作者。对于不涉及研究数据的论文，编辑主要从研究背景、研究设计、研究过程与方法以及研究结论等角度，审慎考虑文中提供的研究资料与事实的合理性和可信度。

3. 审视论文的论证

如果论点与论据之间没有合理、周密的论证，那么很容易造成论点和论据相分离。论点与论据"两张皮"的稿件一般都会被编辑剔除。除此之外，编辑还会注意审视作者论证的过程是否严谨。在审阅以研究数据、资料和事实等作为论据的论文时，编辑重点审阅作者是否运用了论据来说明、阐释或论证文中的论点，以及由论证而得出的研究结论是否令人信服。审阅经验与方法介绍类的论文时，编辑重点审视文中介绍的方法、策略、途径是否科学、可行、可信。

当然，由于科学研究的学科性质和期刊的办刊目的不同，不同期刊甚至同一期刊不同栏目的选稿原则也略有不同。

活动1： 查阅自己常关注的期刊编辑的审稿视角，记录在表 15-1 中。

表15-1 期刊编辑的审稿视角记录表

序号	期刊名称	栏目	审稿视角	备注
1				
2				
3				
4				
5				
6				
7				
8				
9				
10				

二、审核稿件的创新性

学术论文的创新性具体表现为：探索与求证未知领域，提炼与升华已知领域，质疑与挑战已有结论，介绍与说明最新的理念和方法等方面，即学术论文的新颖性主要表现在内容的创新、概念和范畴的创新、方法的创新、形式的创新、结论的创新。一般情况下，编辑审稿时会着重从以下两个角度审视稿件的创新性。

1. 寻找论文中原创性的内容

学术期刊刊登论文都会追求论文的原创性。只有不断在期刊上刊登包含原创内容的论文，才能使期刊充满学术活力，让期刊在学术研究界有立足之地。人云亦云、重复他人研究的论文，只会降低期刊的学术质量，也会让读者失去阅读期刊的兴趣。因此，编辑在选稿时会特别注意寻找论文中的原创性内容。原创性内容主要包括以下 3 类。

(1) 以往的研究中没有涉及的课题或问题。

(2) 已有的研究成果中没有提及的观点、理念、结论等。

(3) 以往的研究中没有尝试的策略与途径、方法与技巧等。

2. 寻找文中有新意的内容

并不是所有含有原创内容的论文才是具有创新性的论文。与已有论文相比，增添了新意的文章也是具有创新性的论文。有新意的内容主要包括以下 3 类。

(1) 对已有观点的纠正与补充。

(2) 对已有方法体系的完善或拓展。

(3) 对现有问题、现状提出了新的解决思路。

对于期刊选稿工作而言，审视稿件的创新性，编辑不仅会看文中是否有新颖的内容，同时会考虑稿件的内容能否引发读者的阅读兴趣。

三、审核稿件的学术性

学术论文是按照学术规范写成的表达研究成果的文章。学术期刊是刊登学术论文的载体，论文的学术性是学术刊物选择论文的重要标准。学术性不仅指论文是否含有学术研究的价值，且指论文的写作与表达方式是否符合学术论文的写作规范。有研究者提出从以下 3 个方面来判断一篇论文是否有学术价值。

① 从论文的结构特性判断其学术价值。

② 从论文结构要素的严谨性和完整性判断其学术价值。

③ 从公式、数据、图表审查其学术价值。

依据此标准，基本能判定一篇论文是否有学术价值。

其实，论文的格式与体例、语气与措辞等写作规范也是编辑判断论文是否有学术性的重要依据。

(1) 对格式与体例的审视。

学术论文应有严谨的格式和体例。格式指论文的规格或样式；体例指文章的构成部分及其组织形式。从题目到署名，从摘要和关键词到参考文献，从引出研究问题到呈现研究过程，从提出论点到引用数据和资料，从论证到得出研究结论，每个部分都有严谨的学术写作规范。编辑审阅稿件时尤其会重点审视内容摘要、关键词、注释、参考文献以及图表等是否符合学术论文的写作规范。

(2) 对语气与措辞的审视。

有专家指出：语气就是读者感知到的作者的形象。简单地说，语气就是作者写作时采用的口吻、口气、表达方式等，而读者可从所读内容中感知作者是以何种心态、何种姿态、何种形象来写作的。如以与同行探讨问题的心态、用以理服人的口吻写出的文章，与以专家的姿态、用不容置疑的口气写出的文章相比，前者会让读者感到作者是在探究、商榷问题，会给读者留下共同交流者的形象；而后者则会让读者感到作者是在教育甚至教训他人，因而给读者留下的形象是训导者。采用何种语气写作，这是决定论文作者是否能与读者顺畅交流的重要因素。不论是一般学者写文章，还是专家写文章，只有让读者感受到作者在真诚与之交流，才能实现读者与作者之间的顺畅沟通，才能让读者更全面、更透彻地理解论文内容。

严谨的措辞和规范的用词是学术论文的重要特征之一。措辞方面，学术论文通常采用规范的书面语，而不宜采用过于口语化的表达。语气与措辞是相互关联的，语气正是通过措辞来体现的。同样一个问题，同样一种观点，用不同的词句表述出来，就会有不同的语气，其表达效果和对读者产生的影响就可能会截然不同。

编辑在审稿时重点审阅作者写作的语气与措辞，看其语气是以理服人，还是盛气凌人；看其措辞是正式的书面语，还是随意的或口语化的表达。正确的语气应是采用向读者说明、解释或与读者探讨、商榷的口吻；正确的措辞应是使用严谨、规范的学术用语。编辑往往会选择那些语气是学术研讨的、措辞是符合学术论文表达规范的稿件，以确保期刊发表的文章具有学术性特征。

四、审核稿件的实用性

能读到对自己有所启发、有所借鉴的文章，是大多数读者阅读学术期刊的目的。如果一篇论文提出的观点或介绍的方法对读者没有起到启发思维、点拨方法的作用，而仅仅适合论文作者孤芳自赏，这样的论文就缺乏实用性。理论是为实践服务的，只有植根于现实、反映现实并能够解决现实实践中的问题的理论才最为人们关注。因此，实践性和针对性强的论文更能引起编辑的关注。

五、审核稿件的专业性

学术期刊是专业性较强的出版物。具有专业性的学术期刊理所当然应突出其专业性。专业性主要体现在选题、内容和语言表达3个方面。选题上，立足于本专业的理论与实践并以之作为研究的课题。内容上，紧密结合本专业的研究领域，从理论或实践的层面探究并试图解决实际问题。语言表达上，使用规范的学术论文语言，包括专业术语、图表和符号等。如果一篇关于外语教学的论文，仅从普通教育学、教育心理学或语言学的角度论述问题，阐述的道理适用于各学科的教学，这样的论文就没有体现外语教学的专业特征。编辑在初审时往往就会剔除这样的稿件。

学术论文的科学性、创新性、学术性、实用性和专业性是相辅相成，缺一不可的。科学性是首要要素。如果一篇论文的科学性存在问题，那么其他几个特性的意义就不复存在了。如果观点正确，但总是重复他人的观点，重复前人已进行的研究，没有创新性，这样的论文也很难在高质量的学术期刊上发表。如果观点正确，文章内容也很新颖，行文方式不太符合学术论文的要求，编辑一般还会给作者进行修改的机会。如果论文完全不符合学术论文的格式与体例，即便让作者修改也不太可能将其规范到学术论文的范畴之内，这样的稿件肯定会被淘汰。如果科学性、创新性和学术性都达到了学术期刊发表论文的要求，文中介绍的方法却没有推广或借鉴价值，论文在学术期刊上刊登的可能性也会很小。如果一篇论文，科学性、创新性、学术性和实用性都具备了，就是缺乏专业性的特质，论文中提出的观点与方法像"万金油"似的，用在任何一个学科都适合，这样的论文在专业期刊上发表的可能性也是很低的。

☑**活动2：**结合以上内容，完成下列任务。

任务一：从提高投稿采用率的角度，思考撰写学术论文应该注意哪些事项。

任务二：选择一本专业期刊，根据表 15-2 的内容，对期刊的刊文特点做分析。

表15-2 ＿＿＿＿＿＿＿＿期刊的刊文特点

期刊名称	
出刊周期	
常设栏目	
刊文字数要求	
刊文特点	
投稿方式	
审稿周期	
你对该期刊的评价	

主题2　评价自己论文的学术水平

了解了期刊以及期刊编辑的审稿视角，只是做到了"知彼"。对于发表论文这个任务来说只是开了个头。这好比一个工厂，想把自己生产的产品投入市场，仅仅了解商场是远远不够的，还需客观公正地评价自己生产的商品的质量，才能更好地选择与之匹配的商场。如果堂而皇之地把品牌级的产品放到地摊上则很难体现产品的价值，反之把地摊货放到顶级商场也是名不副实。投稿也是一样，了解期刊的过程也是了解同行研究水平的过程，根据了解到的情况，再回头仔细研读自己撰写的论文，然后对自己的论文风格、学术水平做客观、公正的判断，最后根据论文质量、研究内容和写作风格，选择拟投稿的期刊，可以在一定程度上提高投稿的采用率。对于初学论文写作的人来说，最好选择 3~5 个期刊作为备选项，以便安排投稿策略。

📝 **活动1**：根据你阅读专业文献的直观感觉和对熟悉的专业期刊编辑审稿视角的了解，对自己撰写的学术论文进行基本评估，把评估结果填写在表15-3中。

表15-3　我的论文特点

论文名称		备　注
选题情况		
论文字数		
研究方法		
论文类型		
论文质量		
预投期刊		

学术期刊审稿一般都需要2~3个月的时间，这个过程对投稿者来说是非常漫长的。准确地选择投稿期刊不但有利于提高论文的录用率，也可以避免投稿人产生更多的挫败感。通常情况下，向哪些期刊投稿，写作者在写作之前或者写作过程中就会有一个大概的范围。但是具体确定投稿期刊必须在论文定稿之后再做定夺。其原因是实际完成的论文质量往往会跟预期的质量会有差别，尤其对于初学者更是如此。

选择投稿期刊的主要依据是自己的论文质量、研究内容、写作风格等特征和期刊的影响因子、常设栏目、周期等。为了提高投稿的采用率，投稿前可以在选择好投稿期刊后再根据自己的论文评估结果，对投稿期刊按照影响因子的高低从前往后排一个顺序。这样就可以最大限度地保证论文投在影响因子相对较高的期刊上。

📝 **活动2**：根据自己的论文质量、内容和写作风格等特征，选择合适的投稿期刊，把自己选择的期刊填写在表15-4中。

表15-4　拟投稿期刊记录表

序号	拟投稿期刊名称	适合栏目	刊期
1			
2			
3			
4			
5			

主题3　选择期刊的策略

《西安交通大学学报》的副主编赵大良先生就投稿做了一个形象的比喻——推销萝卜，他说如果连泥带草堆在一起卖，一定不好卖，如果还想卖出个好价钱就更不可能了。相反如果我们想让自己的萝卜卖出好价钱，就需要对萝卜打扮打扮，包装包装。萝卜还是原来的萝卜，但身价就不一样了。如果我们再能根据不同客户的心理和需求，进行不同的包装，针对不同的客户展现不同萝卜的不同功能，说不准萝卜还能卖出人参的价钱。事实的确如此，发表学术论文跟进行科学研究一样，同样需要讲究方法和策略。

活动 1： 阅读下列文字，了解常用的投稿策略。

对于发表论文经验不丰富的研究者来说，从论文写完到发表，还有三件事情需要做好。首先对自己的研究成果进行加工整理和包装，主要针对写作格式和表达方式进行修订。第二，研究期刊喜好和选稿特色，主要包括期刊的类别、办刊宗旨、涉及的学科、论文形式、学术水平甚至写作风格等。学术期刊一般分为学术、技术、政策指导、文摘和科普五大类，分别学术期刊的类别虽然简单却直接关乎论文投稿是否成功。事实上一审就退稿的论文中有相当一部分都属于论文性质和所投刊物类别不符导致的。完成这个任务的主要办法就是多浏览期刊，认真阅读期刊的征稿信息、投稿须知以及刊发的文章。第三，根据不同期刊的"口味"将自己的论文进行有针对性的加工，再分别投向"对应"的期刊。为保证投稿顺利，一般需要做到以下三点。

一、分开层次

论文撰写完成以后，甚至在撰写以前，就可以根据研究成果的不同性质、不同分量，将论文分成不同的层次，然后选择不同性质、不同层次的期刊分别投稿。一般来讲，以论文的性质来分，有理论性论文、应用性论文，其中应用性论文又分应用基础性论文和应用技术性论文。按论文的形式来分，有综述性论文、研究性论文和研究简报。从论文的分量上来讲，有高水平论文、一般水平论文和低水平论文，论文的水平只能是与其他同一类型的论文相比较而言。根据不同刊物的办刊宗旨和水平，将论文分不同情况来投稿。这样，既可以做到所投送论文比较符合期刊的要求，又可以使作者的科研成果资源得到充分的利用，发挥最大的功效。需要特别说明的是，分层次并不是对系统的研究成果进行拆分，应当保证论文的独立和完整性。

二、保住重点

每个期刊都有各自的特点和影响力，论文的发表也有一定的周期。有的期刊学术影响力大而发稿周期长，有的期刊学术水平一般而发稿速度快。作者应当根据自己的需求安排论文的投送方向和发稿进度。将高水平的论文投送给高水平的期刊，一旦发表可以带来较大的影响，如果发稿周期长，到评职称、答辩时还发表不出来损失将会很大。可见，投稿的过程中存在着一定的风险，应当讲究策略。建议根据自己需要发表论文的最低篇数和最低层次，将论文投向不同的期刊。将水平比较高的论文投向学术水平基本满足层次而发表速度比较快的期刊。在保证最基本需要的情况下，将其他水平较高的论文投向水平更高、影响更大的期刊，争取提升自己的学术影响。

三、避开热点

一个学科中往往都会有几份水平比较高、影响比较大的期刊，这些期刊的退稿率一般都比较高，而退稿率高并不会减少来稿率。人们一般认为能在高水平期刊上发表论文不仅影响大，而且也会感觉是一种成就和荣誉。从现实需要来看，应当尽量避免将论文集中投向热点期刊，特别是为了现实需要而重点保证的论文。选择一些学术水平基本达到要求，发表并不十分困难的期刊投稿，录用的可能性自然就会比较大。一般来说，能够满足需要层次的专业性期刊的论文录用比较难，而一些满足需要层次的综合学报由于其在专业领域的影响相对比较小，录用相对比较容易。

活动 2： 根据以上期刊选择策略，对您投稿的期刊排序，把拟投稿顺序填写在表 15-5 中。(必要时，可小组合作，请组员帮忙确定投稿策略)

表15-5　拟投稿期刊顺序记录表

论文题目				
投稿顺序	拟投稿期刊名称	投稿栏目	投稿方式	审稿周期
1				
2				
3				
4				
5				

思考与练习

1. 根据拟定的投稿方案，尝试完成投稿任务。
2. 组长负责，对本组本学期的合作学习情况进行总结，在班级课程总结大会上交流。

参考文献

[1] 李秉德. 教育科学研究方法[M]. 北京：人民教育出版社，2001.

[2] 李克东. 教育技术研究方法[M]. 北京：北京师范大学出版社，2003.

[3] 高尔 M D，高尔 J P，博格. 教育研究方法[M]. 6 版. 徐文彬，译. 北京：北京大学出版社，2016.

[4] 张屹，周平红. 教育技术学研究方法[M]. 北京：北京大学出版社，2013.

[5] 袁振国. 教育科学研究方法[M]. 北京：高等教育出版社，2000.

[6] 孟亚玲. 教师科研能力培养[M]. 上海：上海交通大学出版社，2015.

[7] 李冲峰. 教师如何做科研[M]. 上海：华东师范大学出版社，2013.

[8] 袁玥. 教师微型课题研究指南[M]. 上海：华东师范大学出版社，2011.

[9] 裴娣娜. 教育科学研究方法[M]. 沈阳：辽宁大学出版社，1999.

[10] 刘良华. 教育研究方法：专题与案例[M]. 上海：华东师范大学出版社，2007.

[11] 李臣之. 教师如何做科研——过程、方法与保障[M]. 深圳：海天出版社，2010.

[12] 谢幼如，李克东. 教育技术学研究方法基础[M]. 北京：高等教育出版社，2006.

[13] 郑金洲. 教师如何做研究[M]. 上海：华东师范大学出版社，2012.

[14] 张一春. 教育技术研究方法[M]. 南京：南京大学大学出版社，2008.

[15] 贝弗里奇. 科学研究的艺术[M]. 陈捷，译. 北京：科学出版社，1979.

[16] 徐世贵，刘恒贺. 教师怎样做小课题研究[M]. 重庆：西南师范大学出版社，2011.

[17] 赵大良. 科研论文写作新解——以主编和审稿人的视角[M]. 西安：西安交通大学出版社，2011.

[18] 全国十二重点师范大学联合编写. 教育学基础[M]. 北京：教育科学出版社，2008.

[19] 里夫，赖斯，菲克. 内容分析法：媒介信息量化研究技巧[M]. 2 版. 嵇美云，译. 北京：清华大学出版社，2010.

[20] Krippendorf K. Content Analysis：An Introduction to Its Methodology[M]. Beverly Hills：SAGE Publications，1980.

[21] Dewey J. (1951). 'The School and Society', in J. A. Boydston(ed.)(1976), John Dewey's Middle Works. The Southern Illinois University Press.

[22] Lewin K. Action Research and Minority Problems. Journal of Social Issues. 1946(2). 34-46.

[23] 梅休，艾德华兹. 杜威学校[M]. 王承绪，赵祥麟，等，译. 上海：华东师范大学出版社，1986.

[24] Lewin K. Resolving Social Conflicts. Selected Papers on Group Dynamics[M]. New York: Harper, 1948.

[25] Corey S M. Action Research to Improve School Practices[M]. New York: Columbia University. 1953.

[26] 王力，朱光潜，周一良，等. 怎样写学术论文[M]. 北京：北京大学出版社，1981.

[27] 裴栓保. 中小学英语教师科研论文写作方法指导[M]. 南宁：广西教育出版社，2012.

[28] 裴娣娜. 教育研究方法导论[M]. 合肥：安徽教育出版社，1997.

[29] 张俊东，杨亲正. SCI 论文写作和发表：You Can Do It[M]. 北京：化学工业出版社，2013.

[30] 刘良华. 教育研究方法：专题与案例[M]. 上海：华东师范大学出版社，2007：4.

[31] Dietsch B M. Reasoning and Writing Well—ARhetoric, Research Guide, Reader, and Handbook (3rd)[M]. NewYork：McGraw-Hill Higher Education，2003：12.

[32] 周新年. 科学研究方法于学术论文写作——理论·技巧·案例[M]. 北京：科学出版社，2012：3.

[33] 赵祥麟，王承绪. 杜威教育论著选[M]. 上海：华东师范大学出版社，1981.

[34] 刘超洋，陈冲. 国外教育研究综述法的源起、方法论基础和基本步骤[J]. 高教探索，2019(08)：111-118.

[35] 马奇，麦克伊沃. 怎样做文献综述六步走向成功[M]. 陈静，肖思汉，译. 上海：上海教育出版社. 2000.

[36] 陈向明. 教师如何做质的研究[M]. 北京：教育科学出版社，2008.

[37] 张艳. 中小学教师怎样进行课题研究(六)——教育科研方法之教育观察法[J]. 教育理论与实践，2008(17)：39-41.

[38] 岳亮萍. 中小学教师怎样进行课题研究(三)——教育科研方法之教育调查研究法[J]. 教育理论与实践，2008(08)：46-48.

[39] 李葆萍，江绍祥，江丰光，等. 智慧学习环境的研究现状和趋势——近十年国际期刊论文的内容分析[J]. 学术探索，2014，(05)：111-119.

[40] 沈阳，田阳，曾海军. 教育专网：助力中国教育信息化迈上新台阶——访中国工程院院士吴建平教授[J]. 电化教育研究，2020，41(03)：5-9+47.

[41] 蔡三发，王倩，沈阳. 人工智能赋能：高校学科建设的创新与发展——访中国工程院院士陈杰教授[J]. 电化教育研究，2020，41(02)：5-9.

[42] 张国洋. 贫困地区留守儿童和非留守儿童教育状况比较研究——来自一个国家级贫困县的调查[J]. 上海教育科研，2016，(08)：41-44.

[43] 贾霞萍. 中小学教师怎样进行课题研究(四)——教育科研方法之教育实验研究法[J]. 教育理论与实践，2008(11)：44-46.

[44] 潘炳超. 翻转课堂模式应用于高校教学的实验研究[J]. 电化教育研究，2015，(03)：83-88.

[45] 潘黎，赵颖. 平衡、合作、问责和创新：21 世纪以来美国中学生涯技术教育变革趋势——基于政策文本的内容分析[J]. 教育研究与实验，2018(05)：79-83.

[46] 贾玲，宫慧娜，陈影，等. 我国特殊教育学教材的实证分析——基于 13 本教材的内容比较[J]. 中国特殊教育，2017(03)：14-20.

[47] 王允，黄秦安. 中国数学教师继续教育的发展轨迹与动态趋势——基于《数学教育学报》(1992—2018 年)的文献计量与内容分析[J]. 数学教育学报，2020，29(01)：81-85+97.

[48] 谷学强，张子铎. 移动阅读时代学术类公众号的内容生产与运营策略——基于五家学术公众号的内容分析[J]. 出版科学，2020，28(02)：88-96.

[49] 姜雪青，马勇军. 近 20 年我国教育研究范式的运用现状与发展趋势——基于国内五本教育核心期刊的内容分析[J]. 上海教育科研，2019(12)：13-17.

[50] 荆雁凌. 中小学教师怎样进行课题研究(八)——教育科研方法之教育行动研究法[J]. 教育理论与实践，2008(23)：39-41.

[51] 赵明仁，王嘉毅. 教育行动研究的类型分析[J]. 高等教育研究，2009，30(02)：49-54.

[52] 周容. 基于德金行动研究模式的地理图组阅读的教学探索[J]. 地理教学，2016(09)：14-16.

[53] 张斌. 教育实验研究与教育行动研究之比较[J]. 教育科学论坛. 2006，(2). 36-38.

[54] 孙亚玲，傅淳. 行动研究的几个理论问题[J]. 学术探索，2004，(01)：82-85.

[55] 卢立涛，井祥贵. 教育行动研究在中国：审视与反思[J]. 教育学报，2012，8(01)：49-53.

[56] 宋璞，李战国. 国际高等教育评价研究之演进、前沿及其启思[J]. 黑龙江高教研究，2018(01)：10-14.

[57] 王熙. 西方价值观教育评价的研究范式与研究方法[J]. 教育学报，2017，13(04)：57-62.

[58] 吴歌. 近十年我国高等院校本科审核评估的研究进展述评[J]. 中国高等教育评估，2017，28(02)：9-14.

[59] 王培培. 基于共现分析的我国近十年高等教育评价研究[J]. 黑龙江高教研究，2017(05)：64-67.

[60] 钟洪蕊，周卓慧. 游戏化学习对学生学习兴趣影响的行动研究[J]. 现代教育技术，2012，22(03)：91-94.

[61] 教育科研博客[DB/OL]. http://sylnnw.blog.163.com/blog/static/50978994201063630248 84.

[62] 三驾马车. 行动研究法的特征与实施[DB/OL]. http://liuxiangjun163a163.blog.163.com/blog/static/42030508201021110429372.

[63] 黄桂坚. 期刊编辑选稿中的心理浅析[J]. 编辑之友，2009，24(8)：94-96.

[64] 周作新. 论期刊文稿的编辑学术把关[J]. 编辑学报，2003，15(3)：178-180.

[65] 胡兴宏. 中小学教师科研选题策略[J]. 人民教育. 2009(8). 28-30.

[66] 解腊梅. 中小学教师怎样进行课题研究(一)[J]. 教育理论与实践，2008(02)：40-42.

[67] 解腊梅，王瑜. 中小学教师怎样进行课题研究(二)[J]. 教育理论与实践，2008(05)：41-43+53.

[68] 贺斌. 基于问题的小课题研究选题刍议[J]. 教学与管理，2006(34)：31-32.

[69] 刘双清，伍小松，王奎武. 提高国家自然科学基金项目申请书撰写质量的思考[J]. 中国科学基金，2014(1)：52-56.

[70] 一般学术论文的写作方法. http://www.edu.cn/guifan_11250/20110307/t20110307_584703.shtml.

[71] 学术论文的写作规范及发表流程. http://blog.sina.com.cn/s/blog_80bf469f0100uaz6. html.

[72] 学术论文指导[DB/OL]. http://baike.haosou.com/doc/1164085-1231376. html.

[73] 胡元梓. 学术期刊编辑选稿的科学化道路[N]. 中国新闻出版报. http://data.chinaxwcb.com/epaper/2011/2011-03-29/9200. html.

[74] 裴栓宝. 谈学术期刊编辑选稿的五个视角[J]. 编辑之友，2014(11)：79-83.

[75] 王华生. 编辑审稿的创新原则[J]. 出版发行研究，2001(8)：22-23.

[76] 李宗红. 科技学术期刊编辑初审稿件的"三审"[J]. 编辑学报，2008，20(4)：296-297.

[77] 罗生全. 中小学教师有效教学行为调查研究[J]. 教育研究，2014(04)：129-137.

[78] 任火. 杂芳编辑路——读《编辑如是》[J]. 编辑之友，2013，28(4)：106-108.

[79] 卫李静，曹昭君，严梦，等. 如何发挥编委和审稿专家在提高学术期刊稿件质量方面的作用[J]. 黄冈师范学院学报，2011(6)：122-125.

[80] 袁飞. 漫谈从编辑的角度看待期刊投稿[J]. 新闻传播，2012(10)：226.